Colloquial **Russian**

The Colloquial 2 Series

Series Adviser: Gary King

The following languages are available in the Colloquial 2 series:

French
Italian
Russian
Spanish

Accompanying cassettes and CDs are available for the above titles. They can be ordered through your bookseller, or send payment with order to Taylor & Francis/ Routledge Ltd, ITPS, Cheriton House, North Way, Andover, Hants SP10 5BE, UK, or to Routledge Inc, 29 West 35th Street, New York NY 10001, USA.

Colloquial Russian

The next step in language learning

Svetlana le Fleming and Susan E. Kay

Routledge
Taylor & Francis Group

LONDON AND NEW YORK

First published 2003
by Routledge
11 New Fetter Lane, London EC4P 4EE

Simultaneously published in the USA and Canada
by Routledge
29 West 35th Street, New York, NY 10001

Routledge is an imprint of the Taylor & Francis Group

Typeset in Sabon and Helvetica by
Florence Production Ltd, Stoodleigh, Devon

Printed and bound in Great Britain by
TJ International, Padstow, Cornwall

British Library Cataloguing in Publication Data
A catalogue record for this book is available from the British Library

Library of Congress Cataloging in Publication Data
Le Fleming, Svetlana.
  Colloquial Russian 2: the next step in language learning/Svetlana
  le Fleming and Susan E. Kay.
    p. cm. – (The colloquial 2 series)
Includes indexes.
  ISBN 0-415-26116-3
  1. Russian language – Conversation and phrase books – English.
  2. Russian language – Textbooks for foreign speakers – English.
  3. Russian language – Spoken Russian. I. Title: Colloquial Russian
  two. II. Kay, Susan E., 1947–   III. Title. IV. Series.
  PG2121.L364 2003
  491.783′421–dc21   2002152412

ISBN 0–415–26116–3 (book)
ISBN 0–415–26117–1 (cassettes)
ISBN 0–415–30250–1 (audio CD)
ISBN 0–415–26118–X (pack)

Contents

Acknowledgements   vii
How to use this book   viii

Unit 1   **Россия и русский язык**   **1**
Russia and the Russian language

Unit 2   **Транспорт**   **39**
Transport

Unit 3   **Туризм**   **57**
Tourism

Unit 4   **Миграция**   **75**
Migration

Unit 5   **Спорт**   **92**
Sport

Unit 6   **Культурная жизнь в России**   **111**
Cultural life in Russia

Unit 7   **Средства массовой информации (СМИ)**   **128**
The mass media

Unit 8   **Рынок труда**   **146**
The labour market

Unit 9   **Демография**   **163**
Demography

Unit 10   **Образование**   **180**
Education

Unit 11   **Российское Общество**   **198**
Russian society

Unit 12 **Здравоохранение** **216**
The health service

Unit 13 **Выборы в Думу** **234**
Elections to the Duma

Unit 14 **Интернет** **250**
The Internet

Grammar reference 270
Key to exercises 288
English–Russian vocabulary 308
Russian–English vocabulary 318
Grammar index 342
Russian index 344

Acknowledgements

The Authors and Publishers would like to thank the following for permission to reproduce material in this book:

Argumenty i fakty, Delovye lyudi, Itogi, Komsomolskaya Pravda, Literaturnaya gazeta, Moskovskie novosti, Nezavisimaya gazeta, Novoe vremya, Priglashaem na rabotu, Salon krasoty, Stolichnoe obrazovanie, Vash dosug, Versiya, Vremya novostei.

Every effort has been made to trace and acknowledge ownership of copyright. The publishers will be glad to hear from any copyright holders whom it has not been possible to contact.

How to use this book

Colloquial Russian 2 is intended for students who, working on their own or with a teacher, have already completed a first-level course in Russian and want to continue their study. The book starts with a revision unit which covers all the basic structures, including cases and aspects, so it is not a problem if you are a bit rusty.

The book is thematically based and draws on sources from newspapers and magazines. The aim is to provide interesting information about Russia at the same time as introducing new vocabulary and language points. It addresses some of the particular problems of learning Russian, such as memorising vocabulary, stressing words correctly and choosing the right preposition. Each unit contains a brief section in English on its theme, a dialogue, a text, usually based on a newspaper article, as well as various other written materials encountered in everyday life: advertisements, tables and graphs, questionnaires and forms to complete. The text is also illustrated by photographs. There are a variety of exercises, designed to test comprehension and practise the new language points. In the sections on word building, guidance is given on how to increase your Russian vocabulary. Key new vocabulary is given in each unit and there is a cumulative Russian–English vocabulary, including all key words, at the end of the book. The English–Russian vocabulary contains all the words needed for the English–Russian translation exercises. At the end of the book there is also a key to exercises, quick reference grammatical tables and an index of the language points covered in the course.

On the accompanying tapes and CDs you will find not only the dialogues but also comprehension exercises and exercises to practise the new language points in each unit. The exercises on stress are a particular feature. And don't forget, there's a website to support the Colloquials course. At <http://www.routledge.com/colloquials/russian> you will find extra exercises as well as links to sites that build on the material in the units.

1 РОССИЯ И РУССКИЙ ЯЗЫК

In this unit you will

▶ learn some facts about the history of Russia
▶ revise the basic structures of Russian grammar including cases and aspects

---

When Mikhail Gorbachev became General Secretary of the Communist Party of the Soviet Union in March 1985 he recognised the need for fundamental economic reform. His policy of **пере-стройка** (economic restructuring) had very little impact, but his other famous introduction, **гласность**, an element of freedom of speech and political freedom, ultimately led to the collapse of the USSR. Reformist politicians were successful in the elections of 1989, revolutions took place in the Soviet Union's East European satellites during 1989–90, and the republics of the Soviet Union also started to demand independence. The final blow was the unsuccessful coup by conservative elements in August 1991, which eroded Gorbachev's position and brought Boris Yeltsin, President of Russia, to the fore. The Soviet Union was finally dissolved in December 1991. The collapse of the Soviet Union was also the birth of a new Russia. Since then Russia's history has not been smooth, characterised by such notable events as Yeltsin's violent clash with parliament in October 1993, ending in the siege of the Russian 'White House', and the financial collapse of September 1998. Despite its problems, Russia is a country with a rich culture, huge resources, both human and physical, and its capital Moscow is now a vibrant and exciting city.

Language revision ♦

Rules of spelling

These rules apply throughout Russian and impact on all the other language points described below.

1 After **г, к, х, ж, ч, ш, щ** replace **ы** by **и**.
2 After **ж, ч, ш, щ, ц** replace unstressed **о** by **е**.
3 After **г, к, х, ж, ч, ш, щ, ц** replace **я** by **а**.
4 After **г, к, х, ж, ч, ш, щ, ц** replace **ю** by **у**.

Cases

Understanding of the case system is fundamental to a grasp of Russian. Cases hardly feature in English: there is only some differentiation in the use of pronouns. Contrast 'I like her' with 'She likes me'. The forms 'I' and 'she' are used when they are the subject of the verb, or nominative case, and 'her' and 'me' when they are the object, or accusative case. In Russian, not just pronouns, but nouns and adjectives proclaim their role in the sentence by changing their ending, and the number of cases extends beyond nominative and accusative to six in total.

Comprehensive tables of the endings of nouns, adjectives and pronouns are at the back of the book.

The nominative case

Uses of the nominative case

1 The nominative is the case of the subject of the verb:

> **Москва́ процвета́ет.**
> Moscow flourishes.

2 It is also used as the complement of (i.e. following) the non-existent present tense of the verb 'to be' and after **э́то** 'it is' and **вот** 'here is':

> **Москва́ – столи́ца.**
> Moscow is the capital.

> **Вот Москва́. Это столи́ца.**
> Here is Moscow. It is the capital.

The nominative may also be found after the past tense of **быть**, where the permanence of a state is being emphasized:

Пу́шкин был вели́кий поэ́т.
Pushkin was a great poet.

Endings in the nominative case

Singular nouns

Masculine		Feminine		Neuter	
cns.	президе́нт president	-а	газе́та newspaper	-о	вино́ wine
-й	трамва́й tram	-я	револю́ция revolution	-е	зда́ние building
-ь	кремль kremlin	-ь	возмо́жность opportunity	-мя	вре́мя time

Note:

There are three genders of nouns in Russian and, in most instances, the gender is indicated by the letter a noun ends with in the nominative singular. When a noun ending in **-а** or **-я** clearly refers to someone of male gender, the word is masculine: **мужчи́на** 'man'; **дя́дя** 'uncle'. In practice, this means that it changes its endings like a feminine noun but adjectives and verbs agreeing with it have masculine endings.

Plural nouns

Masculine		Feminine		Neuter	
Singular	**Plural**	**Singular**	**Plural**	**Singular**	**Plural**
президе́нт	президе́нты	газе́та	газе́ты	вино́	ви́на
трамва́й	трамва́и	револю́ция	револю́ции	зда́ние	зда́ния
кремль	кремли́	возмо́жность	возмо́жности	вре́мя	времена́

Notes:

1 The spelling rule may require a change from -ы to -и: кни́га – кни́ги 'books'.
2 Some masculine nouns have a nominative plural in -а́: бе́рег – берега́ 'banks'; ве́чер – вечера́ 'evenings'; дом – дома́ 'houses'; го́род – города́ 'towns'.
3 Nouns in -анин end in -ане: англича́нин – англича́не 'Englishmen' but господи́н – господа́ 'gentlemen'.
4 Other exceptions: учи́тель – учителя́ 'teachers'; брат – бра́тья 'brothers'; стул – сту́лья 'chairs'; друг – друзья́ 'friends'; сын – сыновья́ 'sons'; де́рево – дере́вья 'trees'; ребёнок – де́ти 'children'; челове́к – лю́ди 'people'; мать – ма́тери 'mothers'; дочь – до́чери 'daughters'. (Note that all forms of мать and дочь, apart from the nominative and accusative singular, have -ер- before the ending).
5 Some nouns, generally of foreign origin, are indeclinable. They never change their endings and do not even have a plural. Adjectives describing them will decline in the usual way, however. Their gender can generally be determined by their ending, as with declinable nouns, but note такси́ – neuter.

Adjectives

There are two basic sets of adjective endings: hard and soft.

	Masculine	Feminine	Neuter	Plural
Hard	интере́сный interesting	интере́сная	интере́сное	интере́сные
Soft	дре́вний ancient	дре́вняя	дре́внее	дре́вние

Notes:

1 Adjectives with stressed endings have the masculine ending -о́й: круто́й, крута́я, круто́е, круты́е 'steep'.
2 Endings may be altered by the spelling rules: ру́сский, ру́сская, ру́сское, ру́сские 'Russian'; хоро́ший, хоро́шая, хоро́шее, хоро́шие 'good'; большо́й, больша́я, большо́е, больши́е 'big'.

Pronouns

Singular		Plural	
я	I	**мы**	we
ты	you (singular and familiar)	**вы**	you (plural and polite)
он	he, it (masculine)	**они́**	they (all genders)
она́	she, it (feminine)		
оно́	it (neuter)		
кто	who		
что	what		

Masculine		Feminine	Neuter	Plural
мой	my	**моя́**	**моё**	**мой**
твой	your (singular and familiar)	**твоя́**	**твоё**	**твой**
наш	our	**на́ша**	**на́ше**	**на́ши**
ваш	your (plural and polite)	**ва́ша**	**ва́ше**	**ва́ши**
весь	all	**вся**	**всё**	**все**
чей	whose	**чья**	**чьё**	**чьи**
э́тот	this/these	**э́та**	**э́то**	**э́ти**
тот	that/those	**та**	**то**	**те**

Note:

The third person forms are **indeclinable** and remain the same whatever the case gender or number of the noun they describe:

его́	his, its (m and n);
её	her, its (*f*);
их	their

Exercise 1

Pick out the nouns, adjectives and pronouns in the nominative case from the following passage.

Москва́ – **Moscow**

Пе́рвое летопи́сное упомина́ние о Москве́ отно́сится к 1147 году́. Основа́тель Москвы́ был су́здальский князь Юрий Влади́мирович Долгору́кий. Это он вы́брал ме́сто для строи́тельства го́рода. Го́род рос бы́стро и уже́ в 14-ом ве́ке стал це́нтром ру́сских земе́ль. Москва́ остава́лась столи́цей вплоть до 1713 го́да когда́ Пётр Пе́рвый перенёс столи́цу в но́вый го́род – Петербу́рг. То́лько в 1918 году́ уже́ по́сле Револю́ции Москва́ сно́ва ста́ла столи́цей, снача́ла Сове́тского Сою́за, а пото́м Росси́и.

For information on dates and other uses of ordinal numerals see Unit 4.

Vocabulary ♦

вы́брать	to choose
князь *(m)*	prince
летопи́сное упомина́ние	chronicle reference
основа́тель *(m)*	founder
остава́ться	to remain
относи́ться к	to date from
перенести́	to transfer
расти́	to grow
строи́тельство	construction

Exercise 2

Answer the questions in Russian. One word answers will suffice.

1 Како́й го́род столи́ца Росси́и?
2 Кто основа́л Москву́?
3 Како́й го́род стал столи́цей в 1713г?
4 Кто перенёс столи́цу туда́?
5 Како́й го́род стал столи́цей в 1918г?

The Moscow Kremlin

Exercise 3

Put these phrases in the plural.

интере́сный моско́вский музе́й; дре́вний ру́сский кремль; стра́шное истори́ческое собы́тие; сло́жная экономи́ческая пробле́ма; наш знамени́тый исто́рик.

The accusative case

Uses of the accusative case

1 The accusative is the case of the direct object of the verb:

Ю́рий Долгору́кий основа́л Москву́.
Yuriy Dolgorukiy founded Moscow.

2 It is also used after certain prepositions: **в/во** 'to, into' (motion), 'during' (time); **за** 'beyond, behind '(motion), for; **на** 'to, on to' (motion), 'for' (time); **о/об/обо** 'against'; **по** 'up to, each'; **под** 'under' (motion); **про** 'about'; **спустя́** 'after, later'; **че́рез** 'across, through, in (after a period of time)'.

*More detailed information is given about most of these prepositions in later units: Unit 2 – **на**; Units 4 and 6 – **в**; Unit 8 – **за**; Unit 6 – **о/об/обо, про**; Unit 10 – **по**.*

Столи́цу перенесли́ в <u>Москву́</u>.
They moved the capital to Moscow.

The accusative is also used without a preposition to denote duration in time or space:

Мы там жи́ли <u>всю зи́му</u>.
We lived there all winter.

<u>Всю доро́гу</u> домо́й она́ молча́ла.
She was silent the whole way home.

Endings in the accusative case

Singular nouns

Masculine		Feminine		Neuter	
	Acc.	**Nom.**	**Acc.**		**Acc.**
inanimate	as nom.	газе́та	газе́ту	all nouns	as nom.
animate	as gen. (see below)	револю́ция	револю́цию		
		возмо́жность	возмо́жность		

Plural nouns

Masculine		Feminine		Neuter	
	Acc.		**Acc.**		**Acc.**
inanimate	as nom.	inanimate	as nom.	all nouns	as nom.
animate	as gen. (see below)	animate	as gen.		

Adjectives and pronouns

Masculine		Feminine		Neuter	
Singular	**Plural**	**Singular**	**Plural**	**Singular**	**Plural**
inanimate as nom.	inanimate as nom.	интере́сную	inanimate as nom.	as nom.	as nom.
animate as gen.	animate as gen.	дре́внюю	animate as gen.		
		мою́, твою́			
		на́шу, ва́шу			
		всю, чью			
		э́ту, ту			

Singular		Plural	
я	меня́	мы	нас
ты	тебя́	вы	вас
он / оно́	его́	они́	их
она́	её		
кто	кого́		
что	что		

Note:

Его́, её and **их** are preceded by **н-** after a preposition, as they are in all cases other than the nominative: **похо́ж на него́** 'like him'.

Exercise 4

Put the words in brackets into the accusative case.

1 Я зна́ю (э́та молода́я ру́сская же́нщина). 2 Мы е́дем в (ма́ленькая примо́рская дере́вня). 3 Вы хоти́те идти́ на (совреме́нная англи́йская пье́са) и́ли (класси́ческая ру́сская о́пера)? 4 (Вся неде́ля) мы его́ не ви́дели. 5 Мы е́здили во (Фра́нция) на (ме́сяц). 6 Мы встре́тили

The Russian White House, home of the parliament or Duma.
Photo: N. Kay

(ва́ша сестра́) у вхо́да в (теа́тр). 7 Ле́нин перенёс (ру́сская столи́ца) в (Москва́). 8 (Кто) вы ви́дели? 9 Мы о́чень хорошо́ (он) зна́ем.

The genitive case

Uses of the genitive case

1 The genitive is the only case ending which English retains on nouns. It is the -'s ending used to denote possession. Similarly, in Russian, the genitive indicates possession or translates 'of'.

Пу́тин – президе́нт России.
Putin is the President of Russia.

Роль президе́нта о́чень сло́жная.
The President's role (role of the President) is very complex.

2 The genitive is also used after a very large number of prepositions: **без** 'without'; **вдоль** 'along'; **вне** 'outside'; **внутри́** 'inside'; **впереди́** 'in front of, before'; **вме́сто** 'instead of'; **во вре́мя** 'during' (named events in history); **во́зле** 'by, near', **вокру́г** 'around'; **в тече́ние** 'during' (with words such as **неде́ля** 'week'

or **год** 'year', indicating periods of time); **для** 'for (the sake of)'; **'до** 'up to, until' (time or place); **из** 'from, out of'; **из-за** 'because of, from behind'; **из-под** 'from under'; **кро́ме** 'except'; **ми́мо** 'past; **напро́тив** 'opposite'; **о́коло** 'around, near'; **от** 'from'; **по́сле** 'after'; **про́тив** 'against'; **ра́ди** 'for the sake of'; **с/со** 'from'; **среди́** 'among; **у** 'by, near, *chez*':

> **во вре́мя переворо́та**
> during the coup

> **про́тив президе́нта**
> against, opposed to the President

> **ра́ди Бо́га**
> for God's sake

> **до распа́да Сове́тского Сою́за**
> until the collapse of the Soviet Union

> **бы́ли та́нки вокру́г Бе́лого до́ма**
> there were tanks round the White House

More detailed information is given about **из-за** *in Unit 7, about the differences between* **из**, **от** *and* **с** *in Unit 5 and between* **с** *and* **со** *in Unit 12.*

The preposition **у** + genitive 'in the possession of' is used to translate 'to have' into Russian:

У президе́нта была́ больша́я власть.
The President had great power.

Note that **больша́я власть** is the subject of this sentence; literally 'Great power was in the possession of President'.

3   The genitive singular is used after **о́ба/о́бе** 'both' and the numerals **два/две** 'two'; **три** 'three'; **четы́ре** 'four' and compounds ending in those numerals. The genitive plural is used after all other numerals, except for **оди́н/одна́/одно́/одни́** 'one', which is an adjective agreeing with the noun it describes.

> **два́дцать три чле́на Ду́мы**
> twenty three members of the Duma

> **пятна́дцать чле́нов Ду́мы**
> fifteen members of the Duma

There is much more detailed treatment of cardinal numerals in Unit 9.

4   The genitive is used after expressions of quantity such as **мно́го** 'a lot'; **ма́ло/немно́го** 'a little, few'; **не́сколько** 'several', **ско́лько** 'how many'; **большинство́** 'the majority', and on its own as a partitive genitive, to indicate part of a substance or 'some':

> **Поли́тика вызыва́ет ма́ло <u>интере́са</u> в Росси́и.**
> Politics arouses little interest in Russia.

> **Мы вы́пили <u>вина́</u>**
> We drank some wine

contrast:

> **Мы вы́пили <u>вино́</u>**
> We drank the wine

5   The genitive is found in several negative constructions:

after **нет/не́ бы́ло/не бу́дет** 'there is not/was not, will not be':

> **У <u>Горбачёва</u> не́ было <u>компете́нтных сове́тников</u>.**
> Gorbachev did not have competent advisers.

> **В тако́й ситуа́ции нет <u>друго́го вы́хода</u>.**
> In such a situation there is no other way out.

after **не ви́дно/не слы́шно/не заме́тно** 'cannot be seen/heard/ discerned':

> **<u>Бе́лого до́ма</u> не ви́дно отсю́да.**
> The White House cannot be seen from here.

as the direct object of negative verbs:

> **Горбачёв не име́л <u>подде́ржки</u> среди́ наро́да.**
> Gorbachev did not have support among the people.

However, when the object is more concrete, the accusative is preferred:

> **Я не ви́жу его́ автомоби́ль.**
> I don't see his car.

There is much more detail about the negative in Unit 13.

6 The genitive is also used as the direct object of certain verbs: **жела́ть** (**по-**) 'to wish'; **достига́ть / дости́гнуть** 'to achieve'. Expressions such as **счастли́вого пути́** 'bon voyage' are in the genitive because the verb **жела́ть** is understood. Some other verbs take either the genitive or the accusative: **боя́ться** 'to fear'; **ждать** 'to wait for'; **иска́ть / по-** 'to seek, look for'; **ожида́ть** 'to expect'; **проси́ть** (**по-**) 'to ask for'; **тре́бовать** (**по-**) 'to demand'; **хоте́ть** (**за-**) 'to want'. Generally the genitive is used if the object is abstract and the accusative if it is a concrete object or a person: **иска́ть по́мощи** 'to seek for help'; **иска́ть дом** 'to look for a house'.

There are more examples in Unit 11.

Endings in the genitive case

Singular nouns

Masculine		Feminine		Neuter	
Nom.	**Gen.**	**Nom.**	**Gen.**	**Nom.**	**Gen.**
президе́нт	президе́нта	газе́та	газе́ты	вино́	ви́на
трамва́й	трамва́я	револю́ция	револю́ции	зда́ние	зда́ния
кремль	кремля́	возмо́жность	возмо́жности	вре́мя	вре́мени

Notes:

1 Never forget the effect the spelling rules have on endings: **кни́га – кни́ги**.

2 Remember that the accusative of masculine animate nouns is the same as the genitive:

Мы за сы́на и про́тив отца́.
We are for the son and against the father.

3 Some masculine nouns also have alternative genitive endings in **-у** or **-ю**. They are most commonly found in the sense of 'some': **Купи́ ча́ю** 'Buy some tea'. Note also the expression **мно́го наро́ду** 'a lot of people'.

Plural

Masculine		Feminine		Neuter	
Nom.	**Gen. plural**	**Nom.**	**Gen. plural**	**Nom.**	**Gen. plural**
президе́нт	президе́нтов	газе́та	газе́т	вино́	вин
трамва́й	трамва́ев	неде́ля week	неде́ль	мо́ре sea	море́й
кремль	кремле́й	револю́ция	револю́ций	зда́ние	зда́ний
		возмо́жность	возмо́жностей	вре́мя	времён

Notes:

1 Masculine nouns:

ме́сяц – ме́сяцев 'months' (because of the spelling rule); **москви́ч – москвиче́й** 'Muscovites' (also nouns ending in -**ж**, -**ш** and -**щ**); **слой – слоёв** 'layers' (because of the stressed ending); **англича́нин – англича́н**; **брат – бра́тьев**; **стул – сту́льев**; **друг – друзе́й**; **сын – сынове́й**; **ребёнок – дете́й**; **челове́к – люде́й**.

2 Feminine nouns:

иде́я – иде́й 'ideas'; **семья́ – семе́й** 'families'.

Sometimes a vowel (-**o**-, -**e**- or -**ё**-) is inserted between the last two consonants of nouns ending in -**a**: **студе́нтка – студе́нток** 'female students'; **де́вушка – де́вушек** 'girls'; nouns ending in -**ня** generally do not have a -**ь**: **пе́сня – пе́сен** 'songs', but there are exceptions: **дере́вня – дереве́нь** 'villages'; **ку́хня – ку́хонь** 'kitchens'.

3 Neuter nouns:

де́рево – дере́вьев 'trees'.

Sometimes a vowel is inserted between the last two consonants of nouns ending in -**o**: **окно́ – о́кон** 'windows'; **письмо́ – пи́сем** 'letters'; **кре́сло – кре́сел** 'armchairs'.

Adjectives and pronouns

Masculine and Neuter	Feminine	Neuter
интере́сного	интере́сной	интере́сных
дре́внего	дре́вней	дре́вних
моего́	мое́й	мои́х
твоего́	твое́й	твои́х
на́шего	на́шей	на́ших
ва́шего	ва́шей	ва́ших
э́того	э́той	э́тих
того́	той	тех
всего́	всей	всех
чьего́	чьей	чьих

Notes:

1 Remember that the accusative plural of masculine and feminine animate nouns is the same as the genitive and that adjectives or pronouns agreeing with them will also take endings like the genitive:

Я зна́ю э́тих ру́сских же́нщин и их муже́й.
I know these Russian women and their husbands.

2 The genitive of personal pronouns and **кто** is the same as the accusative. The genitive of **что** is **чего́**.

Exercise 5

Put the words in brackets into the genitive.

Переворо́т 19 а́вгуста 1991 го́да – не́сколько (замеча́ния)

Пе́рвая попы́тка (переворо́т) в Росси́и произошла́ в а́вгусте 1991 го́да, когда́ не́сколько (член) (бы́вшее Политбюро́) организова́ли за́говор и вы́ступили про́тив (но́вая демокра́тия и Горбачёв). (Горбачёв) не́ было в Москве́ во вре́мя (за́говор), и загово́рщики бы́ли уве́рены в успе́хе (свои́ де́йствия). Они́ зна́ли, что у (Горбачёв) нет (больша́я

политическая власть) и (поддержка) (народ). Одно́ из (собы́тия), кото́рое стимули́ровало попы́тку (госуда́рственный переворо́т) была́ национализа́ция Росси́ей (га́зовая и нефтяна́я промы́шленность) и повыше́ние (вну́тренние це́ны) на нефть. Одна́ко попы́тка (переворо́т) провали́лась. Но́вое прави́тельство (Ельцин и его́ сора́тники) реши́тельно потре́бовали (аре́ст) (организа́торы) (путч). Тепе́рь уже́ ни у (кто) нет (сомне́ния), что попы́тка (переворо́т) в а́вгусте 1991 го́да – одна́ из (причи́ны) (распа́д) (Сове́тский Сою́з).

Vocabulary ♦

бы́вший	former
вну́тренний	domestic
вы́ступить про́тив	to act, come out, against
га́зовая и нефяна́я промы́шленность	gas and oil industry
госуда́рственный	state
де́йствие	action
за́говор / загово́рщик	plot / plotter

повыше́ние	increase
подде́ржка	support
попы́тка	attempt
прави́тельство	government
причи́на	reason
провали́ться	to fail
произойти́	to happen, take place
распа́д	collapse
реши́тельно	resolutely
собы́тие	event
сомне́ние	doubt
сора́тник	comrade-in-arms
уве́рены в успе́хе	confident of the success
член Политбюро́	member of the Politburo (political bureau of the Central Committee of the Communist Party)

Exercise 6

Answer the questions in English.

1 Who were the instigators of the coup?
2 Why did they feel that Gorbachev was vulnerable?
3 Which economic policy helped provoke the coup?
4 What was the Yeltsin government's response to the failed coup?
5 In what significant historical event was the failure of the coup an important factor?

Dative case

Uses of the dative case

1 The dative is the case of the indirect object of the verb:

> Горбачёв переда́л власть **Ельцину** в декабре́ 1991г.
> Gorbachev handed over power to Yeltsin in December 1991.

2 The dative is also used after certain verbs that take a direct object in English: **ве́рить (по-)** 'to believe'; **помога́ть / помо́чь** 'to help'; **сле́довать (по)** 'to follow' (orders etc.); **сове́товать (по-)** 'to advise'; **угрожа́ть, грози́ть** 'to threaten':

Росси́и грози́т переворо́т.
A coup threatens Russia.

There is further information on verbs with the dative in Unit 5.

Note the constructions with **учи́ть** 'to teach/learn' and **учи́ться** 'to learn':

Я учу́ его́ ру́сскому языку́.
I teach him Russian.

Я учу́сь ру́сскому языку́.
I am learning/studying Russian.

But note:

Я учу́ ру́сский язы́к.
I am learning Russian.

There is more information on verbs of teaching and learning in Unit 10.

3　The dative is used with the prepositions **к** 'towards (place), by (time)' and **по** 'according to, along, through, by': **к ве́черу** 'by evening'; **к до́му** 'towards the house'; **по по́чте** 'by post'; **по у́лице** 'along the street'. *There is more information on the use of* **по** *in Unit 10.*

4　The dative is used with a large number of impersonal expressions: **нам интере́сно** 'it is interesting for us'; **Президе́нту на́до реши́ть** 'the President has to decide'. *These expressions are dealt with in detail in Unit 12.* Note also **Он нам изве́стен** 'He is known to us'.

5　Note this use of the dative with the infinitive:

Что мне де́лать?
What am I to do?

6　The dative may also be combined with certain reflexive verbs:

Ли́деру прихо́дится реша́ть.
The leader has to decide.

Ему́ хоте́лось уви́деть президе́нта.
He wanted to see the President.

These expressions are also covered in Unit 12.

Note the construction with the reflexive verb **нра́виться (по-)** 'to like':

Им не нра́вилась поли́тика Горбачёва.
They did not like Gorbachev's policy – literally Gorbachev's policy was not pleasing to them.

7 The dative is also used with the short adjective **ну́жен/нужна́/ну́жно/нужны́** to translate 'to need':

Ему́ нужна́ была́ по́мощь.
He needed help.

There are further examples of this construction in Unit 12.

Endings in the dative case

Nouns

Masculine		Feminine	
Singular	**Plural**	**Singular**	**Plural**
президе́нту	президе́нтам	газе́те	газе́там
трамва́ю	трамва́ям	неде́ле	неде́лям
кремлю́	кремля́м	револю́ции	револю́циям
		возмо́жности	возмо́жностям
Neuter			
Singular	**Plural**		
вину́	ви́нам		
зда́нию	зда́ниям		
вре́мени	времена́м		

Adjectives and pronouns

Masculine and Neuter	Feminine	Plural
интере́сному	интере́сной	интере́сным
дре́внему	дре́вней	дре́вним
моему́	мое́й	мои́м
твоему́	твое́й	твои́м
на́шему	на́шей	на́шим
ва́шему	ва́шей	ва́шим
э́тому	э́той	э́тим
тому́	той	тем
всему́	всей	всем
чьему́	чьей	чьим

Singular		Plural	
я	мне	мы	нам
ты	тебе́	вы	вам
он / оно́	ему́	они́	им
она́	ей		
кто	кому́		
что	чему́		

Exercise 7

Put the words in brackets into the dative.

Из запи́сок журнали́ста

Тёплое а́вгустовское у́тро 1991 го́да. Мы е́дем по (Садо́вое кольцо́) к (Бе́лый дом). Мы уже́ слы́шали из переда́ч по (ра́дио), и по (телеви́дение) о попы́тке переворо́та. Если суди́ть по (после́дние сообще́ния) по (ра́дио), (солда́ты) никто́ не прика́зывал стреля́ть по (толпа́). Вопро́с в том, помо́жет ли а́рмия (путчи́сты) или присоединится к (демократы и Ельцин), последуют ли солдаты (приказы) из Кремля? В голове проносятся разные мысли. Почему это произошло? Кто виноват? Неужели, Горбачёв? (Путчисты) не нравилась политика Горбачёва? (Горбачёв) надо было действовать решительнее? Сейчас (он) нужна поддержка всех людей. Теперь (все демократы и Ельцин) угрожает арест? Вокруг Белого дома – толпы народа. (Мы) почти невозможно пройти ближе к (здание) Белого дома, но (мы) так хочется услышать Ельцина. Он стоит на танке и обращается к (народ). Все полны энтузиазма помочь (он и его соратники). К (обед) пошёл дождь, но никто не хотел уходить. (Все) хотелось быть частью истории.

Vocabulary ♦

в голове проносятся мысли	thoughts run through (my) mind
виноват	guilty, to blame
действовать	to act
неужели	really? is it possible?
обращаться к	to address
передача по телевидению	television broadcast
последнее сообщение	latest report
приказ / приказывать	order / to order
присоединиться к	to join
стрелять	to shoot
судить по	to judge by
часть	part

Exercise 8

Answer the questions in English.

1 What was the weather like on the nineteenth of August?
2 How had the writer heard about the attempted coup?
3 What reasons for the coup are suggested?
4 Was it clear which side the army was on?
5 Where did the crowds congregate?
6 Who addressed them and from where?

Instrumental case

Uses of the instrumental case

1 The instrumental case is used to translate 'by' or 'with' referring to the instrument with which an action is performed: **писа́ть каранда̲шо́м** 'to write with a pencil'; **окружа́ть та́нками** 'to encircle with tanks'. Note its use after certain verbs indicating movement of parts of the body: **маха́ть руко́й** 'to wave (with) one's hand'; **кива́ть/кивну́ть голово́й** 'to shake one's head'; **пожима́ть плеча́ми** 'to shrug one's shoulders'. *There is further information on how the instrumental is used to translate 'by' in Unit 10.*

2 It is also used after certain prepositions:

за	behind, beyond, for (to fetch)
ме́жду	between
над	over
пе́ред	in front of, before
под	under (place)
с	with (accompanied by)

There is more information on the uses of **за** *in Unit 8 and on* **с** *in Units 5 and 6.*

3 The instrumental is frequently used as the complement of **быть** 'to be' when this verb is in the past or future tense or the infinitive: **Он хоте́л быть президе́нтом** 'He wanted to be president'.

4 The instrumental case is used after several verbs:

занима́ться/заня́ться	to be engaged in, occupied with
интересова́ться (за-)	to be interested in
ока́зываться/оказа́ться	to turn out to be
остава́ться/оста́ться	to remain as
по́льзоваться (вос-)	to use, enjoy
станови́ться/стать	to become
увлека́ться/увле́чься	to be keen on
управля́ть	control, manage, govern
явля́ться	to seem, be

There is information on these and other verbs with the instrumental in Unit 6.

5 The instrumental occurs in certain adverbial expressions of time:

у́тром in the morning   **днём** in the daytime
ве́чером in the evening   **но́чью** at night
весно́й in spring   **ле́том** in summer
о́сенью in autumn   **зимо́й** in winter
це́лыми дня́ми for days on end

and in some expressions of manner:

шёпотом in a whisper   **бего́м** at a run

Note also the phrases **таки́м о́бразом** 'in that way, thus'; and **други́ми слова́ми** 'in other words'.

6 The instrumental is also used in defining dimensions:

высото́й in height   **длино́й** in length
ро́стом tall   **ширино́й** in width

река́ ширино́й в де́сять ме́тров
a river ten metres wide

Endings in the instrumental case

Nouns

Masculine		Feminine	
Singular	**Plural**	**Singular**	**Plural**
президе́нтом	президе́нтами	газе́той	газе́тами
трамва́ем	трамва́ями	неде́лей	неде́лями
роя́лем	роя́лями	револю́цией	револю́циями
кремлём	кремля́ми	возмо́жностью	возмо́жностями
Neuter			
Singular	**Plural**		
вино́м	ви́нами		
зда́нием	зда́ниями		
вре́менем	времена́ми		

Notes:

1 Do not forget the possible impact of the spelling rule: **врач – врачо́м** 'doctor'; **това́рищ – това́рищем** 'comrade'; **гости́ница – гости́ницей** 'hotel'.

2 If the ending is stressed, **-ем** and **-ей** are replaced by **-ём** or **-ёй**: **земля́ – землёй** 'earth'.

3 The instrumental of masculine surnames ending in **-ов**, **-ёв**, **-ин**, **-ын** is **ым**: **Ельцин – Ельциным**. Otherwise they decline like nouns. *For the complete declension, including feminine and plural surnames, see the tables at the back of the book.*

Adjectives and pronouns

Masculine and Neuter	Feminine	Plural
интере́сным	интере́сной	интере́сными
дре́вним	дре́вней	дре́вними
мои́м	мое́й	мои́ми
твои́м	твое́й	твои́ми
на́шим	на́шей	на́шими
ва́шим	ва́шей	ва́шими
э́тим	э́той	э́тими
тем	той	те́ми
всем	всей	все́ми
чьим	чьей	чьи́ми

Singular		Plural	
я	мной	мы	на́ми
ты	тобо́й	вы	ва́ми
он / оно́	им	они́	и́ми
она́	ей		
кто	кем		
что	чем		

Exercise 9

Put the words in brackets into the instrumental.

(Утро) 20 áвгуста ситуáция стáла бóлее (ясная). В э́тот день Ельцин стал (си́мвол) демокрáтии: под (егó руковóдство) одéржана побéда над (коммунисти́ческая номенклатýра). Горбачёв бóльше не пóльзуется (популя́рность) среди росси́йских демокрáтов. Нереши́тельность Горбачёва яви́лась (главная причи́на) кри́зиса егó поли́тики. (Такóй óбраз) Ельцин с (егó харизмати́ческий авторитéт и твёрдая увéренность) стал (глáвная полити́ческая си́ла) в Росси́и.

Vocabulary ◆

нереши́тельность	indecision
одéржана побéда	victory was achieved
руковóдство	leadership
твёрдая увéренность	unshakeable confidence

Prepositional case

Uses of the prepositional case

The prepositional case is used after certain prepositions: **в** 'in' (place); **на** 'on, at' (place); **о/об/обо** 'about, concerning'; **при** 'at the time of, in the presence of, adjoining'. *More information about **в** may be found in Units 4 and 12, about **на** in Unit 2 and about **о/об/обо** in Unit 6.*

Endings in the prepositional case

Nouns

Masculine		Feminine	
Singular	**Plural**	**Singular**	**Plural**
президéнте	президéнтах	газéте	газéтах
трамвáе	трамвáях	недéле	недéлях
кремлé	кремля́х	револю́ции	револю́циях
		возмóжности	возмóжностях

Neuter	
Singular	**Plural**
винé	вѝнах
мóре	моря́х
здáнии	здáниях
врéмени	временáх

Note:

Certain masculine nouns take the ending -ý after the prepositions **в** and **на**, though not after other prepositions taking the prepositional case. These nouns include: **лес – в лесý** 'in the forest'; **бéрег – на берегý** 'on the bank'; **пол – на полý** 'on the floor'; **сад – в садý** 'in the garden'; **угол – в углý** 'in the corner'; **год – в прóшлом годý** 'last year'; **шкаф – в шкафý** 'in the cupboard'; **Крым – в Крымý** 'in the Crimea'.

Adjectives and pronouns

Masculine and Neuter	**Feminine**	**Plural**
интерéсном	интерéсной	интерéсных
дрéвнем	дрéвней	дрéвних
моём	моéй	мои́х
твоём	твоéй	твои́х
нáшем	нáшей	нáших
вáшем	вáшей	вáших
э́том	э́той	э́тих
том	той	тех
всём	всей	всех
чьём	чьей	чьих

Singular		Plural	
я	мне	мы	нас
ты	тебе	вы	вас
он / оно́	нём	они́	них
она́	ней		
кто	ком		
что	чём		

Exercise 10

Put the words in brackets into the prepositional case.

1 Бе́лый дом нахо́дится в (центр) Москвы́ на (Краснопре́сненская набержная). 2 Во вре́мя переворо́та Горбачёв был в (Крым) на (бе́рег) мо́ря. 3 В (зда́ние) Бе́лого до́ма заседа́ет парла́мент Росси́и. 4 Интере́сно слы́шать об (э́ти собы́тия) в (ва́ша страна́). 5 Мили́ция была́ на (пло́щадь) о́коло Бе́лого до́ма. 6 О (кто) идёт речь? О (ли́деры) переворо́та? Я ничего́ не зна́ю о (они́). 7 Ельцин был в (Бе́лый дом) а организа́торы переворо́та бы́ли в (Кремль).

Vocabulary ♦

заседа́ть   to sit (of parliament)

Exercise 11

Answer the questions in Russian.

1 Где нахо́дится Бе́лый дом?
2 Где был Горбачёв во вре́мя переворо́та?
3 Где нахо́дится Крым?
4 Где заседа́ет парла́мент?
5 Где была́ мили́ция?
6 Где был Ельцин?
7 Где бы́ли организа́торы переворо́та?

Reflexive pronouns

In addition to the personal pronouns and possessive pronouns referred to above, there is the reflexive pronoun **себя** and the reflexive possessive pronoun **свой**. **Себя** means myself, yourself, himself etc. referring back to the subject of the verb. In consequence, it has no nominative. The other forms, common to all genders, singular and plural are: acc./gen. **себя**; dat. **себе**; instr. **собой**; prep. **себе**:

Она думает только о себе.
She thinks only of herself.

The endings of **свой** are the same as those of **мой** and **твой**. It translates any possessive – 'my', 'your', 'his' etc., provided it refers back to ownership by the subject of the verb.

Он любит свою работу.
He loves his work.

To use **его** in this sentence would mean it was someone else's work. In sentences with a first or second person subject **свой** may be used as an alternative to the first or second person possessive:

Мы любим нашу/свою работу.
We love our work.

Сам

Сам is the emphatic pronoun 'self':

Она сама сделала.
She did it herself.

The full declension is in the grammar summary.

Short form adjectives

The adjectives referred to earlier are all long or attributive adjectives. There are also short or predicative adjectives. They are used only in the predicate of the sentence, separated from the noun or pronoun they describe by the verb 'to be':

Книга была интересна.
The book was interesting.

To form a short adjective remove the **-ый** or **-ий** from the long adjective. This gives you the masculine. For the feminine add **-a**, for the neuter **-о**, and the plural **-ы**: **здоро́вый** 'healthy' – **здоро́в, здоро́ва, здоро́во, здоро́вы**. If the masculine form ends in two consonants a vowel is sometimes inserted between them; **интере́сный – интере́сен**.

Some adjectives, including those ending in **-ский**, have no short form.

Adverbs

Adverbs are formed in the same way as neuter short form adjectives. **Бы́стрый** 'quick' – **бы́стро** 'quickly': **он идёт бы́стро** 'he is walking quickly'.

Verbs

Compared with English, Russian has very few tenses: one present, two future and two past. Verbs fall mostly into two conjugations, or patterns of endings: first and second. First conjugation verbs may often be recognised by their infinitive ending in **-ать** or **-ять**: **де́лать** 'to do, make'; **теря́ть** 'to lose'. Second conjugation verbs more often end in **-ить** or **-еть**: **говори́ть** 'to speak'; **смотре́ть** 'to look at'. However, there are a small number of second conjugation verbs ending in **-ать** and **-ять** and irregular first conjugation verbs ending in **-ить, -еть, -ти**. *Note that tables of the endings on verbs are given at the back of the book.*

Formation of the present tense – first conjugation

Regular first conjugation verbs ending in **-ать** or **-ять** – remove the **-ть** from the infinitive and add: **-ю, -ешь -ет, -ем -ете, -ют**:

де́лать	
я де́лаю,	мы де́лаем
ты де́лаешь,	вы де́лаете
он / она́ / оно́ де́лает	они́ де́лают

Remember that, as there is only one present tense in Russian, **я де́лаю** may translate as either 'I do' or 'I am doing', dependent on the context.

In addition to regular first conjugation verbs there are also verbs which take regular first conjugation endings, but their present tense stem is different from the infinitive stem, so it has to be learnt. Where the present tense stem ends in a vowel, the endings are the same as on **делать** and, where it ends in a consonant, the endings are **-у, -ешь, -ет, -ем, -ете, -ут**. If the ending is stressed, **e** is replaced by **ё**:

мыть 'to wash'

я мо́ю	мы мо́ем
ты мо́ешь	вы мо́ете
он / она́ / оно́ мо́ет	они́ мо́ют

писа́ть 'to write'

я пишу́	мы пи́шем
ты пи́шешь	вы пи́шете
он / она́ / оно́ пи́шет	они́ пи́шут

идти́ 'to go'

я иду́	мы идём
ты идёшь	вы идёте
он / она́ / оно́ идёт	они́ иду́т

Much more about the stress of present tense of verbs may be found in Unit 10.

Verbs with infinitives ending in **-авать** drop the syllable **-ав-** in the present tense; verbs ending in **-овать** replace the **-ов-** by **-у-** and those ending in **-евать** replace the **-ев-** by **-ю-**:

дава́ть 'to give'

я даю́	мы даём
ты даёшь	вы даёте
он / она́ / оно́ даёт	они́ даю́т

сове́товать 'to advise'

я сове́тую	мы сове́туем
ты сове́туешь	вы сове́туете
он / она́ / оно́ сове́тует	они́ сове́туют

воева́ть 'to wage war'

я вою́ю	мы вою́ем
ты вою́ешь	вы вою́ете
он / она́ / оно́ вою́ет	они́ вою́ют

Watch out for the effect of the spelling rules on such verbs:

танцева́ть 'to dance':
    танцу́ю, танцу́ешь, танцу́ет,
    танцу́ем, танцу́ете, танцу́ют.

Second conjugation

Remove the last *three* letters from the infinitive and add the endings:
-ю, -ишь, -ит, -им, -ите, -ят. Some second conjugation verbs are
also affected by the spelling rules:

говори́ть 'to speak'

я говорю́	мы говори́м
ты говори́шь	вы говори́те
он / она́ / оно́ говори́т	они́ говоря́т

держа́ть 'to hold'

я держу́	мы де́ржим
ты де́ржишь	вы де́ржите
он / она́ / оно́ де́ржит	они́ де́ржат

If the stem of a second conjugation verb ends in the consonants **-д,
-т, -с, -з, -ст**, that consonant will change in the first person singular (**я** form) *only*. Other forms are regular. If the stem ends in **-б, -в,
-п, -ф**, and **-м** an **-л-** is inserted between the stem and the ending in
the first person singular *only*:

води́ть to lead	я вожу́	ты во́дишь
плати́ть to pay	я плачу́	ты пла́тишь
проси́ть to ask	я прошу́	ты про́сишь
вози́ть to convey	я вожу́	ты во́зишь
свисте́ть to whistle	я свищу́	ты свисти́шь
люби́ть to love	я люблю́	ты лю́бишь

Irregular verbs

There are a small number of irregular verbs in Russian:

мочь 'to be able'	могу́	мо́жем
	мо́жешь	мо́жете
	мо́жет	мо́гут
бежа́ть 'to run'	бегу́	бежи́м
	бежи́шь	бежи́те
	бежи́т	бегу́т

хоте́ть 'to want'	хочу́	хоти́м
	хо́чешь	хоти́те
	хо́чет	хотя́т
есть 'to eat'	ем	еди́м
	ешь	еди́те
	ест	едя́т

Reflexive verbs

Add **-ся** after a consonant or **-ь** and **-сь** after a vowel:

встреча́ться 'to meet'	встреча́юсь	встреча́емся
	встреча́ешься	встреча́етесь
	встреча́ется	встреча́ются

There is much more information about reflexive verbs in Unit 4.

The verb 'to be'

Быть has no present tense. *For alternative ways of translating 'to be' see Unit 6.*

Use of the present tense

In addition to a straight translation for one of the English present tenses, Russian uses the present tense in some additional circumstances. Actions which started in the past and are continuing in the present are conveyed in Russian by the use of the present tense:

Я уже́ четы́ре го́да занима́юсь ру́сским языко́м.
I have been studying Russian for four years already.

In indirect speech or questions Russian uses the tense in which the original statement or question was made. This frequently means that Russian uses the present tense where English uses the past:

Я спроси́ла его́, занима́ется ли он ру́сским языко́м.
I asked him whether he was studying Russian.

Он сказа́л, что он занима́ется ру́сским языко́м.
He said that he was studying Russian.

Verbs of motion have two different present tenses, which have some similarities to the two present tenses in English. This is explained fully in Unit 2.

Exercise 12

Complete the sentences by putting the verbs in brackets into the present tense.

Сове́тский Сою́з бо́льше не (существова́ть). Бы́вшие респу́блики тепе́рь (явля́ться) незави́симыми госуда́рствами. О́коло двадцати́ респу́блик (входи́ть) в соста́в Росси́йской Федера́ции. Парла́мент РФ (называ́ться) Ду́ма. Он (состоя́ть) из двух пала́т. Журнали́сты ча́сто (писа́ть), что россия́не не (интересова́ться) поли́тикой. Они́ бо́льше не (доверя́ть) поли́тикам. Я (счита́ть), что они́ правы́. А Вы? Как Вы (ду́мать)? Нет, мы не (мочь) согласи́ться! Мы (подде́рживать) президе́нта и во всём (соглаша́ться) с ним!

Aspects

There are, in the overwhelming number of cases, two Russian verb infinitives for every English one. For example 'to do' may be **де́лать** or **сде́лать.** The first of these is the imperfective infinitive, or infinitive of the imperfective aspect and the second is the perfective infinitive or infinitive of the imperfective aspect. The present tense is formed from the imperfective infinitive. There are both imperfective and perfective past and future tenses formed from the respective infinitives.

Formation of the imperfective future

The imperfective future is formed from the future tense of **быть** 'to be' + the imperfective infinitive:

я бу́ду де́лать	мы бу́дем де́лать
ты бу́дешь де́лать	вы бу́дете де́лать
он / она́ / оно́ бу́дет де́лать	они́ бу́дут де́лать

The formation is exactly the same for the second conjugation and for irregular verbs: **я бу́ду говори́ть,** etc; **я бу́ду есть,** etc.

Formation of the perfective future

The perfective future is formed in the same way as the present tense, but using the perfective infinitive. Note the irregular perfective **дать**:

сде́лать 'to do'	сде́лаю	сде́лаем
	сде́лаешь	сде́лаете
	сде́лает	сде́лают
дать 'to give'	дам	дади́м
	дашь	дади́те
	даст	даду́т

Formation of the imperfective and perfective past

Both the imperfective and perfective past are formed in the same way, but from their respective infinitives. Where the infinitive of a Russian verb ends in **-ть** the past tense is generally formed by removing the **-ть** and replacing it by: **-л** (masculine singular), **-ла** (feminine singular), **-ло** (neuter singular), **-ли** (plural all genders):

де́лать	–	де́лал де́лала де́лало де́лали
сде́лать	–	сде́лал сде́лала сде́лало сде́лали

Note, however, the following exceptions:

– Verbs ending in **-ере́ть**:

умере́ть 'to die'

у́мер	умерла́	у́мерло	у́мерли

– Some verbs ending in **-нуть** drop the **-нуть** in the masculine:

привы́кнуть 'to get used to'

привы́к	привы́кла	привы́кло	привы́кли

возни́кнуть 'to arise'

возни́к	возни́кла	возни́кло	возни́кли

but note

кри́кнуть 'to shout'

кри́кнул	кри́кнула	кри́кнуло	кри́кнули

пры́гнуть 'to jump'

пры́гнул	пры́гнула	пры́гнуло	пры́гнули

– Verbs ending in -**сть** remove the -**сть** before adding the past tense endings:

пасть 'to fall'	пал	па́ла	па́ло	па́ли
есть	е́л	е́ла	е́ло	е́ли

– Verbs ending in -**ти**:

идти́	шёл, шла, шло, шли
нести́ to carry	нёс, несла́, несло́, несли́
вести́ to lead	вёл, вела́, вело́, вели́
расти́ to grow	рос, росла́, росло́, росли́

– Verbs ending in -**чь**:

течь to flow	тёк, текла́, текло́, текли́
лечь to lie down	лёг, легла́, легло́, легли́
мочь	мог, могла́, могло́, могли́
дости́чь to achieve	дости́г, дости́гла, дости́гло, дости́гли

Imperfective and perfective pairs

The perfective is often differentiated from the imperfective by the addition of a prefix. Common prefixes include:

вы-, за-, на-, о-, от-, пере-, по-, под-, при-, про-, с-, у-:

пить/вы́пить to drink
чита́ть/прочита́ть to read
писа́ть/написа́ть
де́лать/сде́лать

Other pairs are differentiated by a suffix:

реша́ть/реши́ть to decide
посеща́ть/посети́ть to visit
встава́ть/встать
дава́ть/дать
собира́ть/собра́ть to collect
надева́ть/наде́ть to put on

or by the presence of the infix -**ыв**- or -**ив**- in the imperfective: **подпи́сывать/подписа́ть** 'to sign'. *For more about verbs of this type see Unit 14.*

Говори́ть has two perfectives: **сказа́ть** 'to say, tell' and **поговори́ть** 'to talk, speak'. Some other unusual perfective pairs include: **брать/взять** 'to take'; **покупа́ть/купи́ть** 'to buy'; **станови́ться/ стать** 'to become'.

Difference in usage between the imperfective and perfective aspects

Imperfective aspect

1 Unfinished or continuous actions:

> **Он це́лый день смотре́л телеви́зор.**
> He was watching/watched television all day.

> **За́втра я бу́ду рабо́тать в саду́.**
> Tomorrow I will work in the garden.

2 Habitual or repeated actions:

> **Мы ча́сто игра́ли в те́ннис э́тим ле́том.**
> We often played/used to play tennis that summer.

> **Они́ бу́дут пла́вать в мо́ре ка́ждый день.**
> They will be swimming/will swim in the sea every day.

3 Emphasis on the process of the verb:

> **Я люблю́ ката́ться на лы́жах.**
> I love skiing.

4 After the verbs **начина́ть/нача́ть** and **стать** 'to begin'; **конча́ть /ко́нчить** 'to finish'; **продолжа́ть** 'to continue' and some other verbs with similar meanings, the imperfective infinitive is always used:

> **Я то́лько что ко́нчила рабо́тать над э́той кни́гой.**
> I have only just finished working on this book.

For other verbs meaning 'to stop' see Unit 14.

Perfective aspect

1 Emphasis on completion or result. This may be a single action:

> **Он ко́нчил рабо́ту.**
> He finished the work.

> **Вы должны́ прочита́ть э́ту кни́гу сего́дня.**
> You must read (finish reading) that book today.

or a series of actions, each one completed before the next one starts:

> **Я вста́ну, приму́ душ и оде́нусь.**
> I will get up, take a shower and get dressed.

2 Some perfectives with the prefix **по-** imply that the action is performed for a short time only:

Мы посиде́ли в саду́ и пошли́ домо́й.
We sat in the garden for a while and went home.

For aspects in relation to verbs of motion see Unit 2.

Subjunctive

In addition to the five tenses described above Russian also has a subjunctive, formed by using the particle **бы** with the past tense: **Я сде́лала бы** 'I would have done it'. *Fuller information on the subjunctive is given in Unit 11.*

Imperative

The third person imperative may be formed from either the imperfective or perfective verb: **де́лай(те)**, **сде́лай(те)** 'do!'. *For fuller information on this imperative see Unit 2.* **Дава́й / дава́йте,** imperative of **дава́ть,** is used with the first person plural (**мы** form) of the future perfective to form a first person imperative: **Дава́йте сде́лаем** 'Let's do it'.

Exercise 13

Choose the appropriate verb form from the alternatives in brackets.

Распа́д СССР

Пе́рвый конфли́кт в Сове́тском Сою́зе (случи́тся / случи́лся) ещё в 1986г в Алма Ате́. Зате́м в 1989г (начина́лся / нача́лся) конфли́кт ме́жду Арме́нией и Азербайджа́ном по по́воду Наго́рного Караба́ха. А с 1989 конфли́кты ста́ли (возника́ть / возни́кнуть) практи́чески повсю́ду: на Украи́не и Кавка́зе, в Молда́вии и Приба́лтике. Сове́тское руково́дство снача́ла не (понима́ло / по́няло) исто́ков э́тих конфли́ктов. Одна́ко примене́ние си́лы в Ри́ге и Ви́льнюсе в январе́ 1991г успе́ха не (приноси́ло / принесло́). (Начина́лись / начали́сь) перегово́ры о но́вом сою́зном догово́ре. Конфедерати́вный хара́ктер предложе́ний (вызыва́л / вы́звал) недово́льство со стороны́ консерва́торов и (возника́ла / возни́кла) иде́я переворо́та про́тив рефо́рм вообще́. Побе́да над путчи́стами (приводи́ла / привела́) к неконтроли́руемому распа́ду СССР. В декабре́ 1991г президе́нты

России, Украйны и Белоруссии (подпи́сывали/подписа́ли) соглаше́ние о ликвида́ции СССР и созда́нии Содру́жества Незави́симых Госуда́рств.

Vocabulary ♦

возника́ть / возни́кнуть	to arise
догово́р	treaty
исто́к	source
недово́льство	dissatisfaction
перегово́ры	negotiations
по по́воду	on the subject of
повсю́ду	everywhere
подпи́сывать / подписа́ть	
соглаше́ние	to sign an agreement
предложе́ние	proposal
примене́ние си́лы	use of force
приноси́ть / принести́ успе́х	to bring success
случи́ться	to happen
созда́ние	creation
Содру́жество Незави́симых	Commonwealth of
Госуда́рств	Independent States

Exercise 14

Answer the questions in English.

1 Where did the first conflict break out in the Soviet Union?
2 What did Armenia and Azerbaidjan fall out about?
3 Where did conflicts break out in 1989?
4 How did the leadership try to subdue the Baltic States in 1991?
5 What was it about the proposals for a new Union treaty which upset the conservative faction in government?
6 Who signed the agreement to abolish the Soviet Union?
7 What was its substance?

2 ТРАНСПОРТ

In this unit you will learn:

- about the transport system in Russia
- to use the imperative
- how to form the comparative
- more about the preposition **на**

Because of Russia's immense size, rail and air are the most important modes of transport. Travel by rail is still reliable and cheap, as it was in Soviet times. Although more investment is needed for construction and track maintenance, especially in the remote regions where climatic conditions are very difficult, there have been considerable recent improvements. Compared with Soviet times domestic air travel is expensive and the number of internal flights has been reduced. Although dozens of private airlines were set up after the break-up of the Soviet state airline, Aeroflot, they do not offer the same comprehensive service to provincial towns. Road transport is slow as there is no motorway system and roads are not well-maintained outside major cities.

Dialogue 1 🔊

A conversation between a passenger and a booking clerk at Moscow's International Airport **Sheremet'evo 2**

ПАССАЖИР	Скажите, пожалуйста, здесь продаются билеты на самолёт? Я только что прилетел из Лондона. Мне нужно лететь в Иркутск.
КАССИР	Да, конечно. А какой компанией Вы хотите лететь? У нас сейчас много авиакомпаний.
ПАССАЖИР	А какая компания дешевле?
КАССИР	Дешевле лететь Трансаэро, Аэрофлотом немного дороже. Но вам удобнее лететь Аэрофлотом. Самолёты Аэрофлота отправляются с терминала Шереметьево один, Это недалеко отсюда.
ПАССАЖИР	Хорошо, полечу Аэрофлотом. Когда вылетает самолёт?
КАССИР	Есть два рейса. Один – через 2 часа, а другой – ночной рейс.
ПАССАЖИР	Пожалуй, полечу первым рейсом. А сколько стоит билет?
КАССИР	Стоимость билета туда и обратно вместе с налогом – 250 долларов. Это если Вы летите экономическим классом. Как Вы будете платить? Наличными или кредитной картой?
ПАССАЖИР	Кредитной картой. А как добраться до Шереметьево один?
КАССИР	Можно добраться рейсовым автобусом или маршрутным такси. Лучше поезжайте маршрутным такси. Так быстрее.
ПАССАЖИР	А где останавливается такси?
КАССИР	Стоянка тут рядом. Идите прямо по коридору, поверните направо, и прямо у выхода из аэропорта Вы увидите маршрутные такси.
ПАССАЖИР	А я не опоздаю на регистрацию?
КАССИР	Конечно, не опоздаете. Через 10 минут Вы будете в Шереметьево один. Только приготовьте заранее билет, паспорт, все Ваши документы. Не забудьте багаж! И всё будет в порядке!

Vocabulary ♦

добраться до	to get to
заранее	in advance

маршру́тное такси́	minibus
междунаро́дный	international
нало́г	tax
ночно́й рейс	night flight
опозда́ть на (+ *acc*)	to be late for
отправля́ться	to set off, depart
поверну́ть	to turn
пожа́луй	perhaps
ре́йсовый авто́бус	regular bus
сто́имость (*f*)	cost
стоя́нка	(taxi) rank, stop
то́лько что	just

N.B. **биле́т туда́ и обра́тно** – return ticket; **плати́ть нали́чными** – to pay cash; **всё бу́дет в поря́дке** – everything will be OK

Exercise 1

Answer the following questions in English.

1 What airlines operate within Russia?
2 What are the methods of payment for an air ticket?
3 What does a ticket to Irkutsk cost?
4 How do you get to Sheremet'evo Terminal 1 from Terminal 2?
5 What do you need to check-in?

Language points ♦

Imperatives

In the above dialogue there are several examples of the second person imperative:

Скажи́те пожа́луйста	tell (me) please
Иди́те пря́мо	go straight on

Imperatives can be formed from either imperfective or perfective verbs. Remove the last two letters from the third person plural (**они́** form) of the present or future perfective to find the stem of the verb. Add **-и** if the stem ends in a consonant or **-й** if it ends in a vowel: **идти́ – иду́т – ид – иди́** 'go!'; **чита́ть – чита́ют – чита – чита́й** 'read!'.

Verbs with their stem ending in a single consonant that are stressed on the stem throughout their conjugation take the imperative ending -ь: забы́ть – забу́дут – забуд – забу́дь 'forget'.

For the plural or polite form add -те: иди́те, чита́йте, забу́дьте.

The reflexive ending is -ся after -й or -ь and -сь after -и or -те: одева́йся, одева́йтесь; оде́нься, оде́нтесь 'dress'.

Verbs ending in -авать form their imperative irregularly: дава́ть – даю́т – дава́й(те) 'give'; встава́ть – встаю́т – встава́й(те) 'stand'. Note also есть – ешь(те) 'eat' and пить – пей(те) 'drink'.

Stress is on the same syllable in the imperative as in the first person singular (я form): писа́ть – пишу́ – пиши́(те) 'write'. The imperative of пое́хать is поезжа́й(те).

Generally the imperfective imperative is used to express general injunctions to perform or refrain from actions. It is often found in negative sentences:

Не теря́йте биле́т!   Do not lose your ticket!

A perfective imperative relates to one particular occasion:

Поверни́те напра́во!   Turn right!

Exercise 2

Put the verb in brackets into the imperative to complete the sentence.

Example: **(Бро́сить) му́сор в корзи́ну. – Бро́сьте му́сор в корзи́ну!**

1 (Останови́ть) маши́ну. 2 (Заказа́ть) гости́ницу. 3 (Порекомендова́ть) хоро́ший банк. 4 (Купи́ть) авиабиле́т. 5 (Закры́ть) дверь. 6 (Постро́ить) но́вую доро́гу. 7 (Пое́хать) до Петербу́рга. 8 (Оплати́ть) пое́здку. 9 (Проводи́ть) пассажи́ра к по́езду. 10 (Пригото́виться) к полёту.

Exercise 3

Examine the special offer from Transaero Airline (shown on p. 43).

Answer the questions in English.

1   What flights does Transaero have?
2   What planes does the company use?

ТРАНСАЭРО

авиакомпания

СПЕЦИАЛЬНОЕ ПРЕДЛОЖЕНИЕ:

ХИТРОУ – МОСКВА от £199 (+налог £26.10)

Российская авиакомпания ТРАНСАЭРО существует на рынке более 8 лет и выполняет регулярные рейсы из Москвы (Домодедово) в Санкт-Петербург, Владивосток, Омск, Норильск, Красноярск, Екатеринбург, Новосибирск, Иркутск, Орел, Нижневартовск, Алматы, Астану, Караганду, Ташкент, Киев, Одессу, Лондон, Франкфурт, Тель-Авив, Эйлат (Израиль), Пафос (Кипр).

- Рейсы между Лондоном и Москвой выполняются на новых современных самолетах Боинг 737–700.
- Для пассажиров, прибывающих в Москву рейсом «Трансаэро» из Лондона, предоставляется бесплатный транспорт от аэропорта до центра Москвы.
- На борту самолета пассажирам предлагается новое улучшенное меню.
- К услугам пассажиров бизнескласса – комфортабельные бизнес-залы в аэропортах Хитроу и Домодедово.

ХИТРОУ (Терминал-2) – МОСКВА (Домодедово) ежедневно

Номер рейса	Вылет	Прилет	Тип самолета
UN 344	22.05	05.10	Боинг 737–700

МОСКВА (Домодедово) – ХИТРОУ (Терминал-2) ежедневно

Номер рейса	Вылет	Прилет	Тип самолета
UN 344	13.20	14.25	Боинг 737–700

Забронировать и приобрести билеты можно в офисе «Трансаэро Турс» в Лондоне

N.B. **существова́ть** – to exist; **предлага́ться** – to be offered; **предоставля́ться** – to be offered; **выполня́ть рейс** – to fly; **улу́чшенное меню́** – improved menu; **ежедне́вно** – daily; **заброни́ровать** – to book; **приобрести́** – to acquire

3 From which airports does the company fly?
4 What additional services does the company offer?
5 What is the cost of a flight from London to Moscow?
6 What time does the flight arrive in London?

Text 1

Желе́зные доро́ги Росси́и

Желе́зные доро́ги – надёжный и дешёвый вид росси́йского тра́нспорта. В европе́йской ча́сти Росси́и их структу́ра напомина́ет гига́нтское колесо́. Его́ центр – Москва́. От неё в ра́зные сто́роны иду́т ра́диусы – магистра́ли. Но чем восто́чнее, тем магистра́лей ме́ньше. Поэ́тому строи́тельство но́вых желе́зных доро́г остаётся ва́жной зада́чей. Но стро́ить доро́ги в Росси́и с ка́ждым го́дом стано́вится всё доро́же и трудне́е. Ведь строи́тельство идёт в бо́лее тяжёлых климати́ческих усло́виях. Сто́имость материа́лов, обору́дования, труда́ рабо́чих тепе́рь вы́ше.

Но́вое направле́ние в строи́тельстве желе́зных доро́г – созда́ние высокоскоростны́х магистра́лей, кото́рые уже́ име́ются во мно́гих стра́нах ми́ра. Пе́рвую таку́ю доро́гу в Росси́и плани́руют постро́ить ме́жду Москво́й и Санкт-Петербу́ргом. Поезда́ смо́гут дви́гаться по ней гора́здо быстре́е. Одна́ко эко́логи всё ча́ще против строительства таких магистралей. Их аргументы: в результате строительства уничтожается много земель, вырубаются леса. Но с другой стороны, железнодорожный транспорт экологически всё ещё чище других. Он выбрасывает в воздух в 20 раз меньше вредных веществ, чем автомобильный.

Среди железнодорожных магистралей Московская железная дорога занимает особое место. Будучи столичной магистралью она меняется быстрее других. Девять московских вокзалов – визитная карточка столицы. За последние годы уровень обслуживания на вокзалах стал намного выше, услуг для пассажиров стало больше. Организуется движение скоростных электропоездов «Экспресс» с более высоким комфортом. Они сегодня курсируют до Тулы, Рязани, Владимира, Орла, Калуги, Ярославля.

В таких поездах в первом и втором классе двухместные мягкие кресла, работает буфет, видео. Каждый вагон обслуживается проводником. И, конечно, самое главное – скорость электрички. Время в пути стало намного короче. Например, до Тулы обычная электричка идёт 3 часа 44 минуты, а «Экспресс» на час меньше – 2 часа 33 минуты.

По материалам Независимой газеты, 2000

Vocabulary ♦

будучи	being
ведь (emphatic particle)	you see; after all
визитная карточка	visiting card
вредное вещество	harmful substance
выбрасывать	to emit
вырубаться	to be cut down
высокоскоростная магистраль	high-speed railway
двигаться	to move
движение поездов	rail traffic
двухместные кресла	double seats
железная дорога	railway
земля	land

колесо́	wheel
коро́че	shorter
курси́ровать	to run
мя́гкий	soft
надёжный	reliable
напомина́ть	to resemble
направле́ние	trend
обору́дование	equipment
обслу́живаться	to be served
остава́ться зада́чей	to remain the task
проводни́к	train attendant
ско́рость (f)	speed
скоростно́й электропо́езд	express train
созда́ние	creation
сто́имость (f) прое́зда	cost of the journey
столи́чный	capital
строи́тельство	construction
труд рабо́чих	labour
уничтожа́ться	to be destroyed
у́ровень (m) обслу́живания	standard of service
услу́га	service
чи́ще	cleaner
электри́чка	local (electric) train

N.B. с друго́й стороны́ – on the other hand; всё ещё – still; вре́мя в пути́ – travel time; са́мое гла́вное – the most important thing

Exercise 4

Answer the following questions in English.

1 What does the layout of the railways in European Russia resemble?
2 Why is it ever more difficult to build railways in Russia?
3 What is the new trend in railway construction?
4 Where will the first high-speed rail link run?
5 Why are ecologists opposed to the construction of high-speed railways?
6 What type of transport is ecologically cleanest?
7 What changes are taking place in the Moscow rail network?

Exercise 5

True or false?

1 Лете́ть Аэрофло́том (доро́же, деше́вле, удо́бнее)?
2 Самолёт в Ирку́тск вылета́ет из аэропо́рта (Шереме́тьево оди́н, Шереме́тьево два, Домоде́дово)?
3 Путеше́ствовать на самолёте (доро́же, деше́вле, надёжнее), чем на по́езде?
4 Высокоскоростны́е магистра́ли уже́ име́ются (в Росси́и, в за́падных стра́нах, в Украи́не)?
5 Железнодоро́жный тра́нспорт (грязне́е, чи́ще, опа́снее) автомоби́льного тра́нспорта?
6 У́ровень обслу́живания на вокза́лах стал (лу́чше, ху́же, быстре́е)?
7 Ка́ждый ваго́н обслу́живается (проводнико́м, официа́нтом, носи́льщиком)?

Language points ◆

Comparatives

Long (attributive) comparatives

Almost all Russian adjectives can be turned into comparatives by putting the words **бо́лее** 'more' or **ме́нее** 'less' before the long form. **Бо́лее** and **ме́нее** never alter, whatever the case or number of the adjective:

бо́лее бы́стрые поезда́	faster trains
на ме́нее бы́стрых поезда́х	on less fast trains

'Than' is translated by **чем**, preceded by a comma:

Лу́чше е́здить на бо́лее бы́стрых но́вых поезда́х, чем на ста́рых.

It is better to travel on faster new trains than on old.

Four adjectives have a one-word declinable comparative, used instead of adjective + **бо́лее**:

большо́й	**бо́льший**	bigger, greater
ма́ленький	**ме́ньший**	smaller, lesser

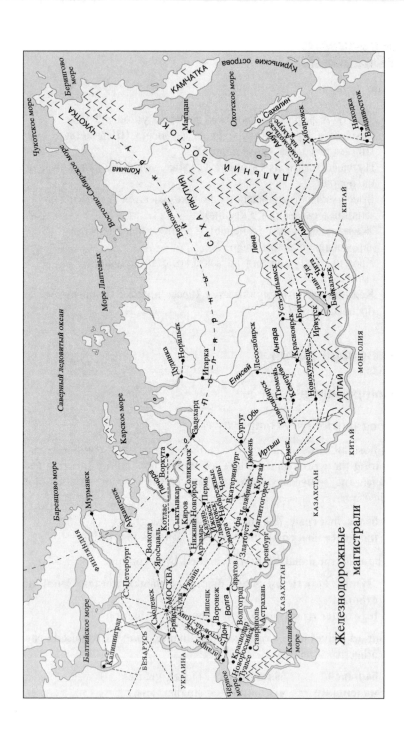

Железнодорожные
магистрали

| плохóй | хýдший | worse |
| хорóший | лýчший | better |

лýчшие поездá 'better trains'; бóльший вы́бор 'greater choice'.

Four more adjectives have a one-word declinable comparative in addition to the бóлее form. The form used depends on the context:

молодóй	бóлее молодóй	younger (things)
	млáдший	younger, junior (people)
стáрый	бóлее стáрый	older (things)
	стáрший	elder, senior (people)
высóкий	бóлее высóкий	higher, taller (literal)
	вы́сший	higher, superior (figurative)
нúзкий	бóлее нúзкий	lower (literal)
	нúзший	lower, inferior (figurative)

бóлее стáрые поездá 'older trains'; стáршие брáтья 'elder brothers'; бóлее высóкие гóры 'higher mountains'; вы́сшее образовáние 'higher education'.

Exercise 6

Put the adjective in brackets into the appropriate form of the long comparative.

1 Туристи́ческое аге́нство предлагáет (интере́сный) поéздки в Росси́ю. 2 Желéзные доро́ги стáли (надёжный) ви́дом трáнспорта. 3 Éздить на (бы́стрый) скоростны́х поездáх – одно́ удово́льствие. 4 Прия́тно жить в (стáрый) гóроде. 5 Для поéздки в Росси́ю нужнá (большо́й) сýмма дéнег. 6 Билéты в теáтр продаю́тся по (нúзкий) цéнам. 7 (Высóкий) образовáние испы́тывает кри́зис. 8 Легко́ рабóтать с (мáленький) число́м студéнтов. 9 (Богáтые) предпочитáют éздить (удóбный) пéрвым клáссом. 10 У меня́ оди́н (молодóй) брат и две (стáрые) сестры́.

Short (predicative) comparatives

The short comparative is formed by adding **-ее** (alternative ending **-ей**) to the stem of the adjective. The ending is the same for all genders and for the plural. It is better to use the short form to translate sentences where the verb 'to be' comes between noun/pronoun and the comparative. Otherwise, use the long, **бо́лее** form. The short comparative also renders sentences beginning 'It is/was/will be . . . er':

Но́вые поезда́ быстре́е
New trains are faster.

Скоростны́е поезда́ бу́дут удо́бнее
Express trains will be more convenient.

Лу́чше лете́ть Аэрофло́том
It is better to fly by Aeroflot.

Contrast:

Мы е́дем на бо́лее но́вом по́езде
'We are going on a newer train'.

Short comparatives of some adjectives end in -e:

бли́зкий	**бли́же**	closer	**бога́тый**	**бога́че**	richer
высо́кий	**вы́ше**	higher	**глубо́кий**	**глу́бже**	deeper
гро́мкий	**гро́мче**	louder	**далёкий**	**да́льше**	further
дешёвый	**деше́вле**	cheaper	**дорого́й**	**доро́же**	dearer
жа́ркий	**жа́рче**	hotter	**коро́ткий**	**коро́че**	shorter
кре́пкий	**кре́пче**	stronger	**молодо́й**	**моло́же**	younger
мя́гкий	**мя́гче**	softer	**ни́зкий**	**ни́же**	lower
плохо́й	**ху́же**	worse	**просто́й**	**про́ще**	simpler
ра́нний	**ра́ньше**	earlier	**ре́дкий**	**ре́же**	rarer
сла́дкий	**сла́ще**	sweeter	**ста́рый**	**ста́рше**	older
стро́гий	**стро́же**	stricter	**ти́хий**	**ти́ше**	quieter
у́зкий	**у́же**	narrower	**хоро́ший**	**лу́чше**	better
ча́стый	**ча́ще**	more often	**чи́стый**	**чи́ще**	cleaner
широ́кий	**ши́ре**	wider	**большо́й**	**бо́льше**	bigger
ма́ленький	**ме́ньше**	smaller			

N.B. **бо́льше** also means 'more' and **ме́ньше** 'less'. **По́здний** has two alternative forms – **поздне́е/по́зже** 'later'. Some adjectives do not have a short comparative, e.g. adjectives ending in -**ский**. When a comparative is required, use the **бо́лее** form.

Exercise 7

Complete the following sentences using a word meaning the opposite of the first comparative.

1 Я ста́рше бра́та, брат . . . меня́ на 5 лет. 2 Расстоя́ние до Ло́ндона коро́че, до Москвы́ . . . 3 Лете́ть самолётом быстре́е, е́хать по́ездом . . . 4 В Москве́ обслу́живание лу́чше, в прови́нции . . . 5 Ру́сский язы́к трудне́е, францу́зский . . . 6 Авиацио́нный тра́нспорт грязне́е, железнодоро́жный . . . 7 Сто́имость прое́зда в пе́рвом кла́ссе вы́ше, во второ́м . . . 8 Ча́ще лю́ди смо́трят ви́део, . . . хо́дят в кино́. 9 Ра́ньше все е́здили на по́езде, . . . ста́ли лета́ть на самолёте. 10 Сейча́с бо́льше смо́трят телеви́зор, . . . слу́шают ра́дио. 11 Ехать на авто́бусе деше́вле, на по́езде . . .

After a short comparative, 'than' is usually rendered by putting the object of comparison into the genitive:

Авто́бус удо́бнее по́езда.
The bus is more convenient than the train.

The genitive cannot be used to translate 'than' if the object of comparison is not in the nominative:

Быстре́е е́хать на по́езде, чем на авто́бусе.
It is faster to go by train than bus.

or not a noun or pronoun:

Лу́чше в Росси́и, чем здесь.
It is better in Russia than here.

or 'his', 'hers', 'its' or 'theirs':

Наш тур интере́снее, чем их.
Our tour is more interesting than theirs.

Exercise 8

Change the adjectives to short comparatives and put the words in brackets into the genitive.

1 Чемода́н тяжёлый (су́мка). 2 Москва́ ста́рая (Петербу́рг). 3 Оте́ц ста́рый (мать). 4 Сестра́ молода́я (брат). 5 Во́лга широ́кая (Те́мза). 6 Ме́сяц февра́ль коро́ткий (март). 7 По́езд дешёвый (самолёт). 8 Озеро Байка́л глубо́кое (о́зеро Несс). 9 Моско́вское метро́ чи́стое (ло́ндонское метро́).

Constructions with the comparative

Как мо́жно
as . . . as possible

Как мо́жно деше́вле
as cheap as possible

Чем . . . тем
the . . . er, the . . . er

Чем деше́вле, тем лу́чше
the cheaper the better

Note: **Тем лу́чше** 'So much the better'.

Гора́здо / намно́го / куда́
much . . . er

По́езд гора́здо / намно́го деше́вле самолёта
the train is much cheaper than the plane

Всё
ever . . . er

Стро́ить доро́ги стано́вится всё доро́же (и доро́же).
Building roads is becoming ever more expensive / more and more expensive.

Note also the use of **в** and **на** in measuring difference:

на час ме́ньше   an hour less
в два ра́за бо́льше   twice as big

Exercise 9

Use the construction **чем . . . тем** to form sentences.

Example: **Проста́я зада́ча – она́ лёгкая. – Чем про́ще зада́ча, тем она́ ле́гче.**

1 Авто́бус ме́дленный – он дешёвый. 2 Собо́р ста́рый – он интере́сный. 3 О́зеро глубо́кое – оно́ опа́сное. 4 Челове́к ста́рый – он у́мный. 5 Доро́га далеко́ – её тру́дно стро́ить. 6 Во́здух чи́стый – э́то хорошо́ для здоро́вья. 7 Маршру́т просто́й – он лёгкий. 8 По́езд бы́стрый – путеше́ствие коро́ткое. 9 Кре́сло мя́гкое – оно́ удо́бное. 10 Челове́к бога́тый, он – плохо́й.

Comparative of adverbs

The comparative of the adverb takes the same form as the short comparative of the adjective:

Поезда́ хо́дят быстре́е.
Trains travel more quickly.

Preposition corner ♦

Prepositions are among the most difficult words to translate. A preposition rarely, if ever, has a direct equivalent in another language which covers all its uses. This regular section will help your knowledge of how Russian prepositions are used.

На + accusative

Note the variety of uses of **на** + accusative and the different ways in which it may be translated into English.

Expressions of place – 'to, onto' denoting motion towards

Points of the compass:

на се́вер, юг, восто́к, за́пад
to the north, south, east, west

places which, in origin, were not single buildings:

на вокза́л, стадио́н, ста́нцию, по́чту
to the (mainline)station, stadium, station, post office

Open spaces:

на у́лицу, пло́щадь, двор
onto the street, square, yard

rivers, islands and some mountain ranges:

на Во́лгу, Кипр, Ура́л, Кавка́з
to the Volga, to Cyprus, to the Urals, to the Caucasus

activities or places which denote activity:

на конце́рт, ле́кцию, уро́к, рабо́ту, факульте́т
to the concert, lecture, lesson, to work, to the faculty

Expressions of time

на Рождество́	at/for Christmas
на друго́й день	on the next day
тур на 5 дней	5-day tour

ночь на 20-ое ма́я
night of the 19th to 20th May

Он пое́хал туда́ на два го́да
He has gone there for two years

Other useful expressions using на + accusative

биле́т на по́езд	train ticket
вид на ре́ку	view over the river
на вид	in appearance
на двои́х	for two
спрос на	demand for
похо́жий на	like

After verbs:

влия́ть на	to influence
жа́ловаться/по- на	to complain
наде́яться на	to hope for, rely on
назнача́ть/назна́чить на	to appoint to
опа́здывать/опозда́ть на	to be late for
отвеча́ть/отве́тить на	to reply to
полага́ться/положи́ться на	to rely on
походи́ть на	to resemble
соглаша́ться/согласи́ться на	to agree to
тра́тить/по- на	to spend on

На + prepositional

Expressions of place – 'on, at' indicating location

Used with all the same nouns as **на** + accusative meaning 'to':

на се́вере, ю́ге, восто́ке, за́паде
in the north, south, east, west

на вокза́ле, стадио́не, ста́нции, по́чте
at the (mainline)station, stadium, station, post office

на у́лице, пло́шади, дворе́
on the street (outside), square, in the yard (outside)

на Во́лге, Ки́пре, Ура́ле, Кавка́зе
on the Volga, in Cyprus, in the Urals, in the Caucasus

на конце́рте, ле́кции, уро́ке, рабо́те, факульте́те
at the concert, lecture, lesson, at work, in the faculty

Means of transport:

на метро́, на авто́бусе, на такси́, по́езде, теплохо́де, велосипе́де
by metro, bus, taxi, train, boat, bicycle

на нога́х	on one's feet
на свое́й со́вести	on one's conscience

Expressions of time

на э́той, про́шлой, бу́дущей неде́ле
this, last, next week

на днях	the other day
на протяже́нии	over the course of
на моём веку́	in my lifetime

Note also:

на ру́сском языке́
in Russian

but

переводи́ть / перевести́ на ру́сский язы́к
to translate into Russian

After verbs:

игра́ть на (musical instruments) **гита́ре**
to play the guitar

жени́ться на
to marry (for a man)

наста́ивать / настоя́ть на
to insist on

ска́зываться/сказа́ться на
to tell on, have an effect on

сосредото́чиваться/сосредото́читься на
to concentrate on

Exercise 10

Put the words in brackets into the appropriate case, accusative or prepositional.

1 Мы вы́шли на (у́лица). 2 Не все студе́нты регуля́рно хо́дят на (ле́кции). 3 Меня́ не бу́дет на (бу́дущая неде́ля). 4 Мы е́дем туда́ на (по́езд). 5 На (друго́й день) пошёл дождь. 6 Холодне́е на (се́вер). 7 Кни́ги на (ру́сский язы́к) о́чень дороги́е. 8 Он хорошо́ игра́ет на (роя́ль). 9 Он перевёл все пье́сы Шекспи́ра на (францу́зский язы́к). 10 Мой друг жени́лся на (ру́сская). 11 Он отве́тил на (все вопро́сы) пра́вильно. 12 Она́ похо́дит на (мать), а он на (оте́ц). 13 Не опозда́й на (по́езд)!

Exercise 11

Translate into Russian.

1 You can pay for your ticket either by cash or credit card. I prefer to pay by cash.
2 Help me please to find the taxi rank. I have a lot of luggage.
3 A rail ticket is three times cheaper than an air ticket.
4 The most important thing is speed. Express trains are much faster now, and travel time is shorter.
5 Ecologically rail transport is still cleaner than other kinds of transport.
6 The faster the trains, the better it will be for all travellers.
7 Travelling by a faster and more comfortable train is a pleasure.

3 ТУРИЗМ

In this unit you will learn:

- ▶ about tourism in Russia
- ▶ how to use verbs of motion
- ▶ about prefixes on verbs of motion
- ▶ how to differentiate between **также / тоже**
- ▶ words with the root -**ход**-

In Soviet times the State Tourist company, 'Intourist', had a monopoly. Its chief activity was organising travel for foreign tourists within the USSR. Although many tourists travelling to Russia still prefer to go on organised tours, there is now a much greater variety of holidays on offer and much more scope for arranging travel yourself. Travel agencies proliferate on the streets of major Russian towns, offering everything from cruises on the Volga to fishing trips to the Kola peninsula. Before the collapse of the Soviet Union, foreign travel opportunities for Soviet citizens were very limited, generally restricted to countries within the Soviet sphere of influence. Most Russians holidayed in their own country. Trade Unions issued **путёвки** 'holiday vouchers', which entitled their members to holidays in Soviet resorts, such as those on the Black Sea. But now Russians themselves have become enthusiastic travellers, at home and abroad, fuelling the boom in tourism.

Dialogue 1))𝓰

A conversation between a traveller and a travel agent

Путешественник	Меня́ интересу́ет пое́здка по «Золото́му кольцу́». Что Вы мо́жете предложи́ть?
Турагент	А ско́лько у Вас вре́мени?
Путешественник	Вре́мени у меня́ то́лько 2 неде́ли.
Турагент	В настоя́щий моме́нт у нас большо́й вы́бор. Есть авто́бусные, а та́кже теплохо́дные ту́ры.
Путешественник	Мо́жет быть, лу́чше пое́хать на по́езде? Я слы́шал, что в Росси́и есть скоростны́е поезда́, бо́лее бы́стрые, чем ста́рые?
Турагент	Обы́чно по «Золото́му кольцу́» тури́сты е́здят на авто́бусе и́ли на теплохо́де. Это про́ще, удо́бнее и деше́вле. На по́езде сложне́е.
Путешественник	А ско́лько вре́мени займёт така́я пое́здка?
Турагент	Всё зави́сит от того́, ско́лько городо́в Вы хоти́те посети́ть. Вот, наприме́р, есть хоро́ший авто́бусный тур на все города́ «Золото́го кольца́». Это семидне́вный тур. Есть теплохо́дный тур, то́же на 7 дней. К сожале́нию, не на все города́. Вы уви́дите Углич, Кострому́, Яросла́вль.
Путешественник	А на каки́е ту́ры у Вас есть свобо́дные места́?
Турагент	Пока́ есть места́ на все ту́ры. Ка́ждый четве́рг в 10 часо́в утра́ идёт авто́бус, а ка́ждую пя́тницу в 5 часо́в ве́чера с речно́го вокза́ла отправля́ется теплохо́д.
Путешественник	Пожа́луй, пое́ду на теплохо́де. Говоря́т, пейза́жи на Во́лге потряса́ющие, све́жий во́здух! Мо́жно хорошо́ отдохну́ть!
Турагент	Да, в э́то вре́мя го́да путеше́ствовать на теплохо́де – одно́ удово́льствие! Счастли́вого пути́!
Путешественник	Большо́е спаси́бо!

Vocabulary ◆

предложи́ть	to offer
пока́	for a while
потряса́ющий	stunning, fantastic
семидне́вный тур	seven-day tour
теплохо́д	boat

N.B. «Золото́е кольцо́» – Golden Ring (the route on which many ancient Russian towns are situated); пое́здка займёт – the trip will take; в настоя́щий моме́нт – at the present moment; одно́ удово́льствие – pure pleasure; счастли́вого пути́! – have a good trip!

Exercise 1

Answer the following questions in English.

1 What trip does the traveller want to go on?
2 What does the agent recommend?
3 What is the 'Golden Ring'?
4 Why is it better to travel round the 'Golden Ring' by bus?
5 What tours can the agency offer?
6 How long does a bus tour round the 'Golden Ring' take?
7 Why does the traveller decide to go by boat?

Exercise 2

Select holidays which answer the following criteria.

1 Must have high quality accommodation.
2 Of award-winning quality.
3 Include a boat trip.
4 Seaside and city combination.
5 Opportunity to see as many of the Golden Ring towns as possible.
6 Includes a visit to an outdoor museum.

"...А еще жизнь прекрасна потому, что можно путешествовать по России!"

Экскурсионные туры по России

НОВЫЕ ЛЕТНИЕ ПРОГРАММЫ

Белые ночи Санкт-Петербурга
(3 и 5 дней: классические
летние туры, включающие
Эрмитаж, ночную экскурсию
«Мосты заговорили»,
«Фонтаны Петергофа»,
Царское село, Павловск и
многое другое)

Белые ночи Санкт-Петербурга
(3 и 5 дней) *+ отдых на*
Финском заливе (7 дней:
пансионаты в курортном поселке
Репино в 40 км от С-Петербурга
на берегу Балтийского моря)

Семь городов Золотого кольца
(5 дней: Сергиев Посад–
Александров–Суздаль–
Владимир–Гусь-Хрустальный–
Юрьев-Польский–Переславль-
Залесский)

Золотое кольцо + отдых на
Волге (11 дней: Ростов Великий–
Ярославль–Кострома–Плес
+ отдых в пансионате
«Волжский прибой»)

Сердце Руси северной
(6 дней: Великий Устюг-
Вологда-Кириллов-
Ферапонтово, с посещением
великих северных
монастырей: Кирилло-
Белозерского, Ферапонтова,
Спас-Прилуцкого, а также
«музея под открытым
небом» знаменитого
Великого Устюга)

Соловецкие острова!
(7 дней: легендарные
Соловки на Белом море по
праву называют «восьмым
чудом света»)

Кижи + Валаам + Соловки!
(9 дней: легендарная
программа, с 1999 г, впервые
в одном комбинированном
туре посещение трех
жемчужин России. Диплом
1 степени в конкурсе
«Маршрут–2000–Россия».
11 экскурсий)

Карелия! (9 дней: отдых в
престижном отеле
«Калевала» + экскурсии по
Онежскому озеру на остров
Кижи и на знаменитый
водопад Кивач)

N.B. **жемчу́жина** – pearl; **водопа́д** – waterfall; **чу́до све́та** – wonder of the world

Text 1

На борту́ теплохо́да «Григо́рий Пирого́в»

За свою́ жизнь я мно́го путеше́ствовала и по во́здуху, и по су́ше, но никогда́ не пла́вала на теплохо́де. И вот в э́том году́ я реши́лась. Я нашла́ подходя́щий тур на теплохо́де и реши́ла е́хать. Пра́вда, не одна́, а со свое́й дру́жной компа́нией. Мы вы́брали «Григо́рий Пирого́в» – небольшо́й теплохо́д, кото́рый соверша́ет ре́йсы в выходны́е дни до Тве́ри и У́глича. Мы реши́ли плыть до Тве́ри.

В пя́тницу мы пришли́ на Речно́й вокза́л в 17 часо́в, за час до отплы́тия теплохо́да, бы́стро прошли́ регистра́цию и получи́ли ключи́ от свои́х каю́т. На теплохо́де две пассажи́рские па́лубы и тре́тья – откры́тая, где мо́жно позагора́ть. Са́мые комфорта́бельные каю́ты размеща́ются на второ́й па́лубе. Чем бли́же к но́су теплохо́да каю́та, тем доро́же она́ сто́ит. На э́той же па́лубе нахо́дится и капита́нская каю́та.

Как то́лько теплохо́д на́чал отплыва́ть, все вы́шли на па́лубы. Све́жий во́здух, потряса́ющие пейза́жи, кла́ссная компа́ния, му́зыка и пи́во – всё обеща́ло чуде́сный о́тдых. Я мно́го раз е́здила на маши́не по доро́ге Москва́ – Тверь. Мне каза́лось, что я зна́ю её всю «от» и «до». Но ви́ды из окна́ автомоби́ля совершённо не походи́ли на то, что мы уви́дели с теплохо́да: живопи́сная приро́да, пля́жи, дома́ о́тдыха, приве́тливые рыбаки́ на берегу́ реки́. Я была́ в восто́рге.

В 12 часо́в в суббо́ту мы приплы́ли в Тверь. Здесь у нас была́ пешехо́дная экску́рсия. Она́ вхо́дит в сто́имость ту́ра. Экскурсово́д провела́ нас по на́бережной до па́мятника Афана́сию Ники́тину, зате́м мы прошли́ че́рез мост в центр го́рода, в карти́нную галере́ю. Из галере́и мы вы́шли часа́ в четы́ре и до у́жина реши́ли походи́ть по го́роду, зайти́ в кафе́, закуси́ть и вы́пить ча́шку ко́фе. Мы то́лько прошли́ метро́в 20, как уви́дели ма́ленький рестора́нчик. Це́ны нас прия́тно удиви́ли, всё бы́ло вку́сно, ми́ло и намно́го деше́вле, чем в Москве́.

Из Твери́ мы отплы́ли в 6 часо́в ве́чера. А в воскресе́нье в 11 часо́в утра́ теплохо́д причали́л на зелёную стоя́нку «Хво́йный бор». Здесь в лесу́ на берегу́ реки́ мы купа́лись и загора́ли, е́ли шашлыки́, пи́ли пи́во. В 5 часо́в ве́чера мы отча́лили от гостеприи́много Бо́ра и че́рез 3 часа́ при́были на Се́верный речно́й вокза́л столи́цы. Кру́из на теплохо́де – прекра́сный о́тдых в выходны́е дни.

По материа́лам журна́ла «Ваш досу́г», 2001

Vocabulary ♦

выходны́е дни	weekend
закуси́ть	to have a bite to eat
ключ от каю́ты	cabin key
на́бережная	embankment
нос теплохо́да	bow of the ship
отплы́тие	departure (by boat)
отча́лить	to set sail
па́луба	deck
па́мятник	monument
пешехо́дная экску́рсия	walking tour
позагора́ть	to sunbathe
прича́лить	to moor
подходя́щий	suitable
походи́ть на (+ acc)	to look like

размеща́ться	to be accommodated
реши́ться	to make up one's mind
соверша́ть рейс	to sail
стоя́нка	stop
удиви́ть	to surprise
хво́йный бор	coniferous forest
шашлы́к	kebab

N.B. **на борту́ теплохо́да** – on board ship; **по во́здуху и по су́ше** – by air and land; **«ОТ» И «ДО»** – inside out; **на́чал отплыва́ть** – set sail; **быть в восто́рге** – to be delighted; **Афана́сий Ники́тин** – fifteenth-century Russian merchant adventurer; **же** (emphatic particle) – exactly

Exercise 3

Answer the following questions in English.

1 What kind of cruises does the *Grigoriy Pirogov* offer?
2 How many decks are there on the ship?
3 Where is the captain's cabin?
4 What can you see from the ship?
5 What did the walking tour of Tver' include?
6 Why did the friends like the little restaurant in Tver'?
7 How did the cruise end?

Exercise 4

True or false?

1 Лу́чший спо́соб путеше́ствовать по «Золото́му кольцу́» (на по́езде, пешко́м, на теплохо́де)?

2 Теплохо́ды отправля́ются (с железнодоро́жного вокза́ла, с речно́го вокза́ла, из це́нтра го́рода)?

3 Григо́рий Пирого́в соверша́ет ре́йсы (в выходны́е дни, вокру́г све́та, ка́ждый день)?

4 Чем бли́же к но́су теплохо́да каю́та, тем она́ (деше́вле, доро́же, ху́же)?

5 Пейза́жи за борто́м бы́ли (ску́чные, потряса́ющие, необы́чные)?

6 В Твери́ пассажи́ры посети́ли (истори́ческий музе́й, кремль, карти́нную галере́ю)?

7 На стоя́нке «Хво́йный бор» пассажи́ры (собира́ли грибы́, купа́лись, пе́ли пе́сни)?

Language points ♦

Verbs of motion

Verbs of motion are essential to any discussion of tourism. The ones we are going to look at first are: **е́здить/е́хать/пое́хать** 'to go (by vehicle), travel, ride'; **ходи́ть/идти́/пойти́** 'to go (on foot), walk'. **Е́здить/е́хать** and **ходи́ть/идти́** are all imperfective verbs. **Е́здить** and **ходи́ть** are 'multidirectional' verbs, used for repeated journeys, particularly round trips, such as to work and back:

Удо́бнее е́здить на рабо́ту на по́езде.
It is more convenient to travel to work (and back) by train.

Мой сын хо́дит в шко́лу.
My son goes to school (i.e. there and back every day).

They are also used for generalisations, where the occasion and direction of the journey is imprecise:

Обы́чно тури́сты е́здят на авто́бусе.
Usually tourists go by bus.

Or simply the direction is non-specific:

Он це́лую ночь ходи́л по у́лицам.
He walked the streets all night.

Е́хать and **идти́** are 'unidirectional' verbs, used for single journeys in a particular direction:

Сего́дня я иду́ на рабо́ту пешко́м, а домо́й е́ду на авто́бусе.
Today I am walking to work but coming home by bus.

Even where a journey is repeated, if a single direction is stressed, **е́хать/идти́** are used:

Ка́ждый четве́рг в 10 часо́в идёт авто́бус.
The bus goes every Thursday at 10.

Я всегда́ е́ду домо́й на такси́.
I always come home by taxi.

Note that **ходи́ть/идти́** are used when trains, buses, boats, trains and other forms of public transport are the subject. **Е́здить/е́хать** are used for cars and other smaller vehicles, as well as for the action of passengers on any form of transport.

Поéхать/пойти are perfective verbs. They convey the idea of setting off on a journey:

> **Я поéду в 5 часóв утрá.**
> I will go/set off at 5 a.m.

> **Лýчше поéхать рáно.**
> It is better to go/set off early.

They are also used if a completed journey was in one direction only:

> **Поéхала тудá на теплохóде.**
> I went there by boat.

Where a round trip has been made **éздить/ходить** are used:

> **Я éздила в Россию лéтом.**
> I went to (and returned from) Russia in the summer.

Note the use of the perfective past tense in the phrases:

| **я пошёл** | I'm off |
| **поéхали** | let's go |

Figurative use of verbs of motion

Where verbs of motion are used figuratively, only one of the imperfectives is ever used: **дождь идёт** 'it is raining'; **делá идýт хорошó** 'things are going well'; **идёт лéкция** 'a lecture is taking place'; **идёт фильм** 'a film is on'.

Exercise 5

Use the appropriate form of **éздить/éхать/поéхать** or **ходить/идти/пойти** to complete the sentence.

1 Поездá смóгут ... горáздо быстрéе по высокоскоростны́м магистрáлям. 2 От Москвы́ желéзные дорóги ... в рáзные концы́ страны́. 3 Америкáнская тургрýппа ... в Санкт Петербýрг. Онá бýдет там три дня. 4 Англи́йская грýппа ужé ... в Санкт Петербýрг. Онá вернýлась в Москвý вчерá. 5 В котóром часý ты ... зáвтра ýтром? Я закажý такси. 6 В суббóту снег ... весь день.

Yaroslavl

Words including the root ход

The word **ход** means 'movement': **на ходу́** 'on the move'; **в хо́де** 'in the course of'. By spotting it as the *root* of other words you may be able to work out their meaning, or, at least, remember them more easily.

Prefixes add to or qualify the meaning of the root. In several of these examples it indicates the direction of the movement:

> **вход** 'entrance'; **вы́ход** 'exit'; **дохо́д** 'income'; *расхо́ды* 'expenses'; *перехо́д* 'crossing'; *похо́д* 'hike'.

Suffixes indicate the part of speech:

> **ходи́ть** 'to go/walk'; **входно́й** 'entrance' (adj.);
> **похо́дка** 'gait'; **ходьба́** 'walking' – **10 мину́т ходьбы́** 'a ten minute walk'; **выходно́й день** 'day off '; **выходны́е дни** 'weekend'.

Ход combined with another root

> **парохо́д** 'steamship' (**пар** 'steam'); **теплохо́д** 'motor ship' (**тепло́** 'warm'); **пешехо́д(ный)** 'pedestrian' (**пе́ший** 'foot'); **судохо́дный** 'navigable' (**су́дно** 'vessel').

Exercise 6

Complete the following phrases using an appropriate form of a word
with the root **ход**.

... в метро́; ... че́рез у́лицу; в ... перегово́ров; доро́жные ...
сли́шком высо́кие; ... зо́на; ... биле́т; тур на ... ; в ... дни.

Language points ♦

Prefixed verbs of motion

Key verbs in any discussion of travel are: **приезжа́ть/прие́хать** 'to
arrive' and **уезжа́ть/уе́хать** 'to leave'. The perfective of each pair
is a prefixed form of the verb **éхать** 'to travel, go by vehicle', which
was discussed earlier in the unit. A whole series of verbs exists to
describe travel in different directions, formed by adding prefixes to -
езжа́ть/-ехать. Unlike the unprefixed **éздить/éхать/поéхать**, these
prefixed verbs of motion only have one imperfective. They are
normally followed by a preposition which reinforces the meaning.
Note the hard sign -ъ- between prefixes ending in a consonant and
-**езжа́ть/-ехать**.

Some common examples:

Imperfective	Perfective	Preposition
въезжа́ть to drive in	**въéхать**	**в** + *acc*
выезжа́ть to drive out	**вы́ехать**	**из** + *gen*
доезжа́ть to drive as far as	**доéхать**	**до** + *gen*
заезжа́ть to call (on a person) to call (at a place) to call for	**заéхать**	 **к** + *dat* **в** or **на** + *acc* **за** + *instr*
объезжа́ть to drive round	**объéхать**	**вокру́г** + *gen* or without a preposition

отъезжа́ть	отъе́хать	от + *gen*
to drive away from		
переезжа́ть	перее́хать	че́рез + *acc* or without
to cross		a preposition
to move from		из or с + *gen*
to move to		в or на + *acc*
подъезжа́ть	подъе́хать	к + *dat*
to drive up		
приезжа́ть	прие́хать	в or на + *acc*
to arrive, come		
проезжа́ть	прое́хать	
to drive past		ми́мо + *gen*
to travel a given distance		without a preposition
разъезжа́ться	разъе́хаться	по + *dat*
to disperse		
уезжа́ть	уе́хать	
to leave (a place)		из or с + *gen*
to leave (a person)		от + *gen*

Examples:

Они́ дое́дут до Байка́ла сего́дня.
They will travel as far as Lake Baikal today.

Мы прие́хали в Москву́ по́здно ве́чером.
We arrived in Moscow late in the evening.

All the same prefixes can be added to the stems **-ходить/-йти** to create verbs which describe motion on foot in a variety of directions. Note the **-o-** between prefixes ending in a consonant and **-йти**:

входи́ть	войти́	в + *acc*
to walk in, enter		

Exercise 7

Replace verbs of motion describing travel in a vehicle by those describing travel on foot.

Example: **Ве́чером мы пое́хали в кино́. – Ве́чером мы пошли́ в кино́.**

1 Ка́ждый год ты́сячи студе́нтов приезжа́ют в МГУ. 2 Вы должны́ вы́ехать из до́ма за 2 часа́ до отхо́да по́езда. 3 По́едем на конце́рт сего́дня ве́чером! 4 Мне обяза́тельно на́до зае́хать в библиоте́ку. 5 Я до́лжен уе́хать от вас че́рез час. 6 Не на́до заезжа́ть за мной, я пое́ду одна́. 7 Я зае́хал к дру́гу, но его́ не́ было до́ма, он уже́ уе́хал. 8 Он подъе́хал к ка́ссе и заплати́л за бензи́н. 9 Мы дое́хали до ле́са и останови́лись. 10 Они́ прое́хали ми́мо и не заме́тили нас. 11 Когда́ Вы бу́дете переезжа́ть че́рез ре́ку, бу́дьте осторо́жнее. 12 Он не́сколько раз объе́хал вокру́г до́ма. 13 Мой друг привёз мне слова́рь.

Other verbs of motion

In addition to **е́здить / е́хать / пое́хать** and **ходи́ть / идти́ / пойти́**, described above, there are other verbs of motion with two imperfectives. These include:

Imperfectives	Perfective	Meaning
носи́ть / нести́	**понести́**	to carry (on foot)
вози́ть / везти́	**повезти́**	to convey, carry (by vehicle)
води́ть / вести́	**повести́**	to lead (on foot)
бе́гать / бежа́ть	**побежа́ть**	to run
лета́ть / лете́ть	**полете́ть**	to fly
пла́вать / плыть	**поплы́ть**	to swim, sail
ла́зить / лезть	**поле́зть**	to climb
по́лзать / ползти́	**поползти́**	to crawl
броди́ть / брести́	**побрести́**	to wander
таска́ть / тащи́ть	**потащи́ть**	to drag
гоня́ть / гнать	**погна́ть**	to chase, drive
ката́ть / кати́ть	**покати́ть**	to roll

In deciding which verb to chose, follow the guidelines set out for **е́здить / е́хать / пое́хать**:

Мы несли́ наш бага́ж на остано́вку авто́буса.
We were carrying our luggage to the bus stop.

Повезём компью́тер домо́й на маши́не.
We will take the computer home in the car.

Prefixes may be added to the imperfective verbs above to form new imperfective/perfective pairs which indicate the direction of movement. There are some changes to the stems: **-плыва́ть** instead of **пла́вать**; **-леза́ть** instead of **ла́зить**; **-та́скивать** instead of **таска́ть**; **-бреда́ть** instead of **броди́ть**; **-ка́тывать** instead of **ката́ть** and a change of stress in **-бега́ть** and **-полза́ть**. Otherwise the prefix is added straight to the stem, without any addition or alteration:

Imperfective	Perfective	Preposition
ввози́ть to bring in, import	**ввезти́**	**в** + *acc*
вноси́ть to carry in	**внести́**	**в** + *acc*
вводи́ть to lead in	**ввести́**	**в** + *acc*
вбега́ть to run in	**вбежа́ть**	**в** + *acc*
влета́ть to fly in	**влете́ть**	**в** + *acc*
влеза́ть to climb in	**влезть**	**в** + *acc*
вполза́ть to crawl in	**вползти́**	**в** + *acc*

Рейс прилета́ет в Ло́ндон в 18.00.
The flight arrives in London at 18.00.

Росси́я выво́зит лес на За́пад.
Russia exports timber to the West.

Ма́льчики убежа́ли от милиционе́ра.
The boys ran away from the policeman.

Exercise 8

Insert prefixed forms of **-бега́ть/-бежа́ть**, **-лета́ть/-лете́ть**.

(-бега́ть/-бежа́ть)

Он бы́стро … из ко́мнаты. Когда́ он … на остано́вку, авто́бус уже́ ушёл. Ра́ньше он ка́ждый день … 5 киломе́тров. Он … до университе́та за 10 мину́т. По доро́ге на рабо́ту он … в библиоте́ку. Я хоте́л с ним поговори́ть, но он уже́ … Он … ко мне и стал бы́стро говори́ть что-то. Не на́до … доро́гу в э́том ме́сте. Он … в зал соверше́нно растеря́нный.

(-лета́ть / -лете́ть)

По пя́тницам самолёт … из Ло́ндона в 10 часо́в ве́чера и … в Москву́ в 5 утра́. Бензи́н ко́нчился и самолёт с трудо́м … до аэропо́рта. Он пе́рвый … вокру́г све́та. Мы пришли́ в аэропо́рт по́здно, самолёт уже́ … Его́ мечта́ – … че́рез Атланти́ческий океа́н.

Exercise 9

Choose the correct verb from the brackets and use it with the appropriate preposition.

(приплы́ть в, отплы́ть с, доплы́ть до, переплы́ть че́рез, уплы́ть, подплы́ть к, проплы́ть)

Мы опозда́ли на 5 мину́т, и теплохо́д уже́ … речно́го вокза́ла. Мы … Тверь ра́но у́тром. Он с трудо́м … бе́рега. Он пе́рвый … Гольфстри́м. Он … не́сколько киломе́тров и вдруг почу́вствовал себя́ пло́хо. Ло́дка ме́дленно … бе́регу. Он … далеко́ в мо́ре.

Figurative use of verbs of motion

Not all verbs of motion are used literally. Note the following examples of figurative usage:

проводи́ть / провести́ вре́мя	to pass time
вре́мя пролета́ет	time flies
выходи́ть / вы́йти из кри́зиса	to get out of a crisis
сходи́ть / сойти́ с ума́	to go mad
приходи́ть / прийти́ в го́лову	to come to mind
проходи́ть / пройти́ регистра́цию	to register
вводи́ть / ввести́ зако́н	to introduce a law
заводи́ть / завести́ часы́	to wind up a watch

наноси́ть / нанести́ уще́рб	cause damage
переводи́ть / перевести́	translate
расходи́ться / разойти́сь	to split up
разводи́ться / развести́сь	get a divorce

Some verbs have meanings which are not directly related to movement at all:

происходи́ть / произойти́	to happen
приходи́ться / прийти́сь	to have to
находи́ться	to be situated

Exercise 10

Insert a suitable prefixed verb of motion used figuratively to complete the sentences.

1 Тру́дно бу́дет . . . из э́того кри́зиса. 2 Он так . . . на своего́ отца́. 3 В про́шлом году́ парла́мент . . . но́вый зако́н. 4 Эмигра́ция специали́стов . . . Росси́и огро́мный уще́рб. 5 Мы так ве́село провели́ день, что вре́мя бы́стро . . . 6 Мои́ часы́ останови́лись. На́до их . . . 7 Когда́ муж у́мер, она́ . . . с ума́ от го́ря. 8 Этот тур нам о́чень . . . 9 Наш дом . . . на берегу́ реки́. 10 Он . . . всего́ Ди́ккенса на ру́сский язы́к.

Language points ♦

Тоже / Также

Both **то́же** and **та́кже** mean 'also'.

То́же is more often used when it repeats an existing circumstance:

Он уста́л, и я то́же.
He is tired and so am I.

Мой брат врач. Его́ жена́ то́же.
My brother is a doctor. His wife too.

Та́кже should be used in the sense of 'in addition', particularly after **а, но**

Мой брат бизнесме́н, но он та́кже музыка́нт.
My brother is a buisnessman but he is also a musician.

Есть авто́бусные, а та́кже теплохо́дные ту́ры.
There are bus, and also boat trips.

Я изуча́ю ру́сский язы́к, а та́кже по́льский.
I am studying Russian and, in addition, Polish.

В ле́тние кани́кулы мы мно́го пла́вали, а та́кже ката́лись на ло́дке.
During the summer holiday we swam a lot and also went on a boat.

То́же can usually be replaced by **та́кже**, but not the other way round.

В э́том году́ мы е́дем в Росси́ю. Моя́ сестра́ то́же (та́кже) е́дет туда́.
This year we are going to Russia. My sister is also going there.

Exercise 11

Decide whether to use **то́же** or **та́кже**.

1 Моя́ мать хорошо́ говори́т по-францу́зски, я . . . говорю́ непло́хо.
2 Не то́лько музе́й, а . . . парк бы́ли закры́ты. 3 Мы . . . согласи́лись
с ним. 4 Почему́ он . . . не приходи́л? 5 Мы реши́ли, что фильм
был не то́лько глу́пый, но . . . о́чень стра́нный.

Exercise 12

According to a survey by sociologists, only 2% of Russians can afford
a super-expensive holiday, anywhere on the planet. So where do those
with hardly any money spend their holidays? This is how 1,600
Russians answered the question.

ГДЕ ВЫ СОБИРАЕТЕСЬ ПРОВЕСТИ ОТПУСК?

На даче **25%**

На Черном море – **4%**

За границей – **1%**

В другом городе, селе России – **4%**

В СНГ – **2%**

Останемся дома – **45%**

Отдыхать не поедем, нет денег – **23%**

Пока не решили – **6%**

по данным Всероссийского центра изучения общественного мнения

Рис. Дм. Полухина.

Вот так на этот вопрос ответили 1600 россиян

Газе́та «Комсомо́льская пра́вда», май, 2001

Exercise 13

Translate into Russian.

1 Last year I went on a cruise round the world and visited many interesting countries.
2 Our cabin was on the upper deck of the boat, and the view was stunning.
3 You have to arrive at the river station one hour before the boat departs.
4 I think the best way to travel around the Golden Ring is by bus or by boat. You will not see much if you go by train.
5 Everything in Russia interests me, but especially ancient historic towns like Novgorod and Pskov.
6 As the ship was setting sail we all went out on deck.

4 МИГРАЦИЯ

In this unit you will learn:

- ▶ about migration to and from Russia
- ▶ how to ask questions using **ли**
- ▶ about reflexive verbs
- ▶ how to use ordinal numbers and form dates
- ▶ more about the preposition **в**

Legal emigration from the Soviet Union was mostly confined to Jews heading for Israel, or Germans from the Volga region going to West Germany. It was considered unthinkable and unpatriotic for Russians to leave their Motherland and it was made very difficult for them to do so. After the collapse of the USSR the situation changed: mass emigration became a threat to the economic well-being of the country as the best qualified and educated left in their thousands. The situation has now stabilised, though many are still leaving in search of a better life and greater opportunities. A far more serious problem nowadays is immigration: Russia is being flooded by refugees. Among them are ethnic minorities trying to escape discrimination or Russians who suddenly find themselves unwelcome and without a job in the new independent republics.

Dialogue 1 🔊

A conversation between a journalist and a sociologist

ЖУРНАЛИ́СТ	20 ма́я 1991 го́да Росси́я приняла́ зако́н о свобо́дном въе́зде и вы́езде. Мно́гие боя́лись, что начнётся ма́ссовая эмигра́ция из СССР. Оправда́лись ли э́ти прогно́зы?
Социо́лог	Тепе́рь, когда́ прошло́ 10 лет, мо́жно сказа́ть, что нет. Бо́лее серьёзной пробле́мой ста́ла не эмигра́ция, а иммигра́ция. Ведь прие́хать в Росси́ю о́чень про́сто.
ЖУРНАЛИ́СТ	За́пад беспоко́ится, что росси́йские грани́цы о́чень легко́ перейти́. Они́ охраня́ются пло́хо.
Социо́лог	Росси́я пока́ транзи́тная зо́на для иммигра́нтов. Но я не ду́маю, что так бу́дет до́лго продолжа́ться. Грани́цы бу́дут укрепля́ться, и в Росси́и бу́дет остава́ться всё бо́льше иммигра́нтов.
ЖУРНАЛИ́СТ	А не лу́чше ли закры́ть грани́цы?
Социо́лог	Нет, э́того де́лать нельзя́! Рост числа́ иммигра́нтов – э́то бла́го для Росси́и. Число́ россия́н уменьша́ется, и е́сли мы закро́ем грани́цы, то к середи́не ве́ка населе́ние Росси́и ре́зко сократи́тся. Кто бу́дет рабо́тать у нас? Одна́ наде́жда на иммигра́цию.
ЖУРНАЛИ́СТ	По-мо́ему, бо́льше всего́ иммигра́нтов в Росси́ю бу́дет приезжа́ть из Кита́я. Уже́ сейча́с кита́йцев в Росси́и почти́ миллио́н. Экспе́рты счита́ют, что к середи́не ве́ка кита́йцы бу́дут вторы́м наро́дом по́сле ру́сских. Не ка́жется ли Вам э́то опа́сным?
Социо́лог	Иммигра́ция из Кита́я – на́ше бу́дущее. Поэ́тому на́до ду́мать о том, как сотру́дничать с иммигра́нтами, как инкорпори́ровать их в на́ше о́бщество.

По материа́лам журна́ла «Ито́ги» 2001

Vocabulary ♦

беспоко́иться	to be worried
бла́го	good
боя́ться (+ *gen*)	to be afraid

грани́ца	border
кита́ец, Кита́й	Chinese, China
наде́жда	hope
населе́ние	population
о́бщество	society
опа́сный	dangerous
оправда́ться	to be justified
остава́ться	to remain, stay
охраня́ться	to be guarded
приня́ть зако́н	to pass a law
середи́на ве́ка	the middle of the century
сократи́ться	to decrease, reduce, be reduced
сотру́дничать с (+ *inst*)	to cooperate with
укрепля́ться	to become stronger
уменьша́ться	to decrease
число́	number

N.B. зако́н о свобо́дном въе́зде и вы́езде – law on free passage

Exercise 1

Answer the following questions in English.

1 What law was passed on 20th May 1991?
2 What did people fear might be the consequences of that law?
3 Why does Russia need immigration?
4 Which immigrant group will predominate in the future?

Language points ♦

Use of ли

Note the use of the particle ли to frame questions in the dialogue:

Оправда́лись ли э́ти прогно́зы?
Have these forecasts proved to be correct?

The key word, usually the verb, is moved to the beginning of the sentence, followed by **ли**. Contrast the affirmative statement: **Эти прогно́зы оправда́лись.** Frequently such questions are asked in the negative:

Не ка́жется ли вам э́то опа́сным?
Doesn't that seem dangerous to you?

Contrast:

Это ка́жется опа́сным.
That seems dangerous.

The key word in a sentence is not always a verb:

Не лу́чше ли закры́ть грани́цы?
Would it not be better to close the borders?

Exercise 2

Convert the following statements into questions using the particle **ли**.

1 Проблéма эмигрáнтов не касáется Росси́и. 2 Я не ду́маю, что он прав. 3 Лю́ди не уезжáют по экономи́ческим моти́вам. 4 Она́ не éдет со мной. 5 Существу́ет проблéма трудоустро́йства бéженцев. 6 Он рассказа́л мне о поéздке в Росси́ю. 7 Все студéнты éдут в Росси́ю.

Text 1

Эмигра́ция и́ли иммигра́ция?

Ещё неда́вно проблéма эмигрáнтов была́ проблéмой за́падных стран. Она́ почти́ не каса́лась Росси́и. Но уже́ со второ́й полови́ны 1980-х годо́в мигрáция мéжду Росси́ей и стрáнами да́льнего зарубéжья уси́ливается. Рéзко увели́чивается вы́езд населéния на постоя́нное мéсто жи́тельства в други́е стра́ны. Направлéния эмигрáции снача́ла зави́сели от национа́льности. Уезжа́ли те, у кого́ бы́ли ро́дственники в США, Изра́иле, Герма́нии. Поздне́е, в 90-е го́ды появи́лась но́вая тендéнция: бо́льше ста́ли уезжа́ть ру́сские. Как пра́вило, лю́ди уезжа́ют по экономи́ческим моти́вам. Мно́гие уже́ получи́ли и́ли надéются найти́ рабо́ту на но́вом мéсте.

Бо́льшую часть эмигрáнтов составля́ют специали́сты. А среди́ специали́стов лю́ди с вы́сшим техни́ческим образова́нием. Эта «утéчка мозго́в» волну́ет страну́. Ведь така́я эмигрáция но́сит безвозвра́тный хара́ктер и нано́сит странé огро́мный ущéрб. Из-за отъе́зда специали́стов Росси́и всё трудне́е стано́вится вы́йти из экономи́ческого кри́зиса.

Распа́д СССР вы́звал друго́й вид мигра́ции: иммигра́цию населе́ния. Возни́кло но́вое явле́ние – бе́женство. Мно́го бе́женцев прие́хало в Росси́ю из бы́вших респу́блик СССР. Мно́гие бегу́т от войны́ и национа́льных конфли́ктов. Появи́лась пробле́ма их жилья́ и трудоустро́йства. Основну́ю часть бе́женцев (две тре́ти о́бщего числа́ иммигра́нтов) составля́ют ру́сские.

С ка́ждым го́дом всё растёт иммигра́ция иностра́нных гра́ждан из бли́жнего зарубе́жья. Осо́бенно э́то заме́тно на восто́чных грани́цах Росси́и. Наприме́р, в областя́х на грани́цах с Казахста́ном бы́стро растёт число́ каза́хов. А число́ кита́йцев вдоль грани́цы с Кита́ем на Да́льнем Восто́ке бли́зко к чи́сленности росси́йских гра́ждан.

В европе́йской ча́сти страны́ до́ля мигра́нтов пока́ не так заме́тна, но она́ бы́стро увели́чивается. На днях мэр Москвы́ заяви́л, что в столи́це живу́т 400 тыс. нелега́льных иммигра́нтов из да́льнего зарубе́жья! В основно́м, э́то вы́ходцы из Кита́я, Вьетна́ма, Монго́лии, Афганиста́на, Ира́ка. Большинство́ э́тих люде́й хотя́т уе́хать на За́пад, в европе́йские стра́ны и рассма́тривают Москву́ то́лько как вре́менный «транзи́тный пункт». Но он ча́сто превраща́ется для них в постоя́нный, так как за́падные стра́ны отка́зываются принима́ть их и посыла́ют обра́тно в Росси́ю.

По материа́лам журна́ла «Ито́ги», 2001

Vocabulary ♦

безвозвра́тный хара́ктер	of a permanent character
бе́женец, бе́женство	refugee, refugee problem
волнова́ть	to disturb
вре́менный	temporary
вы́звать	to cause
вы́ходец из (+ *gen*)	of . . . origin
до́ля	share
жильё	accommodation

зави́сеть от (+ *gen*)	to depend on
заме́тный	noticeable
заяви́ть	to declare
иностра́нный граждани́н	foreign citizen
каза́х	Kazakh
каса́ться (+ *gen*)	to concern
наде́яться на (+ *acc*)	to hope for
о́бласть (*f*)	province, oblast
о́бщее число́	total number
отка́зываться принима́ть	to refuse to accept / take
постоя́нное ме́сто жи́тельства	permanent residence
превраща́ться в (+ *acc*)	to turn into
рассма́тривать	to regard as
ре́зко	sharply
составля́ть	to constitute
трудоустро́йство	placement in work
увели́чиваться	to increase
уси́ливаться	to intensify
уте́чка мозго́в	brain drain
чи́сленность (*f*)	numbers

N.B. как пра́вило – as a rule; в основно́м – mainly; россия́нин citizen of Russia, referring to any person living in Russia, not necessarily someone of Russian ethnic origin; бли́жнее зарубе́жье – 'the near abroad': former republics of the USSR, now the independent states of Украи́на, Белору́ссия, Молда́вия, Казахста́н, Узбекиста́н, Таджикиста́н, Киргизиста́н, Туркмениста́н, Гру́зия, Арме́ния, Азербайджа́н, Ла́твия, Эсто́ния, Ли́тва; да́льнее зарубе́жье – 'the far abroad' all other foreign countries; СНГ (Содру́жество Незави́симых Госуда́рств) – CIS (Commonwealth of Independent States) consisting of all former republics except the Baltic Republics of Latvia, Lithuania, Estonia

Exercise 3

Answer the following questions in English.

1 When did the problem of migration arise in Russia?
2 Why do the majority of emigrants go to the USA, Israel or Germany?
3 Why is emigration damaging the Russian economy?
4 Who are the Russian refugees referred to in the passage?
5 What is the particular problem of illegal immigration in Russia?

Exercise 4

True or false?

1 Росси́йские грани́цы (невозмо́жно, легко́, тру́дно) перейти́?
2 Росси́я для иммигра́нтов (транзи́тный пункт, коне́чный пункт, туристи́ческая страна́)?
3 Рост числа́ иммигра́нтов для Росси́и (бе́дствие, бла́го, спасе́ние)?
4 Населе́ние Росси́и (уменьша́ется, увели́чивается, не изменя́ется)?
5 Большинство́ иммигра́нтов в Росси́и из (бли́жнего зарубе́жья, да́льнего зарубе́жья, за́падных стран)?
6 Большинство́ россия́н эмигри́руют по (национа́льным, экономи́ческим, полити́ческим) моти́вам?

Language points ♦

Reflexive verbs

Reflexive verbs are easily recognised by **-ся** which is added after the verb ending. This ending changes to **-сь** after a vowel, although not after **ь** or **й**. In the strictest sense, a verb is only reflexive if the subject of the verb is performing the action of the verb on itself:

Мать одева́ет ребёнка.
The mother dresses the child.

Ребёнок одева́ется.
The child gets dressed (dresses self).

Many intransitive verbs (*not taking a direct object*) end in **-ся** in contrast to transitive (*taking a direct object*) verbs of the same meaning without **-ся**:

Дверь закры́лась.
The door closed.

Он закры́л дверь.
He closed the door.

Although in English the transitive and intransitive verbs are often the same, in Russian they are always differentiated, commonly by the reflexive ending. There are a large number of examples of reflexive verbs used intransitively in the dialogue and text about migration:

Ма́ссовая эмигра́ция начнётся.
Mass emigration will begin.

Ситуа́ция бу́дет продолжа́ться.
The situation will continue.

Число́ уменьша́ется.
The number is falling.

Contrast the transitive use of these verbs when they are without the reflexive ending:

Он начнёт рабо́ту.
He will begin work.

Нежела́тельно продолжа́ть э́ту ситуа́цию.
It is undesirable to continue this situation.

уме́ньшить число́ иммигра́нтов.
to reduce the number of immigrants

Only the transitive verb may be followed by the infinitive:

продолжа́ть рабо́тать	to continue working
начина́ть чита́ть	to start reading

Other common transitive/intransitive pairs are:

конча́ть / конча́ться	to finish
превраща́ть / превраща́ться	to turn
распространя́ть / распространя́ться	to spread
собира́ть / собира́ться	to gather
увели́чивать / увели́чиваться	to increase
сокраща́ть / сокраща́ться	to reduce

Sometimes the transitive and intransitive verbs are differentiated in English as well: **повыша́ть** 'to raise'; **повыша́ться** 'to rise'.

Intransitive verbs may be used with a passive meaning:

Грани́цы пло́хо охраня́ются.
Borders are badly protected.

Грани́цы бу́дут укрепля́ться.
The borders will be strengthened.

Contrast:

Росси́я пло́хо охраня́ет грани́цы.
Russia protects her borders badly.

Росси́я бу́дет укрепля́ть грани́цы.
Russia will strengthen her borders.

The reflexive is an alternative to the third person plural as a way of expressing the passive:

Пло́хо охраня́ют грани́цы.
Borders are badly protected.

Бу́дут укрепля́ть грани́цы.
Borders will be strengthened.

Some reflexive verbs indicate reciprocal actions:

Они́ поцелова́лись.
They kissed (one another).

Not all verbs ending in **-ся** have an obvious reflexive or passive meaning: **станови́ться** 'to become'; **стара́ться** 'to try'.

Exercise 5

Select the appropriate verb.

1 Бе́женцы (на́чали / начали́сь) прибыва́ть в Росси́ю в 90-е го́ды. 2 Дверь (откры́ла / откры́лась). 3 Мой прогно́з (оправда́л / оправда́лся). 4 Ле́кция (конча́ет / конча́ется) в 4 часа́. 5 За после́дние дни президе́нт Буш (улу́чшил / улу́чшился) свой ре́йтинг. 6 Число́ иммигра́нтов всё вре́мя (увели́чивает / увели́чивается). 7 Власть президе́нта (укрепи́ла / укрепи́лась). 8 Прави́тельство (сократи́ло / сократи́лось) расхо́ды на образова́ние. 9 У́ровень жи́зни (повы́сил / повы́сился). 10 Диску́ссия (продолжа́ет / продолжа́ется). 11 Ка́ждый ве́чер студе́нты (собира́ют / собира́ются) в клу́бе. 12 Он (ко́нчил / ко́нчился) говори́ть.

Exercise 6

Read the following report from the 'Moscow News', July 2001.

После распада Советского союза в Россию из стран СНГ и Балтии прибыло 8 миллионов мигрантов. Лишь десятую часть из них – 800 тысяч – государство как-то обнадежило, присвоив статус. За все годы только 22 тысячи «статусных» семей получили жилье и 98 тысяч мигрантов получили мизерные возвратные ссуды. В январе 2001 года в очереди на жилье оставались 69 тысяч семей (из них 17 тысяч – слабозащищенные) и 32 тысячи человек ждали ссуды.

N.B. **возвра́тная ссу́да** – loan; **слабозащищённый** – vulnerable; **как-то** – somehow, somewhat; **обнадёжить** – to reassure; **присво́ить статус** – to confer status

From the information in the report above answer the following questions in English.

1   How many migrants arrived in Russia after the collapse of the Soviet Union?
2   What is their situation in Russia?
3   How many families were housed?
4   How many families were given loans?
5   What was the waiting list for housing in January 2001?

Language points ♦

Ordinal numerals

Ordinal numerals are adjectives which agree with the noun they describe. Only the last element of a compound ordinal numeral is an adjective and it is the only element which changes its ending. Earlier elements are cardinal numbers: **на два́дцать четвёртом ме́сте** ' in twenty-fourth place'. All ordinal numerals decline as regular hard adjectives, with the exception of **тре́тий**, whose declension is in the grammar summary.

Dates

The following examples show how ordinal numbers are used to express dates in Russian:

пе́рвое ма́я	the 1st of May
пе́рвого ма́я	on the 1st of May
двухты́сячный год	the year 2000
в две ты́сячи пе́рвом году́	in 2001
к две ты́сячи четвёртому го́ду	by 2004
пе́рвого ма́я двухты́сячного го́да	on the 1st of May 2000
зако́н от двадца́того ма́я	law of the 20th May
в двадца́том ве́ке / столе́тии	in the twentieth century
в девяно́стые го́ды	in the 1990s

It is also possible to use **в** + prepositional with years in the plural:

в девяно́стых года́х
in the 1990s

в середи́не девяно́стых годо́в
in the mid-1990s

Note this use of **годо́в** as the genitive plural of **год**. In other contexts **лет** is always used.

Other useful phrases relating to dates:

в како́м году́?	in what year?
како́го числа́?	on what date?

Exercise 7

Answer the following questions.

1 Како́е сего́дня число́?
   Сего́дня (1st May, 7th November, 25th December, 23rd February, 30th October, 4th August)

2 В каком году́?

Револю́ция в Росси́и произошла́ in 1917. Перестро́йка в СССР начала́сь in 1985. СССР распа́лся in 1991. In 2000 пра́здновали нача́ло но́вого тысячеле́тия. Кто зна́ет, что случи́тся in 2010. Ста́лин у́мер in 1953.

3 Како́го числа́ и како́го го́да?

Вели́кая оте́чественная война́ начала́сь on 22nd June 1941. On 19th of August 1991 в Росси́и произошёл путч. Пу́шкин роди́лся on 1st June 1799. Пе́рвый спу́тник был запу́щен on 12th April 1961.

Exercise 8

The following advertisements all offer help with immigration. List the different countries and services offered.

N.B. **ВНЖ** – **вид на жи́тельство** – registration permit; **ПМЖ** – **постоя́нное ме́сто жи́тельства** – permanent residence; **брак** – marriage; **недви́жимость** – property; **гражда́нство** – citizenship; **пропи́ска** – registration

Language points ♦

Preposition corner

The preposition в

Expressions of place

We have seen how frequently **в** + accusative is used after verbs of motion indicating arrival or entry. It translates 'to, into' when followed by most countries, towns, geographical regions, buildings, receptacles.

> **в Аме́рику, Москву́, пусты́ню, шко́лу**
> to America, Moscow, the desert, school

> **в буты́лку, я́щик**
> into the bottle, the drawer

The exceptions are those nouns normally preceded by **на**, which were listed in Unit 2.

В + prepositional is used with the same nouns as take **в** + accusative, but to indicate 'in, inside':

в Аме́рике, Москве́, пусты́не, шко́ле
in America, Moscow, the desert, at school

в буты́лке, я́щике
inside a bottle, drawer

Expressions of time

В + accusative is also used in many *expressions of time*:

в како́й день?
on what day?

в понеде́льник, во вто́рник etc.
on Monday, Tuesday etc.

в пе́рвый день
on the first day (but remember **на друго́й день** 'the next day')

в пе́рвый раз
for the first time

два ра́за в день
twice a day

Он прочита́л газе́ту в два́дцать мину́т.
He read the newspaper in 20 minutes.

(**За** + accusative may, alternatively, be used in this way to express the time taken to complete an action. It must be used with the noun **час** to avoid confusion with telling the time: **в два часа́** 'at 2 o'clock'; **за два часа́** 'in two hours').

в Но́вый Год	at New Year
в хоро́шую пого́ду	in good weather
в сове́тские времена́	in Soviet times
в старину́	in olden times

в пе́рвую, после́днюю неде́лю
in the first, last week (but remember **на э́той, про́шлой, бу́дущей неде́ле**)

в пе́рвую о́чередь
in the first place (but **на о́череди** 'in turn')

Note also:

длино́й в четы́ре ме́тра	four metres long
ширино́й в пять ме́тров	five metres wide
в два ра́за бо́льше	twice as big

Verbs followed by **в** + accusative:

броса́ть/бро́сить в
to throw at

ве́рить/по- в
to believe in

вступа́ть/вступи́ть в па́ртию
to join (the party)

игра́ть/сыгра́ть в те́ннис, футбо́л
to play tennis, football

поступа́ть/поступи́ть в университе́т
to enter (university)

превраща́ться/преврати́ться в
to turn into

смотре́ть/по- в окно́/зе́ркало
to look out of the window, in the mirror

стреля́ть/вы́стрелить в	to shoot at
стуча́ть/по- в дверь	to knock at the door

В + prepositional is also used in certain *expressions of time*:

в како́м ме́сяце?
in what month?

в январе́, феврале́ etc.
in January, February etc.

в э́том, про́шлом, бу́дущем году́
during this, the past, the next year

Note that when **год** is preceded by other adjectives **в** + accusative is used: **в пе́рвый/после́дний год** 'in the first/last year'.

в э́том, двадца́том ве́ке
in this, the 20th century (but note **в сре́дние века́** 'in the middle ages')

в про́шлом, настоя́щем, бу́дущем
in the past, present, future

в де́тстве, мо́лодости, ста́рости
in childhood, youth, old age

в во́зрасте десяти́ лет
at the age of ten

в нача́ле, в середи́не, в конце́
at the beginning, in the middle, at the end

Note also:

в хоро́шем настрое́нии	in a good mood
в пяти́ де́йствиях	in five acts
в том числе́	including

Verbs followed by **в** + prepositional:

нужда́ться в	to need
обвиня́ть / обвини́ть в	to accuse of
ошиба́ться / ошиби́ться в	to be mistaken in
признава́ться / призна́ться в	to admit, confess to
сомнева́ться в	to doubt
убежда́ться / убеди́ться в	to be convinced of
уча́ствовать в	to participate in

Exercise 9

Put the words in brackets into the accusative or prepositional, as appropriate.

1 Он прие́дет в (среда́). 2 В (ноя́брь) пошёл снег. 3 В (плоха́я пого́да) не сто́ит выходи́ть. 4 В (нача́ло) войны́ мы жи́ли в Москве́. 5 Бы́ли ли иммигра́нты в Росси́и в (девятна́дцатый век)? 6 В (после́дний год) войны́ мы жи́ли в Сара́тове. 7 В (про́шлый год) мы перее́хали в Санкт Петербу́рг. 8 В (пе́рвая неде́ля) ма́рта они уе́хали в Ло́ндон. 9 Три ра́за в (день). 10 В (сре́дние века́) не́ было иммигра́нтов. 11 В (двадца́тые го́ды) семья́ эмигри́ровала в Аме́рику.

Exercise 10

Complete the following sentences by using **в** or **на**, as appropriate.

1 Они́ пое́хали (в/на) восто́к. 2 Нам нужна́ ко́мната (в/на) двои́х. 3 (В/На) пе́рвый день пое́здки она́ заболе́ла. 4 (В/На) друго́й день он почу́вствовал себя́ пло́хо. 5 Они́ вы́шли (в/на) у́лицу. 6 Мы заказа́ли тур (в/на) 10 дней. 7 Мы до́лго жда́ли (в/на) вокза́ле. 8 Он положи́л чек (в/на) я́щик. 9 Они́ живу́т (в/на) о́строве Ма́льта.

Exercise 11

Decide which case to use, accusative or prepositional.

1 Мно́гие студе́нты игра́ют в (волейбо́л). 2 Спортсме́ны уча́ствуют в (соревнова́ние). 3 Я постуча́л в (дверь), но никто́ не отве́тил. 4 Я сомнева́юсь в (её и́скренность). 5 Мой сын поступи́л в (университе́т). 6 Я бо́льше не ве́рю в (коммуни́зм). 7 Мы так нужда́емся в (де́ньги). 8 Его́ обвини́ли в (корру́пция). 9 Весь день она́ смо́трит в (зе́ркало). 10 Он вступи́л в (па́ртия) ещё молоды́м.

Exercise 12

Translate into Russian.

1 The Soviet Union ceased to exist on 25 December 1991.
2 Thousands of refugees from the former republics of the USSR continue to cross the border into Russia. Many are fleeing ethnic conflicts.
3 In the 1990s illegal immigration to Russia, especially from China, increased almost twofold.
4 Emigration does a lot of harm to the Russian economy since it is mostly highly trained specialists who leave the country.
5 How many migrants came to Russia after the collapse of the USSR?
6 Would it not be better to close all Russian borders?

5 СПОРТ

In this unit you will learn:

- ▶ how sport has changed in Russia
- ▶ about the sports facilities available
- ▶ how to use **который** to introduce clauses
- ▶ about superlatives
- ▶ more about the prepositions **с, от** and **из**
- ▶ about verbs with the dative
- ▶ about stress on masculine nouns

Sport in the USSR was always very important as its sporting achievements boosted national prestige. Sports facilities were free and those with talent could take up any kind of sport regardless of its cost, if it was approved by the state. Things have changed since then. Russia now follows international trends and has adopted a commercial approach. On the one hand, as in most Western countries, people take up sport to improve their health and appearance, and the number of sports clubs and fitness centres is growing fast. They are quite expensive and not everybody can afford to join them. On the other hand, new extreme and dangerous sports are becoming popular, especially among the young, who seem to like living on the edge and experiencing the surge of adrenaline.

Dialogue 1 ⑆

From an interview with the fitness director of the Greenway Club, Leli Savosina

Журналист	Сегодня все хотят стать членами спортивного клуба. Говорят, что это необходимо для здоровья.
Савосина	Я совершенно согласна! В нашем стрессовом обществе спорт – это способ снять стресс.
Журналист	Как же можно снять стресс в Вашем центре?
Савосина	Способы разные. Например, можно заниматься фитнесом. У нас в клубе есть тренажёрные залы с новейшей спортивной техникой. Занятия на тренажёрах очень популярны. Есть залы для аэробики, залы для игры в теннис, сквош.
Журналист	Я слышал, что у Вас замечательный бассейн для плавания?
Савосина	Да, бассейн у нас отличный. Мы используем его не только для занятий плаванием. Здесь проводятся занятия по аквааэробике.
Журналист	А что такое аквааэробика?
Савосина	Аквааэробика – это новый вид спортивных тренировок. Она подходит для людей любого возраста. Плавать всегда приятно, а двигаться в воде под музыку вообще очень весело и легко.
Журналист	Значит, в Вашем клубе может заниматься спортом любой человек. Не обязательно быть профессиональным спортсменом.
Савосина	Конечно же, нет. У нас работают опытные инструкторы, которые разработают для вас программу занятий.
Журналист	А как можно стать членом клуба?
Савосина	Для этого лучше всего и дешевле всего приобрести клубную карту. Она даёт право свободного посещения классов аэробики, бассейна, тренажёрного зала.

По материалам журнала «Салон красоты», 2001

Vocabulary ♦

заня́тие пла́ванием	swimming lesson
испо́льзовать	to use
клу́бная ка́рта	membership card
обяза́тельно	necessary, obligatory
о́пытный	experienced
приобрести́	to acquire
проводи́ть заня́тия	to conduct lessons
разрабо́тать програ́мму	to work out a programme
спо́соб снять стресс	means to relieve stress
тренажёр	training equipment

N.B. пра́во свобо́дного посеще́ния – right of free attendance; соверше́нно согла́сна – fully agree; же – (particle) adds emphasis to what is being said – then

Exercise 1

Answer the following questions in English.

1 What role does sport play in modern society?
2 What activities does the fitness club offer?
3 What is the club's pool used for?
4 Why is aqua-aerobics suitable for all age groups?
5 What is the role of the club instructors?
6 How do you become a member of the club?

Exercise 2

Look at this advertisement for the Greenway Club and answer the questions in English.

1 What does the advertisement say about the club pool?
2 What types of training are on offer?
3 What are the different kinds of aerobics offered?
4 What is the *Mama +* programme?
5 What is the *Healthy parents* programme?
6 What discounts does the club offer?

ГРИНВЕЙ КЛУБ

ВОДНО-СПОРТИВНЫЙ КОМПЛЕКС МИРОВОГО КЛАССА

Бассейн олимпийского стандарта (50 м)
- обучение плаванию детей и взрослых
- подводное плавание

Тренажерный Зал
- индивидуальные и групповые тренировки
- тренировочные программы любой сложности
- наличие тренажеров на все группы мышц, изобилие свободного веса

Аэробика
- силовые уроки, групповые и индивидуальные
- велоаэробика (сайклинг, спининг)
- стрейчинг (гибкость и сила, развитие гибкости)
- **NEW** Йога (йогафит, Кундалини, хатха)
- танцевальные уроки (танец «живота», школа «Break dance»)
- **NEW** Боевые искусства Тай-бо, Кибо
- **NEW** Пилатес

Аква-аэробика
- силовые уроки в H_2O
- кик-боксинг в H_2O
- танцевальные уроки

«Далматин» – детский фитнес центр
- **ТТ-(Teen Team)** – программа для подростков
- **«Мама +»** – программа для беременных, для мам и их новорожденных детей
- **«Здоровые родители»** – программа для оздоровления пожилых людей
- кабинет специалиста по физической реабилитации

а также САУНЫ с оригинальным дизайном
СОЛЯРИЙ
МАССАЖ
БАР

С 1 ИЮНЯ СКИДКА 30% НА ВСЕ ВИДЫ КАРТ
МОСКВА, 124321, ЛЕНИНГРАДСКИЙ ПРОСП., 39, ТЕЛ.: 967–68–15, 967–68–13, 967–68–12

N.B. **силовы́е уро́ки** – weight training lessons; **ги́бкость** – flexibility; **мы́шца** – muscle; **та́нец «живота́»** – belly dancing; **боевы́е иску́сства** – martial arts; **програ́мма для бере́менных** – programme for pregnant women; **новоро́жденный** – new born; **ски́дка** – discount; **подво́дное пла́вание** – underwater swimming

Text 1

Экстрема́льный спорт в Москве́.

Москва́ «заболе́ла» экстри́мом. Хотя́, на пе́рвый взгляд, го́род не подхо́дит для экстрема́льных развлече́ний. Побли́зости нет океа́на с гига́нтскими во́лнами, на кото́рых мо́жно занима́ться се́рфингом, нет гор, с кото́рых мо́жно пры́гать на лы́жах, сноубо́рдах и́ли го́рных велосипе́дах. Но столи́чных экстрема́льщиков э́то не пуга́ет.

Потому́ что экстри́м для них – стиль жи́зни. Мо́дные в го́роде экстрема́льные тусо́вки, кото́рые ча́сто происхо́дят на краю́ опа́сности, стано́вятся всё популя́рнее. Прито́к адренали́на, кото́рый испы́тываешь при э́том, прино́сит колосса́льнейшее удово́льствие, сро́дни наркоти́ку: э́то хо́чется пережи́ть сно́ва. И чем бо́льше адренали́на, тем бо́льше кайф, и тем ле́гче забыва́ешь обо всём на све́те.

Ба́йкеры (го́рные велосипеди́сты) – са́мая многочи́сленная тусо́вка, кото́рая объединя́ет до тридцати́ ты́сяч челове́к. В основно́м, э́то мо́дные ребя́та двадцати́-тридцати́ лет, среди́ кото́рых есть студе́нты, компью́терщики, ба́нковские слу́жащие. В го́роде давно́ уже́ есть не́сколько байк-регио́нов, це́нтры кото́рых ча́ще всего́ располо́жены в па́рках, таки́х, как Изма́йловский, Филёвский, Неску́чный сад и, коне́чно, Воробьёвы го́ры с их иску́сственным горнолы́жным скло́ном (ба́йкеры и лы́жники называ́ют э́то ме́сто «Моско́вскими Альпами»). В «высо́кий сезо́н», кото́рый продолжа́ется с апре́ля по октя́брь, ма́ссовые «съе́зды» происхо́дят ка́ждые выходны́е. Собира́ется, как пра́вило, до пяти́десяти челове́к. И тусо́вка поми́мо го́нок представля́ет ещё и интере́снейшее шоу, во вре́мя кото́рого, ба́йкеры пьют пи́во и демонстри́руют друг дру́гу нове́йшие велосипе́дные трю́ки. Мно́гие столи́чные ба́йкеры не слеза́ют с велосипе́дов кру́глый год. Не́которые утвержда́ют, что са́мый большо́й кайф для велосипеди́ста – лете́ть по круто́му лы́жному скло́ну.

Экстрема́льщики ве́рят, что бу́дущее спо́рта принадлежи́т им и нере́дко жа́луются на городски́х власте́й, кото́рые, по их мне́нию, не воспринима́ют их всерьёз. Ба́йкерам, наприме́р, не разреша́ют устра́ивать соревнова́ния в па́рках, счита́ется, что велосипе́ды по́ртят грунт. «А ведь э́то са́мый здоро́вый спо́соб снять стресс, – говори́т ба́йкер Гео́ргий Ильи́н, лу́чше чем ходи́ть по ба́рам и пить во́дку и́ли потребля́ть нарко́тики. Москва́ – идеа́льный го́род для экстрема́льных ви́дов спо́рта. Здесь есть практи́чески вся инфра-структу́ра.»

По материа́лам газе́ты «Аргуме́нты и фа́кты», 2000

Vocabulary ◆

ба́нковский слу́жащий	bank employee
волна́	wave
воспринима́ть всерьёз	to take seriously
го́нки (*pl*)	race
горнолы́жный склон	ski slope
го́рный велосипе́д	mountain bike
грунт	soil, ground
жа́ловаться на (+ *acc*)	to complain about
иску́сственный	artificial
испы́тывать прито́к адренали́на	to experience an adrenaline surge
кайф	kicks, high
кру́глый год	all-year-round
круто́й склон	steep slope
лы́жа, лы́жник	ski, skier
многочи́сленный	numerous
объединя́ть	to unite
пережи́ть	to experience
побли́зости	nearby
поми́мо (+ *gen*)	apart from
по́ртить	to damage
потребля́ть нарко́тики	to use drugs
представля́ть	to represent
пры́гать	to jump
пуга́ть	to frighten
развлече́ние	entertainment
разреша́ть (+ *dat*)	to allow
располо́жен	situated
слеза́ть с (+ *gen*)	to get (climb) down from
сро́дни (+ *dat*)	akin to
съезд	congress; convention
трюк	stunt
тусо́вка	get-together
устра́ивать соревнова́ния	to hold competitions
утвержда́ть	to claim

N.B. **на пе́рвый взгляд** – at first glance; **на све́те** – in the world; **на краю́ опа́сности** – on the brink of danger, on the edge; **в «высо́кий» сезо́н** – during the high season; **счита́ется** – it is considered

Exercise 3

Answer the following questions in English.

1 Why have extreme sports become popular?
2 Is Moscow a suitable venue for extreme sports?
3 What kind of people go mountain biking?
4 When is the 'high season' and what takes place?
5 Why do the local authorities not like bikers?
6 What do bikers say in their own defence?

Exercise 4

True or false?

1 Среди байкеров много (пожилых людей, модных ребят, подростков)?
2 На Воробьёвых горах есть (горнолыжный склон, большое озеро, спортивный клуб)?
3 «Высокий сезон» продолжается (с ноября по март, с апреля по октябрь, круглый год)?
4 Экстремальщики жалуются, что городские власти (не принимают их всерьёз, уделяют им много внимания, не пускают их в парки)?
5 Аквааэробика подходит для (профессиональных спортсменов, людей любого возраста, молодёжи)?

Language points ♦

Genitive of cardinal numbers

There are some examples in the text of numerals in the genitive, either after prepositions or to translate 'of': **до тридцати тысяч человек** 'up to 30 thousand people'; **ребята двадцати-тридцати лет** 'guys of 20 to 30'; **до пятидесяти человек** 'up to fifty people'.

Note the change of ending on the numeral and the fact that the noun following is in the genitive plural. *Cardinal numerals will be dealt with in greater detail in Unit 9.*

Который

There are a large number of examples in the text, *Экстремáльный спорт*, of the way in which **котóрый** is used. Meaning 'which, that, who/whom', **котóрый** is a relative pronoun used to introduce adjectival clauses. It declines like a hard adjective. The number and gender of **котóрый** are determined by the noun to which it refers and the case by its role in the adjectival clause:

В высóкий сезóн, котóрый продолжáется с апрéля …
In the high season, which lasts from April …

In this example **котóрый** is masculine singular to agree with **сезóн** and nominative because it is the subject of **продолжáется**.

Нет гор, с котóрых мóжно прыѓать.
There are no mountains from which to jump.

Here **котóрых** is feminine plural to agree with **гóры** and genitive after **с**.

Note that adjectival clauses are introduced by **кто** 'who/whom' or **что** 'which, that', not **котóрый**, if they refer back to a pronoun:

те, о ком идёт речь   those of whom we speak
всё, что знáю   everything that I know

Exercise 5

Insert the relative pronoun **котóрый** in the correct form.

1 В Москвé мнóго людéй, … занимáются плáванием. 2 Он живёт в мáленьком гóроде, … нет дáже на кáрте. 3 Пóсле мáтча мы пошли к друзьям, … нé было сегóдня на стадиóне. 4 Мнóгие тусóвки, … я посетила, происходили на Арбáте. 5 Воробьёвы горы, на … есть лыжный склон, популярны среди бáйкеров. 6 В Москвé есть мнóго спортивных клýбов, в … мóжно занимáться спóртом. 7 Сегóдня на фестивáле выступáют спортсмéны, с … мы хотим познакóмиться. 8 Спорт – лýчшее срéдство прóтив стрéсса, о … мнóго говорят в óбществе. 9 Гринвей-клуб, … тóлько 3 гóда, óчень популярен среди молодёжи.

Language points ◆

Superlatives

Extreme sport lends itself to description as the fastest, most dangerous, newest, etc. The most straightforward way of expressing such superlatives in Russian is by putting **са́мый** before the adjective. **Са́мый**, which is a hard adjective, is in exactly the same number, gender and case as the adjective it describes: **занима́ться са́мыми опа́сными ви́дами спо́рта** 'to engage in the most dangerous sports'.

The eight adjectives with one-word comparatives, referred to in unit 2, form their superlatives variously:

	Comparative	*Superlative*
большо́й	**бо́льший**	**са́мый большо́й**
ма́ленький	**ме́ньший**	**са́мый ма́ленький**
плохо́й	**ху́дший**	**са́мый ху́дший** or **ху́дший**
хоро́ший	**лу́чший**	**са́мый лу́чший** or **лу́чший**
высо́кий	**бо́лее высо́кий** **вы́сший**	**са́мый высо́кий** **вы́сший** (figurative use)
ни́зкий	**бо́лее ни́зкий** **ни́зший**	**са́мый ни́зкий** **ни́зший** (figurative use)
молодо́й	**бо́лее молодо́й** **мла́дший**	**са́мый молодо́й** (things) **са́мый мла́дший** or **мла́дший** (people only)
ста́рый	**бо́лее ста́рый** **ста́рший**	**са́мый ста́рый** (things) **са́мый ста́рший** or **ста́рший** (people only)

Exercise 6

Put the adjectives in brackets into the superlative in the appropriate case.

1 В клу́бе есть зал с (но́вая) спорти́вной те́хникой. 2 Там мо́жно пла́вать в (замеча́тельный) бассе́йне. 3 Клуб не то́лько принима́ет (спорти́вный) люде́й. 4 Занима́ться спо́ртом (хоро́ший) спо́соб снять стресс. 5 (Большо́й) кайф для экстрема́льщиков жить на краю́ опа́сности.

The dialogue and the text contain examples of an alternative type of superlative:

> **тренажёрные за́лы с нове́йшей спорти́вной те́хникой**
> gyms with the latest sports technology

> **представля́ет интере́снейшее шоу**
> puts on a most interesting show

These superlatives are formed by replacing the adjective ending with **-ейший**, and decline like **хоро́ший: ста́рый – старе́йший**. Their meaning is less literally superlative than the variant with **са́мый**, more a way of giving added emphasis. Adjectives with stems ending in **г, к, х** change those consonants to **ж, ч, ш** and take the ending **-айший**:

> **вели́кий – велича́йший**
> **высо́кий – высоча́йший**
> **глубо́кий – глубоча́йший**
> **коро́ткий / кра́ткий – кратча́йший**
> **лёгкий – легча́йший**
> **стро́гий – строжа́йший**
> **ти́хий – тиша́йший**
> **широ́кий – широча́йший**

Note also **бли́зкий – ближа́йший**.

Exercise 7

Rewrite the following phrases using the construction **оди́н / одна́ / одно́ из** followed by the **ейший / айший** superlative.

Example: **до́брый челове́к – оди́н из добре́йших люде́й**

Ста́рое зда́ние; но́вая техноло́гия; глубо́кое о́зеро; просто́й вопро́с; широ́кая река́; краси́вое и́мя; ва́жная зада́ча; чи́стый вид тра́нспорта; серьёзный слу́чай; сло́жная пробле́ма; опа́сная боле́знь; вели́кий писа́тель.

Superlative of adverbs and short superlative

The superlative of the adverb is formed by adding **всего́** 'of anything / everything' or **всех** 'of anyone / everyone / all' after the comparative:

> **Он пры́гает вы́ше всех.**
> He jumps highest (higher than anyone).

Мне нра́вится э́та рабо́та бо́льше всего́.
I like this work best (better than anything).

This same construction may also be used as the superlative of the short form adjective:

Э́та кни́га интере́снее всех.
This book is the most interesting.

Exercise 8

Examine the advertisement (shown on page 103) for the stuntmen's festival and answer the questions in English.

1 Where does the stuntmen's festival take place?
2 Which teams are taking part in the show?
3 Why are Russian stuntmen the strongest in the world?
4 Who will appear as well as the stuntmen?
5 How will the show end?

Language points ♦

Preposition corner

C, от and из 'from'

C + genitive

In *expressions of place* **c** is the opposite of **на** and means 'from'. Use it to translate 'from' with those categories of nouns which use **на** to mean 'to' or 'at, on':

с се́вера	from the north
с вокза́ла	from the station
с у́лицы	from the street
с Ура́ла	from the Urals
с конце́рта	from the concert
с рабо́ты	from work
с по́езда	from the train
с велосипе́да	off a bike

ЭКСТРИМ

26 мая, суббота

Фестиваль каскадеров
*Аэродром «Тушино»
(м. «Тушинская»,
Волоколамское ш, 93)*
Стоимость билетов: 100 рублей

*Грандиозное шоу на Тушинском
аэродроме! «Живая», рискованная,
смертельно опасная работа лучших
каскадеров мира.
Вы увидите трюковые команды
из Англии, Франции, Германии, Швеции,
США, Финляндии, Украины, Белоруссии,
Болгарии, Польши и др. стран. Правда ли,
что сильнейшими в мире являются наши
каскадеры, они идут на такую степень*

После своего выступления каскадеры
споют вместе со звездами рока.

*риска, выполняют настолько опасные
«номера», что их зарубежные коллеги пока
не готовы идти на такую степень риска? Вы
сами сможете во всем убедиться, придя в
субботу на Тушинский аэродром!
Соревнования пройдут в десяти
номинациях, включая экстремальные. А
поддерживать каскадеров будут звезды
российского и зарубежного рока. Завершит
это опаснейшее мероприятие грандиозное
шоу фейерверков.*

N.B. **каскадёр** – stunt man; **смерте́льно опа́сный** – deadly dangerous;
сте́пень ри́ска – level of risk; **заверша́ть** – to finish; **мероприя́тие** – event;
звезда́ ро́ка – rock star; **убеди́ться** – to be convinced

C is commonly used to translate 'from, since' in *expressions of time*:

с апре́ля	since April
с трёх часо́в	since 3 o'clock
с утра́	since morning
с ле́та	since summer

C may also translate 'from' in the sense of *cause*:

с го́ря	from grief
со ску́ки	from boredom

However, **от** is a safer choice in this type of context, as it is less colloquial: **от ра́дости** 'from joy'.

Note that **начина́ть/нача́ть c** + genitive means 'to begin with' as well as 'begin from':

нача́ть с бу́квы А	begin with the letter A
нача́ть с нача́ла	begin from the beginning

C + genitive combines with **сторона́** 'side' in several expressions:

с одно́й стороны́ . . . с друго́й стороны́
on one hand . . . on the other hand

с мое́й стороны́
on my part

с ле́вой стороны́ от + genitive
to the left of

C is used with **сда́ча** 'change':

сда́ча с рубля́
change from a rouble

C + instrumental means 'with, together with, accompanied by':

Мы с му́жем пое́хали туда́
My husband and I went there

Она́ понима́ет с трудо́м
She understands with difficulty

чай с молоко́м
tea with milk

говори́ть с ру́сским акце́нтом
to speak with a Russian accent

This use of **c** should not be confused with the use of the instrumental without a preposition to mean 'with' in the sense of 'by means of':

ре́зать ножо́м
to cut with a knife

Note also:

С Рождество́м	Merry Christmas
С днём рожде́ния	Happy Birthday

От + genitive

In *expressions of place* **от** is used to mean 'from a person':

Я получи́ла письмо́ от него́
I received a letter from him

Он ушёл от жены́
He left his wife

It also means 'away from', often after verbs prefixed with **от-**:

Теплохо́д отплы́л от при́стани
The boat moved away from the quay

Note some other expressions of place using **от**:

далеко́ от го́рода
far from the town

в десяти́ киломе́трах от го́рода
ten miles from the town

In *expressions of time* **c** + genitive . . . **до** + genitive is used to mean 'from . . . to . . .':

с пе́рвого февраля́ до пе́рвого ма́рта
from 1st February to 1st March

с двух до пяти́
from two o'clock till five o'clock

С . . . по . . . + accusative has the slightly different meaning of up to (and including):

с пе́рвого февраля́ по пе́рвое ма́рта
from 1st February to 1st March inclusive

От ... до ... 'from ... to' is used to express distance:

расстоя́ние от Москвы́ до Петербу́рга
the distance from Moscow to St Petersburg

Note some other expressions of time using **от**:

вре́мя от вре́мени	from time to time
день ото дня	from day to day

In **expressions of cause** **от** means 'from' and can refer to both physical and emotional reasons:

Мы умира́ем от го́лода
We are dying from hunger

Они́ засмея́лись от ра́дости
They burst out laughing from joy

Note also the following expressions:

без ума́ от э́той де́вушки
crazy about this girl

в восто́рге от пода́рка
delighted at the present

Note the expression **от и́мени** 'on behalf of': **от и́мени отца́** 'on behalf of my father'.

Some verbs followed by **от**:

зави́сеть от	to depend on
защища́ть/защити́ть от	to defend from
освобожда́ться/освободи́ться от	to free oneself from
отка́зываться/отказа́ться от	to refuse
отлича́ться от	to be different from
отстава́ть/отста́ть от	to lag behind

Из + genitive

In *expressions of place* **из** is the opposite of **в** and means 'from'. Use it to translate 'from' with those categories of nouns which use **в** to mean 'to', 'into', 'in': **из Аме́рики** 'from America'; **из пусты́ни** 'from the desert'; **из шко́лы** 'from school'; **из буты́лки** 'from the bottle'; **из я́щика** 'from a drawer'.

Из may also be used to indicate source or material: **узна́ть из газе́ты** 'to find out from the newspaper'; **сде́лать из ста́ли** 'to make from steel'.

It can also be used to indicate cause: **из не́нависти** 'out of hatred'; **из благода́рности** 'from gratitude'.

Note also: **изо всех сил** 'with all one's might'; **оди́н из них** 'one of them'.

<hr>

Exercise 9

Complete the following sentences by selecting **с, от** or **из**, as appropriate.

1 Мы прие́хали (с/от/из) ю́га. 2 Они́ не слеза́ют (с/от/из) велосипе́дов кру́глый год. 3 Стол сде́лан (с/от/из) де́рева. 4 Де́ти пришли́ (с/от/из у́лицы). 5 Мы получи́ли э́ту информа́цию (с/от/из) дире́ктора. 6 То́лько одна́ (с/от/из) вас сдала́ экза́мен. 7 (С/От/Из) деся́того по двадца́тое ию́ня. 8 Она́ (с/от/из) Фра́нции. 9 (С/От/Из) како́й стороны́? 10 По́езд отхо́дит (с/от/из) вокза́ла в 18.00

Verbs with the dative

There are some verbs in this unit which are followed by the dative case:

не разреша́ют ба́йкерам
they do not permit the bikers

Other verbs taking the dative include:

ве́рить (по-)	to believe
грози́ть, угрожа́ть	to threaten
доверя́ть	to trust
зави́довать	to envy
меша́ть (по)	to stop, hinder
подходи́ть/подойти́	to suit
позволя́ть/позво́лить	to permit
помога́ть/помо́чь	to help
прика́зывать/приказа́ть	to order

ра́доваться (об-)	to be pleased
сле́довать (по-)	to follow
сове́товать (по-)	to advise
сочу́вствовать (по-)	to sympathise with
удивля́ться/удиви́ться	to be surprised

Идти́ can be used with the dative in the expression:

| **Вам идёт** | it suits you |

Note how the verb **принадлежа́ть** 'to belong' is used: **бу́дущее принадлежи́т им** 'the future belongs to them'.

But when membership of a group or club is referred to, the verb is followed by **к** + dative: **Они́ принадлежа́т к клу́бу ба́йкеров** 'They belong to a bikers club'.

Exercise 10

Use the words in brackets in the correct form.

1 Ба́йкеры не (ве́рить) (городски́е вла́сти), что го́рные велосипе́ды по́ртят грунт. 2 К сожале́нию, э́тот рейс не (подходи́ть) (мы). 3 Э́та шля́па о́чень (идти́) (мой оте́ц). 4 Врач (сове́товать) (больно́й) заня́ться спо́ртом. 5 Она́ не (разреша́ть) (свои́ де́ти) игра́ть на доро́ге. 6 Как мо́жно (доверя́ть) (тако́й челове́к)? 7 Он (ра́доваться) (возмо́жность) уча́ствовать в соревнова́ниях. 8 Я (удивля́ться) (твой вы́бор). 9 Он всегда́ (помога́ть) (мать). 10 Я так (сочу́вствовать) (бе́женцы). 11 Мне ка́жется, (Росси́я) не (грози́ть) уте́чка мозго́в. 12 Я (зави́довать) (совреме́нная молодёжь): бу́дущее (принадлежа́ть) (они́). 13 Мы всегда́ (сле́довать) (сове́ты) инстру́ктора.

Language points ◆

Stress

One of the greatest problems that Russian gives to the foreign speaker is identifying the stressed syllable of each word. There is a considerable difference in the pronunciation of stressed and unstressed vowels. For example, in **хорошо́** each '**o**' is pronounced quite differently. The first is 'e' as in father, the second is 'a' and only the final, stressed 'o' is pronounced as an 'o'. To misplace the stress renders words unintelligible to a Russian listener. The situation is further complicated by the fact that stress on words alters when their case or ending changes. This is the first of a series of guides to common stress patterns on different parts of speech in Russian.

Masculine nouns

Fixed stress – stress remains on the same syllable throughout the declension, singular and plural: **авто́бус** 'bus'; **велосипе́д** 'bicycle'; **университе́т** 'university'. This groups contains a large number of nouns with three or more syllables, but also some one and two syllable nouns: **вид, а́втор.**

Fixed final stress – the stress moves from the final syllable in the nominative singular to the ending in all other cases: **стол** 'table' (gen. sing. **стола́**; nom. pl. **столы́**; gen. pl. **столо́в**); **нож** 'knife'; **ум** 'mind, intelligence'. This group includes several nouns with suffixes **и́к, и́ц, о́к, а́ж, а́рь**: **грузови́к** 'lorry'; **дворе́ц** 'palace' (**дворца́, дворцы́, дворцо́в**); **коне́ц** 'end' (**конца́, концы́, концо́в**); **кусо́к** 'piece' (**куска́, куски́, куско́в**); **бага́ж** 'luggage'; **слова́рь** 'dictionary'.

Mobile stress – there are three different patterns of mobile stress on masculine nouns.

Type 1 – stress on the stem in the singular and on the ending in the plural: **круг** 'circle' (sing. **кру́га**, etc; pl. **круги́, круго́в**, etc.); **друг** 'friend' (**дру́га, друзья́, друзе́й**); **мост** 'bridge' (**мо́ста, мосты́, мосто́в**). Many masuline nouns with their nominative plural in -а́ follow this pattern: **го́род** 'town' (**го́рода, города́, городо́в**); **а́дрес** 'address'; **по́езд** 'train'; **дом** 'house'.

Type 2 – stress on the stem in the singular and nominative plural (and accusative plural if it takes the same form as the nominative), on the ending in all other plurals: **волк** 'wolf' (**во́лка, во́лки, волко́в**); **у́хо** 'ear' (**у́ха, у́ши, уше́й**); **зуб** 'tooth' (**зу́ба, зу́бы, зубо́в**).

Type 3 – a very small number of masculine nouns have the stress on the ending, except in the nominative plural: **конь** 'steed' (**коня́, ко́ни, коне́й**); **гвоздь** 'nail' (**гвоздя́, гво́зди, гвозде́й**).

Exercise 11

Translate into Russian.

1 I was advised by my doctor to take up sport and join a sports club. He says that sport will help me to relieve stress.
2 Can you recommend sports classes that will suit me?
3 When you are young, you are ready to risk everything. You do not think about danger.
4 He became a stuntman when he was twenty, and, even at the age of forty, he still performs the most dangerous stunts.
5 There are no high mountains around Moscow from which one can parachute.
6 The city authorities have a lot of problems with Moscow bikers who damage the soil in city parks.

6 КУЛЬТУРНАЯ ЖИЗНЬ В РОССИИ

In this unit you will learn:

- ▶ about film and theatre in Russia
- ▶ alternative ways of translating 'to be'
- ▶ about verbs with the instrumental
- ▶ how to form and use active participles
- ▶ more about the prepositions **о** and **про**
- ▶ about stress on feminine nouns

Theatre, together with opera, ballet and cinema, has always played a very important role in Russian cultural life. Despite censorship in Soviet times, the standard was high, art subsidies were generous and tickets cheap. With the arrival of the market economy things have changed; theatre and cinema have lost state subsidies and the route to survival has been to produce plays and films that appeal to mass audiences and guarantee a full house. But not every Russian artist was prepared to sacrifice his integrity; some have preferred to leave the commercial theatre and have formed small companies where they are free to experiment. A few, however, like the director of the Maly Theatre in St Petersburg, Lev Dodin, have managed to achieve success in changed circumstances.

Dialogue 1 ⏹️🔊

The General Director of the Moscow International Non-Competitive Film Festival, MOFEST, B.V. Volodin, answers questions from a journalist.

ЖУРНАЛИ́СТ	Бори́с Влади́мирович, не мно́го ли кинофестива́лей в на́шей стране́? У нас уже́ есть «Междунаро́дный моско́вский», «Кинота́вр», «Окно́ в Евро́пу» и други́е.
Воло́дин	Вы ошиба́етесь. Фи́льмов в ми́ре выпуска́ется огро́мное коли́чество. Фестива́лей то́же прово́дится мно́го – почти́ 650 в год. И э́то замеча́тельно. Зна́чит, мирово́й кинемато́граф жив и в прекра́сной рабо́чей фо́рме.
ЖУРНАЛИ́СТ	Но чем же отлича́ется Ваш фестива́ль от други́х фестива́лей?
Воло́дин	В основно́м, все э́ти фестива́ли явля́ются ко́нкурсными. Их цель вы́явить лу́чшие рабо́ты с по́мощью жюри́. Жюри́ оце́нивает фи́льмы. А на неко́нкурсных фестива́лях гла́вный оце́нщик – зри́тель.
ЖУРНАЛИ́СТ	Каки́е же фи́льмы Вы собира́етесь пока́зывать на фестива́ле?
Воло́дин	Зада́ча на́шего фестива́ля – показа́ть са́мые интере́сные после́дние фи́льмы.
ЖУРНАЛИ́СТ	Что за карти́ны бу́дут пока́заны?
Воло́дин	Са́мые изве́стные, уже́ получи́вшие призна́ние у мирово́го зри́теля. Это италья́нский фильм «Хлеб и тюльпа́ны». Это «Вкус со́лнечного све́та» режиссёра Иштвана Са́бо, фильм о четырёх поколе́ниях евре́йской семьи́ и мно́гие други́е. Всего́ же бу́дет пока́зано о́коло 100 фи́льмов из 20 стран ми́ра.
ЖУРНАЛИ́СТ	А бу́дут ли пока́заны оте́чественные фи́льмы?
Воло́дин	Да, коне́чно. Впервы́е зри́тели уви́дят лу́чшие карти́ны бы́вших сове́тских респу́блик за после́дние 50 лет.
ЖУРНАЛИ́СТ	Но це́ны-то на биле́ты, наве́рное, бу́дут грома́дными?
Воло́дин	В том-то и де́ло, что сто́имость биле́тов бу́дет са́мая досту́пная. А для пенсионе́ров всего́ 20 рубле́й, э́то

почти́ благотвори́тельные пока́зы. И в э́том то́же отли́чие «МОско́вского ФЕСТа» от други́х фестива́лей.

По материа́лам «Литерату́рной газе́ты», 2000

Vocabulary ♦

благотвори́тельный пока́з	charity show
впервы́е	for the first time
выпуска́ть	to release
вы́явить	to discover
досту́пный	accessible
евре́йский	Jewish
ко́нкурс	competition
мирово́й зри́тель	world audience
отли́чие	difference
оце́нивать, оце́нщик	to judge (in a competition); judge
ошиба́ться	to be mistaken
поколе́ние	generation
получи́ть призна́ние	to receive recognition
режиссёр	producer

N.B. **в том-то и де́ло** – that's (just) the point; **всего́** – in all; **-то** (particle) – adds emphasis to what is being said. Difficult to translate into English. Depending on the context it may mean 'at least', 'precisely', or 'just'.

Exercise 1

Answer the following questions in Russian.

1 Каки́е кинофестива́ли есть в Росси́и?
2 Какова́ их цель?
3 В чём отли́чие Моско́вского «Феста»?
4 Каки́е фи́льмы бу́дут пока́зывать на фестива́ле?
5 Каки́е оте́чественные фи́льмы мо́жно уви́деть на фестива́ле?
6 Какова́ цена́ биле́тов на фестива́ле?

Exercise 2

Examine the list of the winners of **Моско́вский междунаро́дный кинофестива́ль** and answer the questions in English.

Победители конкурса XXIII Московского международного кинофестиваля

Приз за лучший фильм "Золотой Геор-гий" – **"Фанатик"** (режиссер Генри Бин, США).

Приз за лучшую женскую роль "Сере-бряный Георгий" – **Рии Миядзава** ("Пионовая бесед-ка", режиссер Юнь-фань, Китай).

Приз за лучшую мужскую роль "Се-ребряный Георгий" – **Владимир Машков** (*"Quickie. Давай сделаем это по-быстрому"*, режиссер Сергей Бодров, Германия).

Приз за лучшую режиссерскую работу "Серебряный Георгий" – **Этторе Скола** ("Не-честное состязание", Италия).

Специальный приз "Золотой Георгий" – **"Под кожей города"** (режиссер Рахшан Бани Эстемад, Иран).

Специальный приз жюри "Золотой Геор-гий" за вклад в киноискусство – **Эдуард Ар-темьев** (Россия).

N.B. The original English title of the film *Fanatic* was *The Believer*

1 What is the top prize in the festival called?
2 Which film won that prize?
3 What did Russia win a prize for?
4 Which other countries were among the prizewinners?
5 What were the other prizewinning categories?

Text 1

Дóдин и россúйский теáтр

В россúйском теáтре фигýра глáвного режиссёра всегдá былá ведýщей. Вспóмним именá велúких режиссёров – Станислáвского, Мейерхóльда. Средú совремéнных россúйских режиссёров осóбенно выделяется Лев Дóдин, глáвный режиссёр Мáлого драматúческого теáтра Петербýрга. Это одúн из сáмых успéшных теáтров, извéстных не тóлько в Россúи, но и на Зáпаде, теáтр, завоевáвший сáмые престúжные прéмии в Еврóпе. Дóдин прослáвился постанóвкой трилóгии Абрáмова «Брáтья и сёстры», стáвшей потрясéнием для Ленингрáда и получúвшей вýсшую Госудáрственную прéмию. Именно с «Брáтьев и сестёр», стáвших торгóвой мáркой МДТ, началúсь его триумфáльные зарубéжные гастрóли. Теáтр побывáл в Япóнии, США, почтú во всех европéйских странáх. Вмéсте с картúной жúзни совéтской воéнной и послевоéнной дерéвни Дóдин покáзывал мúру ансáмбль блестящих актёров и своё режиссёрское мастерствó.

Актёры являются глáвной гóрдостью МДТ. Трýппа Дóдина, состоявшая бóльшей чáстью из его ученикóв (в трýппе тóлько 50 актёров) считáется однóй из сáмых сúльных в Россúи. Кáждый спектáкль Дóдин репетúрует óчень дóлго. Бывáет, что от пéрвых этюдов до премьéры прохóдит нéсколько лет. Конéчно, Дóдин представляет собóй уникáльное явлéние. Емý удалóсь дáже в крúзисной ситуáции, котóрую переживáет Россúя, сохранúть худóжественность и индивидуáльность своегó теáтра, избежáть его превращéния в коммéрческий. Ведь извéстно, что в Россúи идёт процéс превращéния теáтров в коммéрческие, и мнóгие россúйские теáтры предпочитáют коммéрческий успéх худóжественному. В такóй ситуáции фигýра глáвного режиссёра всё чáще отхóдит на зáдний план и заменяется фигýрой дирéктора-мéнеджера, управляющего теáтром как коммéрческим учреждéнием. Теáтры всё бóльше жéртвуют своéй худóжествен-ностью и стáвят пьéсы, гарантúрующие коммéрческий успéх и пóлные зáлы.

Не случáйно мнóгие россúйские режиссёры ухóдят из теáтра в мáлые зáлы, создаю́т свои́ мáленькие теáтры. Это прóще и по организáции, и по репертуáру. Так легчé вы́жить. Такúх теáтров-мастерскúх станóвится всё бóльше, осóбенно в Москвé. Конéчно, мнóгие из них исчезáют так же бы́стро, как появля́ются. Но нéкоторые, как «Теáтр на Юго-зáпаде», «Мастерскáя Фомéнко», пóльзующиеся заслýженным успéхом, ужé имéют своегó зрúтеля, цéня́щего и получáющего удовóльствие от спектáкля и игры́ актёров. Кто знáет, мóжет быть, со врéменем эти мáленькие мастерскúе превратя́тся в теáтры, подóбные теáтру Дóдина.

По материáлам журнáла «Итóги», 2000

Vocabulary ♦

ведýщий	leading
воéнный	wartime
вспóмнить	to remember
выделя́ться	to stand out
гóрдость (f)	pride
жéртвовать (+ inst)	to sacrifice
завоевáть прéмию	to win a prize
заменя́ть	to replace
зáдний план	background
зарубéжные гастрóли	foreign tour
заслýженный	deserved
избежáть (+ gen)	to avoid
úменно	namely, actually
исчезáть / исчéзнуть	to disappear
мастерскáя	workshop, studio
мастерствó	skill
подóбный	similar to
постанóвка	production
потрясéние	sensation
превратúться в (+ acc)	to turn into
превращéние	transformation

просла́виться (+ *inst*)	to become famous
репети́ровать	to rehearse
руководи́ть (+ *inst*)	to lead
совреме́нный	modern
состоя́ть из (+ *gen*)	to consist
сохрани́ть	to preserve
торго́вая ма́рка	trade mark
тру́ппа	company
управля́ть (+ *inst*)	to manage
учрежде́ние	institution
худо́жественный,	artistic merit,
худо́жественность	quality
цени́ть	to appreciate
этю́д	sketch
явле́ние	phenomenon

N.B. **ему́ удало́сь** – he succeeded; **не случа́йно** – not by chance

Exercise 3

Answer the following questions in Russian.

1 Кто тако́й Лев До́дин?
2 Чем просла́вился До́дин?
3 О чём театра́льная трило́гия «Бра́тья и сёстры»?
4 Почему́ До́дин – уника́льное явле́ние в театра́льной жи́зни Росси́и?
5 Како́й проце́сс идёт сейча́с в росси́йском теа́тре?
6 Почему́ фигу́ра дире́ктора-ме́неджера стано́вится гла́вной в теа́тре?
7 Почему́ режиссёры создаю́т свои́ ма́ленькие теа́тры?
8 Есть ли бу́дущее у таки́х теа́тров?

Exercise 4

True or false?

1 Ко́нкурсные фестива́ли ориенти́руются на (широ́кую пу́блику, профессиона́льную аудито́рию, авторите́тное жюри́)?
2 На неко́нкурсных фестива́лях фи́льмы оце́нивают (зри́тели, кинокри́тики, жюри́)?

3 Ма́лый теа́тр Петербу́рга изве́стен благодаря́ (режиссёру До́дину, репертуа́ру, актёрам)?

4 Трило́гия «Бра́тья и сёстры» ста́ла (популя́рной пье́сой, торго́вой ма́ркой, сканда́льной пье́сой) теа́тра?

5 До́дина бо́льше интересу́ет (комме́рческий, худо́жественный, дешёвый) успе́х?

6 В Росси́йском театре всё ча́ще гла́вной стано́вится фигу́ра (гла́вного режиссёра, дире́ктора-ме́неджера, актёра)?

7 Мно́гие режиссёры создаю́т свои́ теа́тры-мастерски́е, потому́ что хотя́т (руководи́ть теа́тром, быть незави́симыми, вы́жить)?

Language points ♦

The verb 'to be'

You are, of course, already aware that **быть** 'to be' has no present tense. However, several other verbs may be used as a susbstitute. These include:

явля́ться / яви́ться + instrumental to seem, to appear, to be

Он явля́ется дире́ктором.
He is the director.

Э́то явля́ется причи́ной его́ сме́рти.
That was the reason for his death.

Успе́х явля́ется результа́том уси́лий всех актёров.
The success is the result of all the actors' efforts.

Note also: **явля́ться це́лью** 'to be the aim of'; **явля́ться сле́дствием** 'to be a consequence of'; **явля́ться ча́стью** 'to be a part of', **представля́ть (собо́й)** 'to represent, to be'.

До́дин представля́ет (собо́й) уника́льное явле́ние
Dodin is / represents a unique phenomenon

Note also: **представля́ть (собо́й) приме́р** 'to be an example'; **представля́ть (собо́й) зада́чу** 'to be / represent a task, problem', **быва́ть** 'to be, to frequent'.

Он всегда́ быва́ет в теа́тре пе́ред нача́лом спекта́кля.
He is always in the theatre before the start of the performance.

как э́то ча́сто быва́ет
as often happens / is often the case

Exercise 5

Rephrase the sentences by using first the verb **являться** + *inst* and then the verb **представлять (собой)** + *acc.*

1 Моско́вский фестива́ль – результа́т многоле́тней рабо́ты. 2 До́дин – уника́льное явле́ние в росси́йском теа́тре. 3 Пока́з са́мых интере́сных фи́льмов – зада́ча фестива́ля. 4 Высо́кая худо́жественность – отличи́тельная осо́бенность теа́тра До́дина. 5 Знако́мство с мировы́м кинемато́графом – цель фестива́ля. 6 Рост числа́ иммигра́нтов – бла́го для Росси́и. 7 Экстри́м – стиль жи́зни молодёжи.

Verbs with the instrumental

There are a number of verbs in the text which are followed by the instrumental case. Verbs taking the instrumental include:

Verbs indicating control – **по́льзоваться (вос-)** 'to use, enjoy'; **руководи́ть** 'to lead'; **управля́ть** 'to govern, manage'; **торгова́ть** 'to trade'; **владе́ть** 'to own', 'to have a command of (a language)'; **занима́ться/заня́ться** 'to be engaged in'; **злоупотребля́ть** 'to abuse'; **рискова́ть** 'to risk'.

Verbs indicating an attitude – **горди́ться** 'to be proud of'; **интересова́ться (за-)** 'to be interested in'; **любова́ться (по-)** 'to admire'; **увлека́ться/увле́чься** 'to be keen on'.

Verbs indicating state or appearance – **каза́ться** 'to seem'; **ока́зываться/оказа́ться** 'to turn out to be'; **станови́ться/стать** 'to become'; **счита́ться** 'to be considered'; **остава́ться/оста́ться** 'to remain'.

Other examples – **же́ртвовать (по-)** 'to sacrifice'; **сла́виться (про-)** 'to be famed for'; **боле́ть (за-)** 'to be ill with'.

Exercise 6

Use the words in brackets in the correct form.

После́днее вре́мя мно́гие но́вые теа́тры (по́льзоваться) (успе́х). Все наде́ются, что До́дин бу́дет продолжа́ть (руководи́ть) (Ма́лый теа́тр). В про́шлом году́ До́дин (просла́виться) (постано́вка) трило́гии Абра́мова. Эта постано́вка получи́ла вы́сшую пре́мию и (стать) (потрясе́ние) для Ленингра́да. Тру́ппа До́дина (счита́ться) (одна́) из са́мых си́льных в Росси́и. До́дин не гото́в (же́ртвовать) (своя́ худо́жественность). Он гото́в (рискова́ть) (всё), чтобы доби́ться успе́ха. Ма́лый теа́тр (остава́ться) (оди́н из са́мых успе́шных теа́тров).

Language points ♦

Participles

Participles are verbal adjectives. They are formed from verbs, but have adjectival endings. There are four types of participle in Russian: present active; past active; present passive; past passive. They may all be used to replace adjectival clauses, i.e. clauses introduced by **кото́рый**:

> **пье́сы, кото́рые гаранти́руют комме́рческий успе́х**
> plays which guarantee commercial success

> **пье́сы, гаранти́рующие комме́рческий успе́х**
> plays guaranteeing commercial success

Гаранти́рующие is an example of a present active participle. There are numerous examples of both present and past active participles in the text **До́дин и росси́йский теа́тр**.

Active participles

Present active participles are formed by removing **-т** from the third person plural (**они́**) form of the present tense and replacing it by **-щий**: **получа́ть** 'to receive, get' – **получа́ют** – **получа́ющий** 'receiving, getting'.

The participle agrees in number, gender and case with the noun it describes and declines like **хоро́ший**:

> **Есть нема́ло зри́телей, получа́ющих удово́льствие от его́ спекта́клей.**
> There is a sizeable audience, getting pleasure from his shows.
> (**получа́ющих** is genitive plural to agree with **зри́телей**)

Participles formed from verbs ending in **-ся** always end in **-ся**, regardless of the preceding letter of the ending:

Таки́е теа́тры-мастерски́е, ча́сто размеща́ющиеся в бы́вших кинотеа́трах, о́чень популя́рны в Москве́.
Such theatre workshops, often located in former cinemas, are very popular in Moscow.

Exercise 7

Form present active participles from the following verbs.

оце́нивать, понима́ть, игра́ть, происходи́ть, находи́ться, вести́, блесте́ть, уча́ствовать, создава́ть, по́льзоваться, превраща́ться, исчеза́ть, возника́ть, станови́ться, управля́ть.

Although present active participles usually replace **кото́рый** + present tense of an active verb, they may substitute for **кото́рый** + active past tense, if the action of the verb in the subordinate clause is taking place at the same time as the action of the verb in the main clause:

Рассказа́ли о фи́льме, кото́рый шёл в э́то вре́мя в Москве́.
They were talking about a film which was showing at the time in Moscow.

Рассказа́ли о фи́льме, иду́щем в э́то вре́мя в Москве́.
They were talking about a film showing at the time in Moscow.

Exercise 8

Replace the clauses with **кото́рый** by a present active participle.

1 Кинофестива́ль, кото́рый прохо́дит в Москве́, вы́звал мно́го интере́са за рубежо́м. 2 На фестива́ле бы́ло мно́го фи́льмов, кото́рые по́льзуются успе́хом у зри́телей. 3 Среди́ актёров, кото́рые снима́ются в фи́льме, мно́го ру́сских. 4 В тру́ппе До́дина, кото́рая состои́т из его́ ученико́в, то́лько 50 челове́к. 5 Не мно́го оста́лось теа́тров, кото́рые предпочита́ют худо́жественный успе́х комме́рческому. 6 Ча́сто теа́тры, кото́рые размеща́ются в ма́леньких за́лах, о́чень интере́сные. 7 Оста́лось ма́ло люде́й, кото́рые ещё по́мнят ста́рую Москву́.

The past active participle is formed from either the imperfective or perfective past by replacing the -л from the masculine past tense by -вший: получа́ть – получа́л – получа́вший; получи́ть – получи́л – получи́вший. Where there is no -л in the masculine past tense add -ший to the masculine past tense: исче́знуть 'to disappear' – исче́з – исче́зший.

Note: идти́ – ше́дший; вести́ – ве́дший.

Participles from verbs ending in -ся always end in -ся, never -сь.

Exercise 9

Form past active participles from the following verbs.

поня́ть, оцени́ть, созда́ть, вы́жить, сыгра́ть, провести́, найти́, произойти́, стать, блесте́ть, поста́вить, преврати́ться, воспо́льзоваться, исче́знуть, возни́кнуть, останови́ться

The past active participle declines like хоро́ший and agrees in number, gender and case with the noun it describes. It may be used instead of adjectival (кото́рый) clauses which contain the imperfective or perfective past of an active verb. The translation into English of both the clause and the participle are frequently the same:

До́дин просла́вился постано́вкой трило́гии Абра́мова «Бра́тья и сёстры», кото́рая получи́ла Госуда́рственную пре́мию

До́дин просла́вился постано́вкой трило́гии Абра́мова «Бра́тья и сёстры», получи́вшей Госуда́рственную пре́мию.

Dodin is famous for the production of Abramov's trilogy *Brothers and Sisters*, which won a State Prize.

Exercise 10

Replace the кото́рый clauses by past active participles.

1 Я не согла́сна с кри́тиками, кото́рые оцени́ли фильм как сла́бый. 2 Мы говори́ли о фи́льме, кото́рый получи́л пе́рвый приз. 3 У актри́сы, кото́рая игра́ла роль Анны Каре́ниной, прекра́сная вне́шность. 4 Фильм, кото́рый шёл по телеви́зору вчера́, дово́льно сла́бый. 5 Театра́льная олимпиа́да, кото́рая прошла́ в Москве́ в

ию́не, име́ла огро́мный успе́х. 6 Фестива́ль, кото́рый начался́ в ию́ле, зако́нчился в а́вгусте. 7 Архитекту́рный стиль, кото́рый почти́ исче́з тепе́рь, был о́чень популя́рен в нача́ле ве́ка. 8 Мно́го говори́лось о премье́ре пье́сы Че́хова, кото́рая состоя́лась на про́шлой неде́ле.

Active participles used as adjectives and nouns

Many active participles are used as adjectives: **блестя́щий** 'brilliant'; **веду́щий** 'leading'; **де́йствующий** 'acting'; **сле́дующий** 'next'; **теку́щий** 'current'; **настоя́щий** 'present, real' (never used as a participle); **бу́дущий** 'future' (also used as present active participle of **быть**); **бы́вший** 'former'; **реша́ющий** 'decisive'; **потряса́ющий** 'stunning'.

Куря́щий is used to mean 'smoker': **ваго́н для куря́щих** 'carriage for smokers'.

Other examples of participles used as nouns include: **слу́жащий** 'employee'; **управля́ющий** 'manager'; **веду́щий** 'presenter'; **бу́дущее** 'future'; **настоя́щее** 'present'; **уча́щийся** 'student'; **трудя́щийся** 'worker'.

Exercise 11

The newspaper **Ваш досу́г** published the following ratings of films recommended for both children and parents. Read it and then answer the questions in English.

НЕ ТОЛЬКО ДЕТСКОЕ КИНО

оценка «ВД»

★★★★★ *отлично*
★★★★ *хорошо*
★★★ *так себе*
★★ *отвратительно*

«МУМИЯ ВОЗВРАЩАЕТСЯ»

про что: продолжение фильма **«МУМИЯ»**. Сын главных героев становится объектом охоты мумии со всеми следующими из этого сценами «экшн».

комментарии: некоторые из сцен страшноваты. Вести на этот фильм можно только не очень впечатлительных детей. В пользу детской аудитории говорит и тот факт, что один из главных персонажей – мальчишка. Так что вашему ребенку будет за кого переживать.

рекомендуется: сильным духом подросткам.

★★★★★

«102 ДАЛМАТИНЦА»

про что: фильм – продолжение доброй комедии 1996 года **«101 далматинец».** Обстоятельства и действующие лица почти не изменились. Злодейка, по-прежнему, Круэлла де Виль, и милые пятнистые собаки спасаются от ее выходок.

комментарии: первый фильм, конечно же, лучше. Однако тем, кто любит смотреть про животных, особенно про далматинцев, картина понравится.

рекомендуется любителям животных всех возрастов.

★★★

«ШОКОЛАД»

про что: в двух словах – красивая романтичная история.

комментарии: не совсем детский (скорее наоборот), но если вам не с кем своего ребенка оставить, – можете пойти на этот фильм все вместе. Картина прекрасная, к тому же ряд эпизодов вполне понятны и забавны для вашего ребенка.

рекомендуется для семейного просмотра с детьми любого возраста (кроме малышей до 4 лет). Подросткам фильм можно смотреть и без родителей.

★★★★

журнал «Ваш досу́г», 2001

N.B. **звезда́** – star; **так себе́** – so-so; **отврати́тельно** – repulsive; **в по́льзу** – in favour; **впечатли́тельный** – impressionable; **си́льный ду́хом** – strong in spirit; **де́йствующее лицо́** – character; **злоде́йка** – female villain; **вы́ходка** – trick; **пятни́стая соба́ка** – spotty dog; **живо́тное** – animal; **заба́вный** – amusing; **наоборо́т** – the other way round

1 Which film received the highest (5-star) rating?
2 Which films are recommended for families?
3 Which film is recommended for animal lovers and why?
4 What is the subject of the film *The Mummy Returns*?
5 Would *The Mummy Returns* be a good film for impressionable youngsters?
6 For whom is the film *Chocolat* recommended?

Preposition corner

O + prepositional

'about, concerning'

> **ду́мать о себе́, о рабо́те; ле́кция о жи́вописи**
> think about yourself, about work; a lecture about art

Note that **o** sometimes becomes **об**, generally before vowels, and **обо** before some combinations of consonants: **об э́том** 'about that'; **об иску́сстве** 'about art'; **об отце́** 'about father'; **обо мне́** 'about me'; **обо всём** 'about everything.

O + accusative

'against, on, upon'

> **опира́ться о сте́ну; уда́риться ного́й о стол; бок о́ бок**
> to lean on the wall; bang one's leg on the table; side by side

Note: **рука́ о́б руку** 'hand in hand', a rare example of **об** before a consonant.

Про + accusative

'about, concerning' (more colloquial than 'o')

говори́ть про де́ло	talk about business
Про что э́тот фильм?	What is this film about?
фильм про живо́тных	a film about animals

Exercise 12

Put the words in brackets in the appropriate case.

1 Я говори́ла о (сын). 2 Я зна́ю всё про (ты). 3 Он споткну́лся об (игру́шка). 4 Ученики́ опира́ются о (стол). 5 Мне нра́вятся фи́льмы про (любо́вь).

Stress

Feminine nouns

Fixed stress – stress remains on the same syllable throughout the declension, singular and plural: **гости́ница, доро́га, спосо́бность.** This group contains a large number of nouns with three or more syllables, but also some one syllable nouns: **боль** and two syllable nouns ending in unstressed -a or -я: **ве́ра, кни́га, бу́ря.**

Mobile stress – there are five types of mobile stress on feminine nouns.

Type 1 – stress on the ending in the singular and stem in the plural: **война́** (gen. sing. **войны́**; nom. pl. **во́йны**; gen. pl. **войн**; dat. pl. **во́йнам**, etc.); **страна́, глава́, сестра́** (pl. **сёстры**). Most of these nouns have two syllables, but there are some with three. In this case the stress moves back one syllable in the plural: **красота́** (**красоты́, красо́ты, красо́т, красо́там**, etc.).

Type 2 – stress on the stem in the singular and nominative plural (and accusative plural if it takes the same form as the nominative), on the ending in all other plurals: **часть** (**ча́сти, ча́сти, частéй**), **о́чередь, ло́шадь** and many other nouns ending in -ь.

Type 3 – stress on the ending except in the nominative/accusative plural: **губа́** (**губы́, гу́бы, губ, губа́м**, etc.); **свеча́, слеза́** (pl. **слёзы**).

Type 4 – stress on the ending except in the accusative singular and the nominative/accusative plural, which are stressed on the first syllable: **гора́** (acc. sing. **го́ру**; gen. sing **горы́**; nom./acc. pl. **го́ры**; gen. pl. **гор**; dat. pl. **гора́м**, etc.); **доска́, нога́, река́, рука́, среда́, стена́, голова́, сторона́, борода́.**

Type 5 – stress on the ending in the singular, except for the accusative singular, and on the stem in the plural: **вода́** (acc. sing. **во́ду**; gen. sing. **воды́**; nom. pl. **во́ды**; gen. pl. **вод**; dat. pl. **во́дам**, etc.); **зима́, душа́, спина́, цена́, земля́.**

Exercise 13

Translate into Russian.

1 A winner of the Moscow International Film Festival was the American film *The Fanatic*.

2 The Maly Theatre of St Petersburg is one of the most interesting theatres in Russia; it became famous thanks to the artistic skill of the director Lev Dodin.

3 The majority of the members of the jury judging the films were professional actors.

4 All newspapers wrote about the film which received the top prize at the Film Festival.

5 The actors playing the main parts clearly belonged to the Stanislavsky school.

6 There are a lot of people in Russia who appreciate the art of the theatre.

7 Theatres are becoming more and more commercial in Russia: they only put on plays guaranteeing a full house.

8 A lot of the films taking part in the competition turned out to be foreign. Only one Russian film was among them.

7 СРЕДСТВА МАССОВОЙ ИНФОРМАЦИИ (СМИ)

In this unit you will learn:

- about newspapers and television in Russia
- how to use **что** and **кто** as relative pronouns
- about conjunctions in time and causal clauses
- how to choose between -**то** and -**нибудь**
- how to use **друг друга**
- about stress on neuter nouns

During the period of **гласность** Russia enjoyed unprecedented freedom of the press. A large number of new newspapers appeared, censorship ceased and journalists were free to publish what they wanted. New independent publications played an important role in the collapse of the Soviet Union. Since the war in Chechnya, and especially after the election of President Putin, the situation has changed somewhat. The government is less ready to tolerate criticism of its policies. Conscious of the power of the media to influence public opinion, the government is re-exerting its control over press and television. The independent channel **NTV**, the radio station **Эхо Москвы** and the newspaper **Новая Газета** were the first victims. There is now less freedom of expression in Russia than there was at the time of the fall of the Soviet Union.

Dialogue 1 🔊

From an interview with a journalist from **Аргуме́нты и фа́кты**

АВТОР Я ча́сто слы́шу о том, что свобо́да пре́ссы в Росси́и в опа́сности. Госуда́рство пыта́ется контроли́ровать все сре́дства ма́ссовой информа́ции.

ЖУРНАЛИ́СТ Но пре́сса не мо́жет быть по́лностью незави́симой. Люба́я газе́та от чего́-то и от кого́-то зави́сит: от владе́льца газе́ты, от обще́ственного мне́ния, от ситуа́ции на ры́нке. Сам изда́тель выража́ет интере́сы како́й-то гру́ппы.

АВТОР Но в Росси́и большинство́ СМИ всё бо́льше зави́сят от тех, кто даёт им де́ньги?

ЖУРНАЛИ́СТ Да, э́то ве́рно. Де́ло в том, что в Росси́и сейча́с мно́гие газе́ты издаю́тся не по ры́ночным пра́вилам, а за счёт олига́рхов, поли́тиков. Ме́стные о́рганы вла́сти то́же соде́ржат большо́е коли́чество газе́т.

АВТОР Существу́ет мне́ние, что наибо́лее незави́симые СМИ принадлежа́т ча́стным ли́цам, тем, для кого́ медиа-би́знес основно́й. Наприме́р, ча́стный телекана́л НТВ, журна́л «Ито́ги», газе́та «Сего́дня», радиоста́нция «Эхо Москвы́». Все они́ подве́рглись кри́тике.

ЖУРНАЛИ́СТ По-мо́ему, их незави́симость была́ иллю́зией. Ведь все статьи́ журнали́стов по гла́вным вопро́сам жи́зни, все выступле́ния телеведу́щих на НТВ всегда́ отража́ли пози́цию владе́льца, стоя́вшего за СМИ,

АВТОР А кто стои́т за Ва́шей газе́той? Она́ то́же выража́ет чьи-то интере́сы?

ЖУРНАЛИ́СТ На́ша газе́та, возмо́жно, и есть са́мая незави́симая. За ней стоя́т са́ми журнали́сты. У нас реда́кция реша́ет то, о чём писа́ть и как писа́ть. Еди́нственная зави́симость, кото́рую мы признаём, – зави́симость от на́ших чита́телей.

По материа́лам газе́ты «Аргуме́нты и фа́кты», 2001

Vocabulary ◆

владе́лец	owner
выступле́ние	speech
выража́ть	to express
зави́сим/ость (f), -ый	dependence, dependent
издава́ть/изда́тель	to publish/publisher
ме́стные о́рганы вла́сти	local government
опа́сность (f)	danger
отража́ть	to reflect
по́лностью незави́симый	fully independent
подве́ргнуться кри́тике	to be subject to criticism
признава́ть	to acknowledge
реда́кция	editorial office
ры́ночное пра́вило	rule of the market
свобо́да пре́ссы	freedom of the press
содержа́ть	to keep
статья́	article
телеведу́щий	television presenter
ча́стный кана́л	private channel

N.B. **существу́ет мне́ние** – there is an opinion; **де́ло в том, что** – the thing is that; **за счёт** – at the expense of

Exercise 1

Answer the following questions in Russian.

1 Почему́ свобо́да пре́ссы в Росси́и в опа́сности?
2 Мо́жет ли пре́сса быть по́лностью незави́симой?
3 От кого́ обы́чно зави́сит пре́сса?
4 Пра́вда ли, что в Росси́и сейча́с сли́шком мно́го газе́т?

Language points ◆

-то/-нибудь

-то and -нибудь can be used after **что, кто** and **како́й**:

что́-то/что́-нибудь	something
кто́-то/кто́-нибудь	someone
како́й-то/како́й-нибудь	some (or other)

The forms ending in -то are more specific. They relate to things/people the identity of which is uncertain but whose existence is not in doubt:

Он что́-то принёс.
He has brought something.

Кто́-то стучи́т.
Someone is knocking.

Кака́я-то де́вушка вас и́щет.
Some girl (or other) is looking for you.

There is an example in the dialogue:

Люба́я газе́та от чего́-то и кого́-то зави́сит.
Any newspaper depends on someone and something.

Forms in -нибу́дь are vaguer and imply that the existence of the thing/person is in doubt. **Что́-нибудь and кто́-нибудь** may also translate 'anything' or 'anyone':

Принёс ли он что́-нибудь?
Did he bring anything?

Кто́-нибудь хо́чет э́то?
Does anyone want it?

Мо́жет быть, нам ока́жут каку́ю-нибудь по́мощь.
Perhaps they will give us some help.

Contrast:

кто́-то звони́т
someone is ringing (existence known)

если кто́-нибудь позвони́т
if someone rings (existence hypothetical)

-то/-нибудь may also be added to some adverbs, to similar effect: **где́-то/где́-нибудь** 'somewhere' (place); **куда́-то/куда́-нибудь** 'somewhere' (motion); **ка́к-то/ка́к-нибудь** 'somehow'; **когда́-то/когда́-нибудь** 'some time (or other)':

Он когда́-то жил в Росси́и.
He lived in Russia at some time or other.

Мо́жет быть, мы когда́-нибудь встре́тимся.
Perhaps we will meet some time.

Exercise 2

Select the appropriate word from the brackets and put it into the correct case to complete the sentence.

1 Я (что́-то, что́-нибудь) чита́ла об э́том. 2 Ты писа́л (кто́-то, кто́-нибудь)? 3 К тебе́ приходи́ла (како́й-то, како́й-нибудь) де́вушка. 4 Дай мне почита́ть (что́-то, что́-нибудь). 5 Он изуча́ет (како́й-то, како́й-нибудь) язы́к в университе́те. 6 Неуже́ли вы не мо́жете научи́ть его́ (что́-то, что́-нибудь)? 7 У вас есть (како́й-то, како́й-нибудь) газе́ты? 8 Не волну́йтесь, (ка́к-то, ка́к-нибудь) мы реши́м э́ту пробле́му. 9 Это случи́лось (где́-то, где́-нибудь) на Се́вере. 10 Он сейча́с разгова́ривает с (кто́-то, кто́-нибудь) по телефо́ну. 11 Пойдём (куда́-то, куда́-нибудь) ве́чером. 12 Вас (кто́-то, кто́-нибудь) спра́шивает.

Exercise 3

Look at the result of the poll conducted by Public Opinion Foundation, shown below.

Опрос фонда «Общественное мнение»

Как часто вы смотрите телевизор, читаете газеты, слушаете радио, чтобы узнать новости о политической, экономической жизни страны?

Очень часто	65%
Несколько раз в неделю	26%
Вообще никогда	5%
Затруднились с ответом	4%

Получаете ли Вы правдивую, объективную информацию о политической жизни страны?

Не получают	56%
Получают	30%
Затруднились с ответом	14%

> **Сомневаетесь ли Вы в объективности экономических новостей?**
>
> | | |
> |---|---|
> | Очень сомневаются | 61% |
> | Не сомневаются | 26% |
> | Затруднились с ответом | 13% |
>
> **Сомневаетесь ли Вы в правдивом отображении «настроений людей, общественного мнения»?**
>
> | | |
> |---|---|
> | Очень сомневаются | 46% |
> | Не сомневаются | 40% |
> | Затруднились с ответом | 14% |
>
> **Как телевидение, радио и пресса влияют на вас и ваше настроение?**
>
> | | |
> |---|---|
> | Отрицательно | 49% |
> | Положительно | 32% |
> | Затруднились с ответом | 19% |

Газе́та «Аргуме́нты и фа́кты», 2001

N.B. **положи́тельно** – positively; **отрица́тельно** – negatively; **затрудни́ться с отве́том** – to find it difficult to answer, do not know; **сомнева́ться** – to doubt

True or false?

Большинство́ россия́н a) не интересу́ются новостя́ми b) ду́мают, что информа́ция в СМИ необъекти́вна c) счита́ют влия́ние СМИ положи́тельным d) оце́нивают влия́ние пре́ссы отрица́тельно e) сомнева́ются в объекти́вности пре́ссы.

Text 1

Росси́йское телеви́дение

Среди́ всех средств ма́ссовой информа́ции телеви́дению принадлежи́т веду́щая роль. Число́ телекана́лов растёт с ка́ждым го́дом. Все они стара́ются быть не похо́жими друг на дру́га. Одни́ отдаю́т предпочте́ние спорти́вным новостя́м, други́е – музыка́льно-развлека́тельным, тре́тьи предпочита́ют нау́чно-познава́тельную информа́цию. Тепе́рь, е́сли вы хоти́те смотре́ть но́вости, у вас есть вы́бор, информацио́нные програ́ммы «Сего́дня» по НТВ, «Вре́мя» по ОРТ, «Ве́сти» по РТР, все пыта́ются предста́вить но́вости под свои́м угло́м и отлича́ются друг от дру́га. К тому́ же, у не́которых веду́щих есть своя́ воскре́сная а́вторская аналити́ческая програ́мма, из кото́рой телезри́тель мо́жет получи́ть дополни́тельную информа́цию о собы́тиях неде́ли. Таковы́ програ́ммы «Времена́» на ОРТ, «Ито́ги» на НТВ, «Зе́ркало» на РТР. Пе́рвый кана́л ОРТ и второ́й кана́л РТР – общенациона́льные кана́лы, и информа́ция на них представля́ет официа́льную то́чку зре́ния.

Ме́нее официа́льные кана́лы – тре́тий кана́л ТВЦ, кото́рый ориенти́руется на тех, кого́ интересу́ет Москва́, кана́л «Культу́ра» с програ́ммами об иску́сстве. Это кана́л для тех, кто серьёзно интересу́ется му́зыкой, литерату́рой, поэ́зией. Всё бо́лее изве́стным стано́вится кана́л РЕН ТВ, пе́рвым переше́дший на цифрову́ю техноло́гию, и популя́рный среди́ тех, кому́ нра́вятся за́падные сериа́лы и мы́льные о́перы.

Осо́бое ме́сто до неда́внего вре́мени занима́л четвёртый кана́л НТВ, еди́нственный ча́стный кана́л, незави́симый от вла́сти. Благодаря́ высо́кому профессионали́зму веду́щих НТВ был одни́м из са́мых популя́рных, осо́бенно среди́ тех, кто хоте́л услы́шать ину́ю, неофициа́льную то́чку зре́ния на мно́гие актуа́льные вопро́сы. Сатири́ческая програ́мма на э́том кана́ле «Ку́клы», програ́мма о росси́йском парла́менте, в кото́ром заседа́ют ку́клы: росси́йские поли́тики, до сих пор популя́рна в Росси́и.

К сожале́нию, в настоя́щее вре́мя кана́л НТВ, как и други́е общенациона́льные кана́лы, всё бо́льше контроли́руется госуда́рством и теря́ет свою́ незави́симость. Неда́вняя реорга-низа́ция кана́ла и сме́на его́ телевизио́нной кома́нды говоря́т о том, что прави́тельство реши́ло распра́виться с те́ми, кто не согла́сен с его́ поли́тикой. Из-за вмеша́тельства власте́й в дела́ телеви́дения не́которые веду́щие поки́нули кана́л НТВ и перешли́ на други́е ме́нее официа́льные кана́лы. Вообще́, но́вая теле-визио́нная кома́нда НТВ куда́ бо́лее лоя́льна по отноше́нию к Кремлю́ и президе́нту.

По материа́лам газе́ты «Аргуме́нты и фа́кты», 2001

Vocabulary ♦

а́вторская програ́мма	personal programme
ве́сти (pl)	news
вмеша́тельство	interference
воскре́сная програ́мма	Sunday programme
дополни́тельный	additional
зе́ркало	mirror
иску́сство	art
ито́ги (pl)	summing up, total; results
кома́нда	team
ку́кла	doll, puppet
музыка́льно-развлека́тельный	musical entertainment
мы́льная о́пера	soap opera
нау́чно-познава́тельный	popular science
общенациона́льный кана́л	national channel
отдава́ть предпочте́ние	to give preference
поки́нуть	to leave
похо́жий на (+ acc)	similar to
распра́виться с (+ inst)	deal with
сме́на	team
то́чка зре́ния	point of view
цифрово́й	digital

N.B. **представля́ть/предста́вить но́вости под свои́м угло́м** – to present the news from your own viewpoint; **к тому́ же** – in addition; **куда́ бо́лее лоя́льна** – much more loyal; **по отноше́нию к** – towards

Exercise 4

Answer the following questions in Russian.

1 Каки́е информацио́нные програ́ммы мо́жно смотре́ть по телеви́зору?
2 Каки́е общенациона́льные кана́лы есть в Росси́и?
3 На кого́ ориенти́руются кана́лы ТВЦ, Культу́ра?
4 Чем знамени́т кана́л РЕН ТВ?
5 Что представля́л собо́й кана́л НТВ?
6 Что за програ́мма «Ку́клы»?

Exercise 5

True or false?

1 Люба́я газе́та зави́сит от (прави́тельства, чита́телей, владе́льца газе́ты)?
2 Телеви́дение игра́ет (ма́ленькую, веду́щую, полити́ческую) роль?
3 Мне́ния телеведу́щих отража́ют (пози́цию владе́льца, свою́ пози́цию, поли́тику прави́тельства)?
4 Кана́л «Культу́ра» ориенти́руется на тех, кто интересу́ется (спо́ртом, иску́сством, поли́тикой)?
5 Кана́л НТВ был (госуда́рственным, ча́стным, ме́стным) кана́лом?
6 Програ́мма «Ку́клы» – програ́мма о (росси́йской нау́ке, росси́йском парла́менте, де́тях)?
7 НТВ всё бо́льше стано́вится (популя́рным, незави́симым, зави́симым от прави́тельства)?

Language points ♦

Друг дру́га

Note the examples of **друг дру́га** 'one another' in the above passage:

Все они́ стара́ются быть не похо́жими друг на дру́га.
They all try not to be like one another.

Они́ отлича́ются друг от дру́га.
They differ from one another.

Only the second half declines – like the noun **друг** 'friend':

Они́ помога́ют друг дру́гу.
They help one another.

Они́ ненави́дят друг дру́га.
They hate one another.

If the construction involves a preposition, it is inserted between the two nouns as in the examples from the text.

Exercise 6

Complete the following sentences with an appropriate form of **друг друга**, adding a preposition if necessary.

1 Они́ пи́шут пи́сьма ... 2 Мы ду́маем ... 3 Вы разгова́риваете ... 4 Они́ живу́т далеко́ ... 5 Мы получа́ем по́мощь ... 6 Они́ не интересу́ются ... 7 Они лю́бят ...

Что and кто used as relative pronouns

То, что

Clauses which, in English, are linked by the word 'what' (or 'that which') are linked in Russian by **то, что**:

Я чита́ю то́лько то, что меня́ интересу́ет.
I read only what interests me.

The case of **то** is governed by its role in the main clause (in the above example it is accusative, object of the verb **чита́ю**) and the case of **что** by its role in the subordinate clause (nominative, subject of verb **интересу́ет**). Note the forms of **то** and **что** in the following examples:

Я слы́шу о том, что свобо́да пре́ссы в опа́сности.
I hear that the freedom of the press is in danger.

Я не интерсу́юсь тем, что ты пи́шешь.
I am not interested in what you write.

Всё не то, чем ка́жется.
All is not what it seems.

Sometimes **то, что** translates 'the fact that' or 'that':

Он горди́тся тем, что его́ назна́чили дире́ктором.
He is proud (of the fact) that he has been appointed director.

It can also translate the English construction preposition + -ing:

Он ко́нчил тем, что поки́нул кана́л НТВ.
He finished by abandoning NTV.

То, что figures in the expressions **де́ло в том, что** 'the thing/fact is that', **беда́ в том, что** 'the trouble is that' and **проблéма заключáется в том, что** 'the problem consists in the fact that':

> **Беда́ в том, что у нас мáло дéнег.**
> The trouble is that we have little money.

> **Дéло в том, что в Росси́и сли́шком мнóго газéт.**
> The thing is that there are too many newspapers in Russia.

> **Проблéма заключáется в том, что Росси́я пережива́ет кри́зис.**
> The problem consists in the fact that Russia is undergoing a crisis.

Words other than **что** may follow the construction **в том**:

> **Дéло в том, <u>как</u> достáть дéньги.**
> The thing is how to get the money.

> **Проблéма в том, <u>кудá</u> éхать.**
> The problem is where to go.

Exercise 7

Put **то, что** in the correct case.

> 1 Он говори́л о . . . свобóда прéссы в Росси́и в опáсности. 2 Он ви́дит . . . не ви́дят други́е. 3 Я вéрю в . . . демокрáтия победи́т. 4 Он закóнчил свой расскáз . . . задáл нам нéсколько вопрóсов. 5 Онá всегдá горди́лась . . . онá рýсская. 6 Он не виновáт в . . . журнáл был закры́т. 7 Беда́ в . . . в Росси́и сли́шком мнóго газéт. 8 Лю́ди сомневáются в . . . они́ получáют объекти́вную информáцию.

Тот, кто/те, кто

Тот, кто and **те, кто** are used to mean 'the one(s) who':

> **Тот, кто бóльше всех рабóтает полýчит лýчшую оцéнку.**
> He who/the one who works hardest will receive the best mark.

The case of **тот/те** is decided by their role in the main clause and **кто** from its role in the subordinate clause:

Я помогу́ тем, кому́ тру́дно найти́ пра́вильный отве́т.
I will help those who have difficulty in finding the right answer.

(**тем** – dative after **помогу́** and **кому́** – dative before **тру́дно**).

There are some examples in both the text and the dialogue:

Это кана́л для тех, кто интересу́ется му́зыкой.
It is a channel for those who are interested in music.

СМИ зави́сят от тех, кто даёт им де́ньги.
The media depend on the ones who give them money.

After **те, кто** either the plural or the singular verb may occur:

те, кто рабо́тает здесь; те, кто рабо́тают здесь
those who work here

Кто may be detached from **тот** and used to introduce a separate clause:

Кто не рабо́тает, тот не ест.
He who doesn't work doesn't eat.

Exercise 8

Put **тот, кто** and **те, кто** in the correct case.

A 1 Он обрати́лся (to the one who) стоя́ла ря́дом. 2 Мне бы́ло жаль (the one to whom) она́ написа́ла письмо́. 3 Она́ познако́мила меня́ (with the one who) учи́лся с ней. 4 (The one who) говори́т э́то, я́вно глу́пый челове́к. 5 Лу́чше отда́ть кни́гу (to the one who) она́ нра́вится.

B 1 Мы (with those who) отста́ивает незави́симость пре́ссы. 2 Этот кана́л (for those who) нра́вятся мы́льные о́перы. 3 Пре́сса всегда́ зави́сит (from those who) финанси́рует её. 4 Большинство́ (of those who) выступа́л по телеви́дению, бы́ли поли́тиками. 5 Мы посла́ли приглаше́ние (to those who) хо́чет уча́ствовать в програ́мме. 6 (Among those who) смо́трит кана́л НТВ мно́го студе́нтов. 7 (Those who) интересу́ет иску́сство, смо́трят кана́л «Культу́ра».

Exercise 9

Study the different points of view regarding the number of channels on TV.

ВЛАДИМИР ПОЗНЕР, академик Российской академии и телевидения, ведущий программы «Времена» на ОРТ

«Мировой опыт показывает, что, когда в стране действует больше четырех общенациональных каналов, это уже перебор. Такого нигде в мире нет. А вот сетевых каналов нужно столько, сколько их может «съесть» рынок».

МИХАИЛ ЛЕОНТЬЕВ, ведущий авторской программы «Однако» на ОРТ

«Столько каналов, сколько мы имеем сейчас, нам не то, чтобы нужно, просто в настоящий момент страна не способна их содержать».

ОЛЕГ ДОБРОДЕЕВ, председатель Телерадиокомитета

«Каналов нужно больше. Думаю, телезрители только выиграют от того, если в России, наконец, нормально заработает система цифровой технологии: тогда у нас будет не шесть общенациональных каналов, как сейчас, а двадцать – двадцать пять».

По материалам газеты «Версия», 2001

N.B. **это уже́ перебо́р** – that is too much; **сетево́й кана́л** – cable channel

1 Who are Vladimir Pozner, Mikhail Leont'ev, Oleg Dobrodeev?
2 Who is in favour of increasing the number of channels and who is against?
3 How many national channels does Russia have? What are they?

Language points ♦

Conjunctions

Care must be taken in Russian not to confuse conjunctions with prepositions. Unhelpfully, in English prepositions and conjunctions are often identical:

По́сле за́втрака мы пошли́ гуля́ть.
After breakfast we went for a walk.

По́сле того́ как мы поза́втракали, мы пошли́ гуля́ть.
After we had breakfast we went for a walk.

In the first example, the preposition **по́сле** governs the noun **за́втрака** and in the second the conjunction **по́сле того́ как** introduces an adverbial clause of time.

There are other similar pairs of prepositions and conjunctions:

Preposition	Conjunction	Meaning
с + genitive	**с тех пор как**	since
до + genitive	**до того́ как**	before
пе́ред + instrumental	**пе́ред тем как**	before
	пре́жде чем	before

Exercise 10

Insert **по́сле** or **по́сле того́ как**, as appropriate.

1 . . . конце́рта мы пошли́ в рестора́н. 2 . . . она́ око́нчила ку́рс, она́ перее́хала за грани́цу. 3 . . . мы получи́ли но́вости, мы позвони́ли ему́. 4 . . . обе́да пошёл дождь.

Causal conjunctions

The conjunction **благодаря́ тому́, что** is used to mean 'thanks to, owing to' (positive reasons):

Благодаря́ тому́, что улучши́лось экономи́ческое положе́ние, безрабо́тица упа́ла.
Thanks to the fact that the economic situation has improved unemployment has fallen.

Contrast the preposition **благодаря** + dative 'thanks to':

Благодаря улучшéнию экономи́ческого положéния безрабóтица упáла.
Thanks to the improvement in the economic situation unemployment has fallen.

Из-за тогó, что means 'owing to, because of, on account of the fact that' in respect of negative circumstances:

Из-за тогó, что экономи́ческое положéние в странé ухýдшилось, мнóго предприя́тий закры́лось.
Because the economic situtation in the country has worsened many businesses have closed.

Contrast the preposition **из-за** + genitive 'because of, on account of' – often also relating to unfavourable circumstances:

Из-за ухудшéния экономи́ческого положéния мнóго предприя́тий закры́лось.
Because of the worsening of the economic situation many businesses have closed.

Note an example in the text of the use of **из-за**:

Из-за вмешáтельства властéй в делá телеви́дения, некотóрые ведýщие покѝнули канáл НТВ.
Because of the interference of the authorities in television, several presenters abandoned NTV.

This could have been expressed as:

Из-за тогó, что влáсти вмéшивались в делá.
Because the authorities interfered.

Exercise 11

A   Complete the sentences using either **благодаря** (+ *dat*) or **из-за** (+ *gen*) and put the words in brackets into the appropriate case.

1 В настоя́щее врéмя Росси́я не мóжет содержáть так мнóго канáлов (тяжёлое экономи́ческое положéние)в странé. 2 (Профессионáльное мастерствó) ведýщих НТВ стал очень популя́рным. 3 Мнóгие газéты скóро закрóются (недостáток дéнег) в странé. 4 (Хорóшее настроéние) он бы́стро закóнчил

рабо́ту. 5 (Цензу́ра) на телеви́дении телеведу́щим тепе́рь тру́дно рабо́тать. 6 Вчера́ самолёты не лета́ли (плоха́я пого́да).

B   And now replace these phrases by clauses with **благодаря́ тому́, что** or **из-за того́, что**.

Example: **из-за тяжёлого экономи́ческого положе́ния – из-за того́, что в стране́ тяжёлое экономи́ческое положе́ние**

Exercise 12

Examine the programmes advertised on three Russian television channels (see page 144) and answer the questions in English.

1   Which feature films are on ORT?
2   What sports programmes are on?
3   Which channel shows the most cartoons?
4   On which channel is there a travel programme?
5   At what time is it possible to see the news on all channels?
6   What programmes about animals are on?

Language points ♦

Stress

Neuter nouns

Fixed stress – stress remains on the same syllable throughout the declension, singular and plural: **жела́ние, госуда́рство, изве́стие**. This group contains mostly words with three or more syllables, but also a small number of two syllable nouns: **го́рло, блю́до, чу́вство, кре́сло, со́лнце**.

Mobile stress – there are three main types of mobile stress on neuter nouns.

Type 1 – stress on the ending in the singular and stem in the plural: **лицо́** (gen. sing. **лица́**; nom. pl. **ли́ца**; gen. pl. **лиц**; dat. plu **ли́цам**, etc.); **вино́, письмо́, число́, окно́, яйцо́, село́**. Most of these nouns have two syllables, but there are some with three. In this case the

Воскресенье		
15 АПРЕЛЯ		
КАНАЛ ОРТ	**КАНАЛ «РОССИЯ»**	**КАНАЛ НТВ**
7.45 Слово пастыря. Митрополит Кирилл. 8.00, 18.00 Новости. 8.10 Армейский магазин. 8.40 Дисней-клуб «Чип и Дейл» 9.05 Утренняя звезда. 10.00, 15.00 Новости (с сурдо переводом). 10.10 Непутевые заметки. 10.30 Пока все дома. 11.10 «Хозяин тайги». Худ. фильм. 12.45 Утренняя почта 13.20 Клуб путешественников. 14.00 Эх, Семеновна. 14.35 «Таланты и поклонница». Спецрепортаж. 15.10 Умницы и умники. 15.40 Дисней клуб: «Гуфи и его команда». 16.10 Концерт Кристины Орбакайте в ГЦКЗ «Россия». 18.30 «Любовь и голуби». Худ. фильм. 20.35 «Великолепный». Худ. фильм. 22.30 Времена. 23.45 На футболе. 0.25 «Мальчики». Худ. Фильм.	7.30 «Додумался, поздравляю!». Худ. фильм 9.00 Русское лото. 9.40 ТВ бинго-шоу 10.35 Доброе утро, страна. 11.05 Аншлаг. 12.00 Городок. 12.30 Большая страна. 13.10 Парламентский час 14.00 Вести. 14.20 Диалоги о животных. 15.20 Вокруг света. 16.25 Два рояля. 17.20 Сам себе режиссер. 18.00 Зеркало. 19.00 «Любить по-русски». Худ. фильм. 20.50 «Любить по-русски-2». Худ. фильм. 22.35 «Любить по-русски-3. Губернатор». Худ. фильм. 0.35 Чемпионат мира по автогонкам в классе формула-1. Гран-при Сан-Марино. Передача из Имолы.	8.00, 10.00, 12.00, 16.00 Сегодня. 8.15 «Дети капитана Гранта». Худ. фильм. 10.15 «Пятое Евангелие». Фильм Сергея Костина из цикла «Новейшая история». 11.40 Профессия – репортер. Виталий Бузуев. «Любовь и крест». 12.25 Депрессия. 12.50 «Визит к минотавру». Худ. фильм. 14.15 «Лицо кавказской национальности». Фильм Александра Тихомирова. 15.00 Третий тайм. 16.35 Путешествия натуралиста. 17.10 Большие родители. 17.50 «Полицейская академия». 19.00 Итоги. 20.45 Куклы. 21.00 «Улица разбитых фонарей-3». 22.20 Спортивные танцы. Чемпионат Европы среди профессионалов. Бал чемпионов. 0.15 Футбольный клуб. 0.55 «За гранью возможного».

N.B. **худ. фильм = худóжественный фильм** – feature film

stress moves back one syllable in the plural: колесо́ (колеса́, колёса, колёс, колёсам).

Type 2 – stress on the stem in the singular and ending in the plural: де́ло (де́ла, дела́, дел, дела́м, etc.); ле́то, ме́сто, мо́ре, пра́во, сло́во, те́ло. Most of these nouns are two syllable but there are a small number with three syllables: зе́ркало (зе́ркала, зеркала́, зерка́л, зеркала́м, etc.); о́блако. Most neuter nouns in -мя also have stress on the stem in the singular, ending in the plural: и́мя (и́мени, имена́, имён, имена́м, etc.); вре́мя, бре́мя, пла́мя, пле́мя, се́мя but not зна́мя (зна́мени, знамёна, знамён, знамёнам, etc.).

Type 3 – stress moving forward one syllable in the plural: о́зеро (о́зера, озёра, озёр, озёрам); де́рево. This relates only to a small number of three-syllable nouns.

Exercise 13

Translate into Russian.

1   I do not think that the press can be completely independent; a newspaper's policy depends on who the owner of the newspaper is.
2   Most people are interested in the news and watch television to find out about the political and economic life of the country.
3   Many people doubt if they are getting accurate information from the newspapers.
4   My mother always says that television has a bad influence on her mood.
5   There are many programmes on Russian television, but my favourite is *The Puppets,* a satire on Russian politicians.
6   Some Russians say that they watch soap operas to forget the reality of Russian life.
7   Thanks to the professional skill of its presenters, the *Culture* channel has become very popular among those who are interested in art.
8   British and Russian television differ from one another in how they present the news.

8 РЫНОК ТРУДА

In this unit you will learn:

- ▶ about the employment scene in Russia
- ▶ how to conduct a job interview and apply for employment
- ▶ about past passive participles
- ▶ more about the preposition за
- ▶ about words with the root труд

Until recently the search for a job in Russia was limited to the job advertisements displayed in public places: factory gates, lamp posts, kiosk windows being the obvious locations. Job centres were very few and concentrated mostly in large cities. Now the situation is changing; job centres are springing up all over the country. Most newspapers and magazines have a section for job vacancies. Job advertisements are quite often blatantly ageist and sexist and also express requirements in respect of physical attributes. Finding a job through the internet is becoming more common. However, some things in Russia are slow to change. Looking for a job using personal connections (**блат**) is still an important feature of the Russian job market.

Text 1

В поисках работы

(По западным меркам, безработица в России ещё не достигла критического уровня: на сегодняшний день зарегистрировано 9 миллионов безработных. Но экономисты считают, что с переходом к рынку безработица будет расти. В такой ситуации очень важно знать, как начинать искать работу. Газета **«Аргументы и факты»** даёт совет.)

Искать работу – дело нелёгкое. Вакансий на рынке труда всегда много, и каждому человеку может быть найдено место. Самым верным способом устроиться на работу в России, по-прежнему, остаётся устройство «по блату», когда вас рекомендуют родственники или знакомые. До сих пор этот способ предпочитает не менее 50% российских работодателей. Это вызвано тем, что «своему человеку», работнику с рекомендацией доверяют больше. Так что если вы ищете работу, сообщите об этом самому широкому кругу лиц.

По статистике, 80% всех фирм и предприятий подбирают себе кадры в агенствах по трудоустройству, особенно крупных. Большие агентства могут предложить 500–800 вакансий, тогда как мелкие около 10. Но агенства, как правило, занимаются поиском дипломированных специалистов не ниже должности секретаря. И если поиск работы с помощью агентств вам не подходит, начинайте поиск самостоятельно. Купите как можно больше газет с объявлениями о работе. В среднем 30% компаний дают о себе информацию в прессе.

Всё популярнее становится поиск работы с помощью Интернета. Недавно Комитетом труда и занятости в Москве был открыт специальный сайт www.labor.ru, и теперь многие пользуются услугами этого сервера. Преимущества Интернета: все предложения о работе здесь актуальные. На публикацию в Интернете уходят секунды, а чтобы опубликовать объявление в газете, требуются дни и недели.

Существу́ет мне́ние, что на хоро́шие до́лжности люде́й «с у́лицы» не беру́т. Но в дли́нном спи́ске профе́ссий есть нема́ло исключе́ний, и ша́нсы быть при́нятыми на вполне́ прили́чную рабо́ту «с у́лицы» о́чень значи́тельны. Сего́дня са́мые популя́рные профе́ссии – ме́неджеры по прода́жам. Спрос на них всё ещё не удовлетворён в Росси́и: они́ нужны́ буква́льно ка́ждой компа́нии, за́нятой прода́жами чего́-либо, а их беру́т ча́сто «с у́лицы». Ка́чества, кото́рые тре́буются от рабо́тника, общи́тельность и насто́йчивость, хорошо́ подве́шенный язы́к, зна́ние о́трасли, в кото́рой тру́дится.

Vocabulary ◆

аге́нтство по трудоустро́йству	employment agency
актуа́льный	current
безрабо́тица / безрабо́тный	unemployment / unemployed
буква́льно	literally
ве́рный спо́соб	sure way
дипломи́рованный специали́ст	a qualified specialist
доверя́ть (dat)	to trust
до́лжность (f)	post
исключе́ние	exception
ка́чество	quality
круг лиц	circle of people
Комите́т труда́ и за́нятости	Labour and Employment committee
ме́неджер по прода́жам	sales manager
насто́йчивость (f)	persistence
общи́тельность (f)	sociability
объявле́ние о рабо́те	job advertisement
о́трасль (f)	branch
перехо́д к ры́нку	transition to the market
подбира́ть ка́дры	to select personnel
преиму́щество	advantage
прили́чная рабо́та	decent job
работода́тель	employer
самостоя́тельно	independently
сообщи́ть	to inform
(в) сре́днем	on average

спи́сок	list
тогда́ как	while
труди́ться	to work
удовлетвори́ть спрос на (+ acc)	to satisfy demand on
устро́иться на рабо́ту	to fix oneself up with a job
устро́йство на рабо́ту	finding work

N.B. **по за́падным ме́ркам** – by Western standards; **свой челове́к** – one of our own people; **э́то вы́звано тем** – it is because; **брать на рабо́ту «с у́лицы»** – to employ somebody responding to an advertisement displayed in a public place; **«по бла́ту»** – using personal connections; **хорошо́ подве́шенный язы́к** – a smooth tongue

Exercise 1

Answer the following questions in Russian.

1 Како́й спо́соб по́иска рабо́ты наибо́лее распространён в Росси́и?
2 Что тако́е «блат»?
3 Почему́ лу́чше обраща́ться в по́исках рабо́ты в кру́пные аге́нства?
4 Как вы понима́ете по́иск рабо́ты «с у́лицы»?
5 Каки́е профе́ссии осо́бенно тре́буются сейча́с в Росси́и?
6 Каковы́ преиму́щества по́льзования Интерне́том?

Exercise 2

True or false?

1 От ме́неджера по прода́жам тре́буется (общи́тельность, отве́тственность, уме́ние рабо́тать в кома́нде)?
2 Име́ть блат зна́чит име́ть (хоро́шие свя́зи, университе́тскую сте́пень, рекоменда́цию)?
3 Росси́йские работода́тели предпочита́ют рабо́тников (с рекоменда́цией, с дипло́мом, «с у́лицы»)?
4 Са́мые популя́рные профе́ссии в Росси́и (врач, учи́тель, ме́неджер по прода́жам)?
5 Преиму́щества интерне́та в том, что в Интерне́те (предложе́ния о рабо́те актуа́льные, информа́ция интере́сная, мно́го информа́ции)?

Exercise 3

Examine the ratings of the most prestigious professions on the Russian labour market.

Рейтинг престижных профессий
(востребованность на рынке труда и величина заработной платы)

1. Менеджер по продажам, торговый представитель, менеджер по сбыту
2. Страховой агент
3. Маркетолог
4. Бухгалтер
5. Менеджер по рекламе, PR-менеджер
6. Логистик
7. Инженер-технолог, программист, системный администратор
8. Юрист
9. Курьер в крупной фирме, официант, бармен
10. Журналист, психолог, социолог

1   What do the five most highly rated professions have in common?
2   Are there any inclusions which would not make the list in the West?
3   Which 'professions' that one might expect to find in a similar list in the West are not included?

Language points ♦

Words with the root труд

The *root* труд means 'labour or (hard) work'

трудиться, трудовой, труженик, труженица, трудящийся, сотрудник, сотрудничество

The *suffix*, or ending, generally tells you which part of speech a word is:

трудиться	verbal suffix	to labour, work hard
трудовой	adjectival suffix	working

A *suffix* on a noun may also tell you what kind of noun it is. Suffixes **ник** (*m*) and **ница** (*f*) generally indicate an occupation or profession of a person or a role fulfilled by an inanimate object:

тру́женик/ тру́женица   hard worker

Note that **д** has changed to **ж** in these words.

трудя́щийся (active participle of **труди́ться** used as noun)	worker (Soviet officialese – more usual are **рабо́чий** 'manual worker'/**рабо́тник** 'worker, employee')

Prefixes add to or qualify the meaning of the word. **С-/со-/съ-** means 'with, co-':

сотру́**дник**   employee, co-worker, collaborator

-ство is a *suffix* indicating an action:

сотру́**дничество**   co-operation, collaboration

But note the set phrase **с трудо́м** 'with difficulty'.

Труд may also be combined with other roots:

устро́ить 'to arrange' – *труд*оустро́иться 'to fix yourself up with work'; *труд*оустро́йство 'finding work'

спосо́бный 'capable' – *труд*оспосо́бный/*труд*оспосо́бность 'fit/fitness for work'

Exercise 4

Complete the sentence by selecting an appropriate word with the root **труд**.

1 Ни́зкая безрабо́тица, по-пре́жнему, типи́чна для росси́йского ры́нка ... 2 Но́вый ... код был введён в про́шлом году́. 3 На́до мно́го ... что́бы сдать экза́мен хорошо́. 4 Все ... тре́буют увеличе́ния зарпла́ты. 5 У него́ репута́ция настоя́щего ... 6 Среди́ ... на́шей фи́рмы то́лько три же́нщины. 7 Фи́рма подписа́ла догово́р о ... 8 С больши́м ... она́ нашла́ рабо́ту секрета́рши. 9 В Москве́ сейча́с мно́го аге́нств по ... 10 Они́ помога́ют ... мно́гим безрабо́тным.

Exercise 5

An advertisement in the Russian magazine *ПРИГЛАШАЕМ НА РАБОТУ* for an interpreter-translator.

Объявление о работе

МОСКОВСКАЯ ФИРМА
приглашает на конкурсной основе
РЕФЕРЕНТА-ПЕРЕВОДЧИКА
АНГЛИЙСКОГО ЯЗЫКА
Основные обязанности
Перевод письменный и устный
Работа на презентациях, выставках, конференциях
Командировки в Европу

Основные требования к кандидату
женщина в возрасте до 25 лет
высшее образование
опыт работы не менее 2-х лет
хорошее знание делового английского языка
владение компьютером на уровне хорошего пользователя
умение работать в команде
хорошие внешние данные
прописка в Москве или в Московской области

Зарплата по результатам собеседования
Резюме присылать по факсу 263–29–84

N.B. **внешние данные** – appearance; **командировка** – business trip; **прописка** – residence registration; **обязанность** – duty; **владение компьютером** – computer literacy; **водительские права** – driving licence; **резюме** – C.V.; **с отличием** – with distinction; **пользователь ПК** – computer user; **умение работать в команде** – ability to work in a team, **собеседование** – interview; **аккуратный** – neat

Study the advertisement for the job and decide which of the two applicants would be more suitable for the job.

Кандидаты

1. **ПЕРЕВОДЧИК-РЕФЕРЕНТ.** Макаров Александр Дмитриевич, 24 года, высшее образование (МГУ), диплом с отличием, опыт работы 2 года в инофирмах «Филипс» «Самсунг», ПК – опытный пользователь, английский и французский языки – свободно, немецкий и итальянский языки – читаю и перевожу со словарём, временная прописка в Москве. Водительские права, т/ф. 219–66–42 (с 20.00 до 22.00).

2. **ПЕРЕВОДЧИК-РЕФЕРЕНТ,** Серова Мария Сергеевна, 27 лет, москвичка, высшее образование (Московский государственный лингвистический университет), английский, французский языки, опыт работы по специальности 3 года в инофирме «Кристмас», технические переводы. ПК – пользователь, Ответственна, аккуратна, хорошие внешние данные. т/ф. 338–04–14 (после 19.00).

Exercise 6

Complete the application form shown on page 154.

Dialogue 1 🔊

Interview

ДИРÉКТОР   Здрáвствуйте. Садúтесь, пожáлуйста. Я коммéрческий дирéктор фúрмы Антóнов Пётр Ивáнович, А э́то наш мéнеджер по кáдрам Соколóв Илья́ Дмúтриевич.

КАНДИДÁТ   Очень прия́тно. Серóва Марúя Сергéевна.

ДИРÉКТОР   Мы изучúли Вáше резюмé и заявлéние на рабóту и хотéли бы задáть Вам нéсколько вопрóсов. Вы рабóтаете в фúрме «Крúстмас» на дóлжности перевóдчика? Почемý Вы хотúте переменúть рабóту? Вас не устрáивают услóвия?

АНКЕТА-РЕЗЮМЕ

Ф.И.О. _____

ЖЕЛАЕМАЯ ДОЛЖНОСТЬ: _____

Предполагаемая заработная плата (в $): _____

Контактный телефон и время связи: _____

Дата и место рождения: _____ Пол: ☐ мужской
                                                      ☐ женский

Ближайшая станция метро: _____

Семейное положение: _____

Образование (годы учебы, полное название учебного заведения, специальность, квалификация по диплому): _____

_____

_____

Знание иностранного языка

☐ английский ☐ немецкий ☐ французский ☐ другой _____

Степень владения иностранным языком

☐ свободный ☐ разговорный ☐ письменный ☐ технический

Знание компьютера на уровне:

☐ пользователя ☐ программиста ☐ администратора

Знание программ _____

Наличие водительских прав категории _____ : ☐ имею
                                                        ☐ не имею

Трудовая деятельность (два последних места работы):

Дата поступления и увольнения	Название организации	Профиль организации	Должность	Причина увольнения

Дополнительные сведения: _____

дата заполнения _____ подпись _____

КАНДИДА́Т	В фи́рме «Кри́стмас» я рабо́таю уже́ 3 го́да. За э́ти го́ды я мно́гому научи́лась. Но мне хо́чется порабо́тать в кру́пной фи́рме. В кру́пной фи́рме, как Ва́ша, по-мо́ему, бо́льше возмо́жностей реализова́ть себя́.
ДИРЕ́КТОР	Ну что же, причи́на уважи́тельная. Результа́ты те́стов, сде́ланных Ва́ми, отли́чные. Все делевы́е пи́сьма переведены́ без оши́бок, напи́саны на хоро́шем англи́йском языке́. Так что прете́нзий к Ва́шему англи́йскому у нас нет. А как у Вас дела́ с компью́тером?
КАНДИДА́Т	Копмпью́тер – не пробле́ма! За 3 го́да я осво́ила мно́гие програ́ммы. Мне приходи́лось проводи́ть за компью́тером мно́го вре́мени.
ДИРЕ́КТОР	Ну вот и прекра́сно! А тепе́рь придётся мно́го е́здить! Уча́стие в организа́ции вы́ставок, конфере́нций, презента́ций – часть Ва́ших обя́занностей. К тому́ же Вы должны́ бу́дете сопровожда́ть меня́ в командиро́вки. Рабо́та интере́сная, но отве́тственная, И мо́жет быть дово́льно стре́ссовой. Как Вы ду́маете, Вы спра́витесь с тру́дностями?
КАНДИДА́Т	Наде́юсь, что спра́влюсь. Я люблю́ име́ть де́ло с тру́дностями, так интере́сней.
ДИРЕ́КТОР	Ну что же, по-мо́ему, Вы нам подхо́дите. Мы возьмём Вас на испыта́тельный срок – оди́н год. Если дела́ пойду́т хорошо́, Вам бу́дет предло́жена постоя́нная рабо́та. Вас э́то устра́ивает? Вы мо́жете приступи́ть к рабо́те че́рез ме́сяц?
КАНДИДА́Т	Ду́маю, что могу́.
ДИРЕ́КТОР	Тогда́ подпи́сывайте контра́кт.

Vocabulary ♦

зада́ть вопро́с	to ask a question
заявле́ние на рабо́ту	application for work
испыта́тельный срок	probation
ме́неджер по ка́драм (по персона́лу)	personnel manager

отве́тственный	responsible
осво́ить програ́мму	to master a programme
перемени́ть рабо́ту	to change job
подпи́сывать контра́кт	to sign a contract
приступи́ть к рабо́те	to start work
реализова́ть себя́	
(свой потенциа́л)	to realise one's potential
сопровожда́ть	to accompany
спра́виться с тру́дностями	to cope with difficulties
уважи́тельная причи́на	good reason
уча́стие	participation

N.B. **ну что же (ну вот и)** – well, well then; **вас э́то устра́ивает? (вам э́то подхо́дит)** – Does that suit you? **меня́ не устра́ивают (мне не подхо́дят) усло́вия** – The conditions do not suit me; **у нас нет прете́нзий** – We have no complaints; **придётся** – (You) will have to; **мне приходи́лось** – I had to

Exercise 7

Answer the following questions in Russian.

1 Где рабо́тает кандида́т в настоя́щее вре́мя?
2 Почему́ она́ хо́чет перемени́ть рабо́ту?
3 Каковы́ бу́дут обя́занности кандида́та на но́вой рабо́те?
4 Почему́ рабо́та перево́дчика счита́ется стре́ссовой?

Language points ◆

Participles

Past passive participles are normally formed from the perfective verb. They are the equivalent of English participles ending in -ed (if the verb is regular!). In Russian the ending is **-анный, -енный, -ённый** or **-тый**. Only transitive verbs (those which can take a direct object) form past passive participles.

How to form past passive participles

Endings in -нный

1 Verbs ending in **-ать, -ять** replace the **-ть** by **-нный**: **зарабо́тать – зарабо́танный** 'earned'.

2 Second conjugation verbs ending in -ить or -еть and first conjugation verbs ending in -сти, -зти take -енный, or -ённый if the ты form of the future perfective is stressed on the ending: реши́ть – реши́шь – решённый 'decided'; предложи́ть – предло́жишь – предло́женный 'offered'; ввезти́ – ввезёшь – ввезённый 'imported'.

But note: найти́ – найдёшь – на́йденный 'found'; пройти́ – пройдёшь – про́йденный.

Where there is a consonant change in the я form of the future perfective this will also occur in the past passive participle: пригласи́ть – приглашу́ – пригласи́шь – приглашённый 'invited'.

Endings in -тый

A small number of verbs of the first conjugation take the ending -тый. These include many monosyllabic verbs and their compounds, verbs ending in -оть, -уть, -ыть and -ереть: взять – взя́тый 'taken'; приня́ть – при́нятый 'accepted'; закры́ть – закры́тый 'closed'; уби́ть – уби́тый 'killed'; запере́ть – за́пертый 'locked' (note the loss of -е- in this kind of verb).

Exercise 8

Form the past passive participle from the following verbs.

основа́ть, показа́ть, оплати́ть, купи́ть, оцени́ть, поста́вить, испо́льзовать, предложи́ть, осуществи́ть, перевести́, пригласи́ть, подписа́ть, пригото́вить, разви́ть, приня́ть, приобрести́, найти́, ввести́, зарегистри́ровать, разреши́ть, откры́ть, удовлетвори́ть.

How to use past passive participles

Participles decline like adjectives and agree in number, gender and case with the noun they describe:

Она́ отказа́лась от ме́ста, предло́женного ей вчера́.
She rejected the position offered to her yesterday.

Они́ нужны́ ка́ждой компа́нии, за́нятой прода́жами.
They are needed by every company engaged in sales.

Past passive participle and the passive voice

A short version of the participle can be used to form the passive. It has only one -н- and endings like a short adjective:

Ме́сто бы́ло предло́жено ей вчера́.
The position was offered to her yesterday.

Она́ была́ при́нята на рабо́ту.
She was accepted for the job.

Контра́кт бу́дет подпи́сан за́втра.
The contract will be signed tomorrow.

Note how the stress moves to the end in participles ending in -ённый:

Мари́на не бу́дет приглашена́ на интервью́.
Marina will not be invited to the interview.

Note also that the instrumental case is used to express the agent by whom or by what an action is performed:

Пье́са была́ поста́влена ру́сским режиссёром.
The play was produced by a Russian director.

Землетрясе́нием бы́ло разру́шено мно́го зда́ний.
Many buildings were destroyed by the earthquake.

Exercise 9

Form the past passive participle of the verb in brackets. Do not forget to use the perfective verb.

1 Фи́рма (занима́ть/заня́ть) изготовле́нием компью́теров.
2 Предпочте́ние бы́ло (отдава́ть/отда́ть) специали́сту с о́пытом.
3 По́сле интервью́ она́ была́ (приглаша́ть/пригласи́ть) на рабо́ту.
4 Е́сли испыта́тельный срок бу́дет (проходи́ть/пройти́), вам бу́дет (предлага́ть/предложи́ть) постоя́нная рабо́та. 5 Контра́кт бу́дет (подпи́сывать/подписа́ть) в сре́ду. 6 Для него́ специа́льно (находи́ть/найти́) ме́сто в фи́рме. 7 Бы́ли (покупа́ть/купи́ть) все газе́ты и журна́лы на ру́сском языке́. 8 Бы́ло (реша́ть/реши́ть) предложи́ть ему́ рабо́ту. 9 В характери́стике бы́ло (отмеча́ть/отме́тить) её уме́ние рабо́тать в кома́нде. 10 Биле́ты бы́ли (приобрета́ть/приобрести́) в ка́ссе аэропо́рта. 11 На фестива́ле бу́дут (пока́зывать/показа́ть) лу́чшие фи́льмы го́да.

In some examples participles are used just like adjectives:

образóванная жéнщина	educated woman
заслýженный артúст	renowned actor
дипломúрованный специалúст	a qualified specialist
дипломúровать	to award a diploma
определённый отвéт	definite answer
хорошó подвéшенный язы́к	a smooth tongue

Note in the text:

шáнсы быть прúнятыми
the chances of being accepted

(**приня́ть** 'to accept' – **прúнятый** – past passive participle)

Прúнятыми is in the instrumental case after the verb **быть** like an adjective, rather than in the short form, which might be expected for a past passive participle.

Contrast:

Мéсто мóжет быть нáйдено
a job might be found

(**найтú** 'to find' – **нáйденный** – past passive participle)

Some past passive participles are used as nouns: **дáнные** 'data'; **заключённый** 'a prisoner'.

Exercise 10

Change the active sentences into the passive using past passive participles with instrumental case.

1 Университéт предложúл ей хорóшую рабóту. 2 Он решúл проблéму с больши́м трудóм. 3 Наконéц, дирéктор подписáл контрáкт. 4 Мы освóили мнóгие компью́терные прогрáммы. 5 Онá перевелá ромáн Толстóго. 6 Фúрма откры́ла специáльный сайт. 7 Сотрýдники рекомендовáли её, как отлúчного специалúста. 8 Предприя́тие опубликовáло объявлéние в газéте. 9 Она прислáла резюмé по фáксу. 10 Крúтики оценúли фильм, как слáбый. 11 Прави́тельство ввелó нóвый закóн об иммигрáции. 12 Китáйские спортсмéны завоевáли сáмые престúжные призы́.

Language points ♦

Preposition corner

За + accusative/instrumental

A reminder of some familiar uses of **за** + instrumental meaning 'behind' or 'beyond' in relation to place:

за **до́мом**	behind the house
за **гора́ми**	beyond the mountains
за **реко́й**	over the river
за **воро́тами**	outside the gate
за **угло́м**	round the corner
за **грани́цей**	abroad (over the border)
за́ городом	out of town
за **две́рью**	outside/behind the door

But remember: **идти́/е́хать/вы́йти за́ дом; за́ горы; за́ реку; за воро́та; за́ угол; за грани́цу; за́ город; за две́рь.** Note not only the use of the accusative case after verbs of motion but also that the stress moves to **за́** before certain nouns.

In the dialogue you will notice the phrase: **за компью́тером** 'at the computer'.

Note some similar examples:

за **рулём**	at the wheel
за **обе́дом**	at lunch
за **столо́м**	at the table

All the above examples relate to **за** used as a preposition of place. There are also examples in the dialogue of **за** + accusative used as a preposition of time, meaning 'during the course of':

За э́ти два го́да я мно́гому научи́лась.
During these two years I learnt a lot.

За три го́да я осво́ила мно́го програ́мм.
In three years I mastered a lot of programmes.

За is used with **до** to mean 'before':

за час до нача́ла интервью́.
an hour before the start of the interview.

Note, however, the following examples of **за** + instrumental:

день за днём	day after day
за исключе́нием	with the exception

За + accusative may also be used to mean 'for' after verbs referring to payment, reward, thanks, criticism:

благодари́ть (по-) за	to thank for
хвали́ть (по-) за	to praise for
плати́ть (за-) за	to pay for
критикова́ть за	to criticise for
голосова́ть (про-) за	to vote for

After nouns and adjectives related to these verbs **за** + accusative is also used:

благода́рный / благода́рность за
grateful / gratitude for

пла́та за прое́зд
fare

Note also **за** (+ accusative) **и про́тив** 'for and against'.

'For' in the sense of 'to fetch' is translated by **за** + instrumental:

посыла́ть / посла́ть за врачо́м
to send for the doctor

заходи́ть / зайти́ за дру́гом
to call for a friend

идти́ / пойти́ за по́мощью
to go for help

Note also:

смотре́ть за детьми́
to look after children

Exercise 11

Choose from the two alternatives in brackets (accusative or instrumental).

1 Он написа́л кни́гу за (год/го́дом). 2 Они́ живу́т за́ (город/ го́родом). 3 Она́ весь день прово́дит за (кни́гой, кни́гу). 4 Мы до́лго сиде́ли за (рабо́ту/рабо́той). 5 Ле́том мы пое́дем за (грани́цу/грани́цей). 6 За (после́днее вре́мя/после́дним вре́менем) она́ мно́го сде́лала. 7 Год за (год/го́дом) всё ча́ще идёт дождь в а́вгусте. 8 Спаси́бо за (по́мощь/по́мощью).

Exercise 12

Translate into Russian.

1 Using personal connections is still the surest way of finding a job in Russia.
2 Unfortunately the conditions in your firm do not suit me.
3 She always liked working with people.
4 Can you start work in a week's time?
5 With great difficulty she found a job as interpreter in a small firm.
6 You have to be very sociable and persistent if you want to be a sales manager.
7 Her best quality is her ability to work in a team.
8 My main duty in my new job is translating from English into Russian.

9 ДЕМОГРАФИЯ

In this unit you will learn:

- ▶ about Russia's demographic problems
- ▶ how to form and use numerals
- ▶ how to use **нужен** meaning 'to need'
- ▶ about words with the roots **род, муж, жен-, мерт-, брак**

According to demographers the present situation in Russia is catastrophic. The serious economic crisis of the 1990s led to a huge reduction in the birth rate while mortality was on the increase, and not only amongst the elderly. The slow increase in life expectancy which began in the 1960s halted and, for the first time in 1992, the number of deaths exceeded the number of births. According to government forecasts the population of Russia will decrease by a further eight per cent in the next decade. Russia already lags behind developed countries in life expectancy. Population decline presents Russia with a strategic problem. Large areas of the country are already under-populated and, ultimately, there may be too few Russians to retain their existing territory. It is the central regions of Russia which are declining fastest. Of the major cities, only Moscow is expanding, due to immigration. In many other major cities the number of deaths exceeds the number of births by two or three to one. The politically unstable Caucasus region is the only major area of population growth.

Text 1

Наш мужчи́на «сверхсме́ртен»

Результа́том демографи́ческой револю́ции, происше́дшей в 20 столе́тии, бы́ло грома́дное увеличе́ние сре́дней продолжи́тельности жи́зни. Во мно́гих ра́звитых стра́нах она́ превы́сила 75 лет, а в не́которых – 80 лет. До середи́ны 60-х годо́в Росси́я шла о́бщим путём. В 1964–65 года́х сре́дняя продолжи́тельность жи́зни была́ 69,6 го́да, одна́ко в 80–90 года́х она́ ста́ла ре́зко снижа́ться и соста́вила в 1995 году́ 65 лет, а продолжи́тельность жи́зни мужчи́н вообще́ упа́ла до 58 лет. В конце́ столе́тия ситуа́ция оказа́лась ху́же, чем в 60 го́ды.

Почти́ во всех стра́нах же́нщины живу́т до́льше мужчи́н. Но нигде́ нет тако́го грома́дного разры́ва ме́жду ни́ми, как в Росси́и – 12-14 лет. Это вдво́е бо́льше, чем в большинстве́ ра́звитых стран. Основны́е причи́ны высо́кой сме́ртности мужчи́н – куре́ние и злоупотребле́ние алкого́лем. Согла́сно стати́стике те, кто мно́го ку́рит, теря́ют 8 лет по сравне́нию с те́ми, кто никогда́ не ку́рит. Те, кто пьёт, ещё лет 8. Устано́влено то́же, что повыше́ние образова́ния значи́тельно снижа́ет сме́ртность: за́нятые преиму́щественно у́мственным трудо́м живу́т до́льше лиц физи́ческого труда́. Си́льно продолжи́тельность жи́зни зави́сит и от бра́чного ста́туса. Жена́тые мужчи́ны в во́зрасте 50 лет, мо́гут ещё прожи́ть в сре́днем 23 го́да, разведённые мо́гут рассчи́тывать то́лько на 18 лет. Факти́чески, тут де́йствует це́лая гру́ппа причи́н, ме́нее образо́ванные бо́льше ку́рят и пьют, ча́ще занима́ются физи́ческим трудо́м, чем бо́лее образо́ванные и т.д. К тому́ же, на́ши мужчи́ны веду́т малоподви́жный о́браз жи́зни, а потому́ теря́ют ещё не́сколько лет.

Коне́чно, демо́графы давно́ ви́дели, что Сове́тский Сою́з дви́жется к демографи́ческому кри́зису. Но э́того не ви́дели «вверху́». И одно́й из причи́н тако́го положе́ния была́ официа́льная дезин-форма́ция из Це́нтра статисти́ческого управле́ния, кото́рый разраба́тывал демографи́ческие прогно́зы. Эти прогно́зы бы́ли сверхоптимисти́чными. К сожале́нию, они́ бы́ли не нау́чными, а политическими. Так после переписи 1970 года был сделан прогноз до 2000 года. Согласно этому прогнозу рождаемость в стране должна была повышаться. Это объяснялось тем, что в России, которая приближается к коммунизму, уровень жизни постоянно растёт. Следовательно, рождаемость не может уменьшатся. Однако «вверху ошиблись» примерно на 50 миллионов человек!

До сих пор в России нет демографической политики, и демографическая ситуация плохо осознана обществом. А ведь стране нужны срочные меры, нужна рациональная демографическая политика, и главное направление в ней после повышения рождаемости должно быть снижение мужской сверхсмертности.

По материалам «Литературной газеты», 2001

Vocabulary ♦

брачный статус	marital status
женатый	married (man)
злоупотребление алкоголем	alcohol abuse
идти общим путём	to follow the general trend
курение, курить	smoking, to smoke
малоподвижный образ жизни	sedentary way of life
научный	scientific
осознать	to realise
перепись (f)	census
превысить	to exceed
преимущественно	chiefly
примерно	approximately
разведённый	divorced
разрыв	gap
рассчитывать на (+ acc)	to count on
рождаемость (f)	birthrate
следовательно	consequently
смертность (f)	mortality
снижаться, снижение	to fall; fall
средняя продолжительность (f) **жизни**	average life span

сро́чные ме́ры	urgent measures
у́мственный труд	intellectual work
упа́сть	to fall

N.B. **по сравне́нию с** – in comparison with; **и т.д. (и так да́лее)** – and so on; **«вверху́ оши́блись»** – mistakes were made at a high level; **устано́влено** – it has been established; **Центр статисти́ческого управле́ния** – Centre for Statistical Management

Exercise 1

Answer the following questions in Russian.

1 Каковы́ бы́ли результа́ты демографи́ческой револю́ции в 20 ве́ке?
2 Какова́ была́ сре́дняя продолжи́тельность жи́зни в 60-х года́х?
3 Какова́ ра́зница ме́жду продолжи́тельностью жи́зни мужчи́ны и же́нщины?
4 Каки́е фа́кторы влия́ют на продолжи́тельность жи́зни?
5 Почему́ мужчи́ны веду́т бо́лее малоподви́жный о́браз жи́зни?
6 Кто разраба́тывал демографи́ческие прогно́зы в СССР?
7 Како́в был прогно́з ро́ста населе́ния в СССР к 2000 го́ду?
8 Нужна́ ли Росси́и демографи́ческая поли́тика? Почему́?

Exercise 2

True or false?

1 Основны́е причи́ны высо́кой сме́ртности мужчи́н (злоупотребле́ние алкого́лем, употребле́ние нарко́тиков, тяжёлый труд)?
2 Рожда́емость зави́сит от (экономи́ческой ситуа́ции, ста́туса же́нщины в о́бществе, бра́чного ста́туса)?
3 Живу́т до́лго те, кто (мно́го ку́рит, мно́го пьёт, занима́ется спо́ртом)?
4 Типи́чная демографи́ческая поли́тика напра́влена на (повыше́ние, сниже́ние, сохране́ние) рожда́емости?
5 Сме́ртность снижа́ется в результа́те (улучше́ния о́браза жи́зни, вступле́ния в брак, получе́ния образова́ния)?
6 Демографи́ческий кри́зис означа́ет (рост населе́ния, паде́ние рожда́емости, сокраще́ние продолжи́тельности жи́зни)?

Language points ◆

Numerals

When a written text, such as the one above on demography, contains a lot of numerals it can be an aid to understanding. However, producing correct Russian using numerals poses particular problems. First, there is the question of which case to put the noun into after the numeral. Second, needed particularly when using numerals in spoken Russian, there is the matter of which case the numeral itself goes into.

Cases after cardinal numerals

By now you are probably familiar with the following:

оди́н/одна́/одно́ 'one' is an adjective and agrees in gender with the following noun: **оди́н стол; одна́ кни́га; одно́ окно́**. There is even a plural for plural only nouns: **одни́ но́жницы**. **Два** (masc. and neut.) and **две** (fem.) 'two'; **три** 'three'; **четы́ре** 'four' and **о́ба** (masc. and neut.) and **о́бе** (fem.) 'both' are followed by the genitive singular of the noun and genitive plural (masc. and neut.) or nominative plural (fem.) of the adjective: **два больши́х стола́; три интере́сные кни́ги**. **Пять** 'five' and above are followed by the genitive plural of both noun and adjective; **пять больши́х столо́в**. The case following compound numerals is determined by the last element: **два́дцать две интере́сные кни́ги**.

However, these rules only apply if the numeral itself is in the nominative case, or the inanimate accusative. Numerals decline if the structure of the sentence requires it, e.g., after prepositions. After a numeral in a case other than the nom./acc. the noun and adjective will go into the plural of the same case: **семья́ с пятью́ ма́ленькими детьми́** 'a family with five small children'. Only **два/две, три, четы́ре, о́ба/о́бе** have an animate accusative, and this is not used in compound numerals: **я зна́ю двух де́вушек; я зна́ю два́дцать две де́вушки**. All elements of a compound number decline: **с пяти́десяти пяти́ до шести́десяти четырёх** 'from fifty-five to sixty-four'; **в во́зрасте пяти́десяти восьми́ лет** 'at the age of fifty-eight'. Numerals used to tell the time similarly decline: **в два часа́** 'at two'; **с двух часо́в** 'since/from two o'clock'. *The complete declension of cardinal numerals is in the grammar summary.*

Exercise 3

Write out the numerals putting the nouns and adjectives in the correct case.

1 Жéнщины составляют 53 (процéнт), а мужчи́ны 47 (процéнт) населéния Росси́и. 2 В 1992 году́ сокращéние населéния отмечáлось на 44 (террито́рия) Росси́и, а в 93 году́ ужé в 68 из 79 (росси́йский регио́н). 3 В пери́од с 1897 го́да по 1924 год приро́ст населéния состáвил бóлее 22 (миллио́н) человéк. 4 Семья́ с 3–5 (ребёнок) большáя рéдкость в Росси́и. 5 Без мигрáции чи́сленность населéния Росси́и сократи́лась бы до 140 (миллио́н) человéк ужé к 2000 гóду. 6 Соглáсно демóграфам чи́сленность населéния Росси́и сни́зится к 2010 году́ до 133 (миллио́н) человéк. 7 Нéвский экспрéсс спосóбен развивáть скóрость до 200 км. в час. 8 Стóимость авиабилéта в Москву́ от 199 (дóллар). 9 Мне óчень нрáвится кни́га «От 2 до 5».

Collective numerals

Collective numerals **двóе** 'two'; **трóе** 'three'; **чéтверо** 'four', are followed by the genitive plural. They can conveniently be used with plural only nouns that have no genitive singular: **трóе часóв** 'three clocks'; **чéтверо сýток** 'four days and nights'. Collective numerals cannot be used in compounds, so **пáра** or **штýка** is used: **двáдцать три пáры часóв** 'twenty-three clocks'.

Forms also exist for five to ten: **пя́теро, шéстеро, сéмеро, вóсьмеро, дéвятеро, дéсятеро**. Collective numerals are often found with animate masculine nouns, with **лю́ди, лицó** and **дéти**: **двóе мужчи́н** 'two men'; **трóе людéй** 'three people'; **пя́теро детéй** 'five children'; **шéстеро друзéй** 'six friends'.

Note also the expressions: **нас бы́ло трóе** 'there were three of us'; **мы/нас двóе** 'we two'; **кóмната на двои́х** 'room for two'; **на свои́х двои́х** 'on your own two feet/on foot'.

Exercise 4

Replace cardinal numerals by collective ones.

1 В семье́ (четы́ре ребёнка). 2 Мы рабо́тали (два дня и две но́чи). 3 Среди́ нас бы́ло (три де́вушки). 4 (Пять солда́т) бы́ли по́сланы в Чечню́. 5 (Семь спортсме́нов) получи́ли меда́ли. 6 (Шесть студе́нтов) записа́лись на ку́рсы ру́сского языка́.

Quantitative nouns

These consist of **едини́ца** 'one'; **дво́йка** 'two'; **тро́йка** 'three'; **четвёрка** 'four'; **пятёрка** 'five'; **шестёрка** 'six'; **семёрка** 'seven'; **восьмёрка** 'eight; **девя́тка** 'nine'; **деся́тка** 'ten'. They are used principally for playing cards: **деся́тка треф, бу́бен, черве́й, пик** 'the ten of clubs, diamonds, hearts, spades' and in the five point Russian marking scale where **тро́йка** is satisfactory and **пятёрка** is excellent. Note also how **семёрка** is used to translate 'the Seven (advanced industrial nations)'.

Other numerical expressions

You may find the following expressions useful:

вдво́е / втро́е бо́льше
twice / three times as much

в два / три / четы́ре ра́за бо́льше
twice / three / four times as big

Contrast the expressions **вдвоём,   втроём** meaning 'two / three together':

они́ живу́т вдвоём
the two of them live together

Exercise 5

Insert the right word **двóе, вдвоём, вдвóе.**

1 Они́ поéхали в Росси́ю . . . 2 В э́том годý в Росси́ю приéхало
. . . бóльше бéженцев, чем в прошлóм годý . . . 3 спортсмéнов
зáняли пéрвое мéсто.

трóе, втроём, втрóе

4 . . . друзéй реши́ли поéхать на Кавкáз. 5 Они́ всё дéлают . . .
6 Её зарплáта . . . бóльше, чем егó.

Indefinite numerals

Нéсколько 'several', **скóлько** 'how many' and **стóлько** 'how many'
decline like plural adjectives and agree with the nouns they describe:
из нéскольких дáнных 'from several statistics'. **Мнóго** 'many,
much' and **немнóго** 'not many' decline in both the singular and the
plural; **во мнóгом** 'in many respects'; **во мнóгих местáх** 'in many
places'. **Мáло** 'few' does not decline.

Exercise 6

Put **мнóго, немнóго, нéсколько, скóлько** in the right case.

1 По мнéнию (нéсколько) демóграфов Росси́и грози́т
демографи́ческая катастрóфа. 2 Во (мнóго) рáзвитых странáх
продолжи́тельность жи́зни óчень высóкая. 3 Проблéма былá
решенá в течéние (нéсколько) дней. 4 (Нéсколько) сéмьям мы
помогли́ деньгáми и одéждой. 5 У (мнóго) бéженцев нет дáже
одéжды. 6 На конферéнции я познакóмилась с (нéсколько)
нóвыми рýсскими. 7 Со (скóлько) студéнтами вы разговáривали?
8 Егó и́мя извéстно (мнóго). 9 У (немнóго) студéнтов есть таки́е
возмóжности.

Человéк after numerals

After **нéсколько, скóлько** and **стóлько** use **человéк** as the genitive
plural of **человéк** and after **мáло, мнóго, немáло, немнóго**
use **людéй. Человéк** is also used after numerals where there is no

adjective, **людéй** is more common where there is an adjective: **дéсять человéк** 'ten people'; **дéсять хорóших людéй** 'ten good people'.

Exercise 7

Decide when to use **человéк** or **людéй**.

1 Населéние Россúи 140 млн . . . 2 Мнóго . . . погúбло во врéмя войны́. 3 Скóлько . . . у́чится в вáшем университéте? 4 В нáшей грýппе 12 . . . 5 У нéкоторых . . . нет дáже сáмого необходúмого. 6 У нéскольких . . . бы́ло по три кнúги. 7 В Москвé я встрéтил нéсколько . . . из Áнглии.

Fractions and decimals

The feminine form of the ordinal number is used to express a fraction, the words **часть** or **дóля** being understood: **однá шестáя** 'one sixth'; **шесть десáтых** 'six tenths'. **Треть** 'a third' and **чéтверть** 'a quarter' are commonly used instead of the corresponding fractions: **две трéти** instead of **две трéтьих** 'two thirds'; **три чéтверти** instead of **три четвёртых** 'three quarters'.

Decimals are expressed by using the fractions for tenths, hundredths and thousands: **однá цéлая и пять десáтых** '1.5'; **ноль цéлых и сóрок вóсемь сóтых** '0.48'; **шесть цéлых и четы́реста вóсемьдесят семь ты́сячных** '6.487'.

Fractions and decimals are always followed by the genitive singular: **69,6 гóда**. Note that Russian uses a comma instead of a decimal point.

Exercise 8

Write down in full the fractions in the first column (from the table on page 172) (**Всё населéние**) and answer the questions in Russian.

1 В какóй странé сáмая высóкая продолжúтельность жúзни?
2 Какóй разры́в мéжду продолжúтельностью жúзни мужчúн и жéнщин в Япóнии, в Итáлии, Великобритáнии, в Россúи?
3 Где сáмый большóй разры́в?

ТАБЛИЦА 1

Продолжительность жизни в России в сравнении с крупнейшими экономически развитыми странами (страны «семёрки»)

Страны	Всё население	Мужчины	Женщины
Япония	78,8	75,9	81.8
Франция	76.9	72.8	80.9
США	76.5	73.0	80.0
Италия	76.4	73.2	79,7
Канада	76,4	73.0	79.8
Великобритания	75.2	72.4	78,0
Германия	75.1	71.8	78.3
Россия			
1989–1990гг.	69.0	64.0	74.0
1993г.	65.1	58.9	71.9
1995	65,0	58,0	72,0

По да́нным Госкомста́та

N.B. **Госкомста́т – Госуда́рственный комите́т по стати́стике** – State Committee of Statistics

Dialogue 1 ⧉

A conversation between a sociologist and a demographer

Социо́лог	Хорошо́ изве́стно, что демографи́ческая ситуа́ция в Росси́и о́чень серьёзная. Рожда́емость па́дает, населе́ние сокраща́ется. Но ведь Росси́я не исключе́ние. То же са́мое происхо́дит в други́х стра́нах. По-мо́ему, э́то хорошо́.
Демо́граф	Да, коне́чно. Лю́ди ста́ли бо́лее отве́тственными и са́ми плани́руют свою семью. Молоды́е лю́ди хотя́т

получи́ть образова́ние и стать самостоя́тельными. К сожале́нию, в Росси́и ситуа́ция друга́я. В ра́звитых стра́нах сме́ртность уменьша́ется, а в Росси́и увели́чивается и уже́ превыша́ет рожда́емость. Тако́го ра́ньше не́ бы́ло.

Социо́лог Обы́чно э́то объясня́ют тяжёлым экономи́ческим положе́нием. Но мо́жно ли всё объясни́ть то́лько экономи́ческим кри́зисом?

Демо́граф Коне́чно, нет. Така́я ситуа́ция не то́лько сле́дствие экономи́ческих фа́кторов. Здесь мно́го други́х причи́н. Тут и револю́ция, и гражда́нская война́, а та́кже ста́линские репре́ссии 30-х годо́в. Согла́сно демо́графам то́лько в Вели́кой оте́чественной войне́ Росси́я потеря́ла почти́ 27 млн. челове́к.

Социо́лог Но мо́жет быть, причи́на в том, что на́ше о́бщество ста́ло урбанизи́рованным? Большинство́ населе́ния тепе́рь городско́е. А в городски́х се́мьях ма́ло дете́й, дво́е дете́й не бо́льше.

Демо́граф Урбаниза́ция – о́чень ва́жная причи́на. Но друга́я, не ме́нее ва́жная причи́на – повыше́ние обще́ственного ста́туса же́нщины. Ведь у же́нщины тепе́рь есть вы́бор. Она́ сама́ реша́ет ско́лько, когда́, с каки́м интерва́лом и от кого́ рожа́ть.

Социо́лог Зна́чит, по-ва́шему, демографи́ческая ситуа́ция зави́сит от мно́гих фа́кторов?

Демо́граф Несомне́нно. На́до учи́тывать все фа́кторы, е́сли вы хоти́те поня́ть демографи́ческую ситуа́цию в Росси́и.

Vocabulary ♦

Вели́кая Оте́чественная Война́	Great Patriotic War (World War 2)
гражда́нская война́	civil war
обще́ственный ста́тус	social status
па́дать	to fall
рожа́ть	to give birth
сле́дствие	consequence
учи́тывать	to take into consideration

Exercise 9

Answer the following questions in English.

1 What demographic process is taking place throughout the world?
2 What is the demographic situation in Russia?
3 What are the differences and similarities between the demographic situation in Russia and Europe?
4 Why is the number of children per family falling?
5 What explains the overall reduction in the population in the 1930s, 1940s and 1980s?
6 What does the fall in the birth-rate depend on?

ТАБЛИЦА 2

Общие коэффициенты рождаемости, смертности и естественного прироста в России
(на 1000 человек населения)

Годы	1926	1949	1960	1980	1989	1991	1992	1993
Число родившихся	44,7	33	23,2	15,9	14,6	12,1	10,7	9,4
Число умерших	21,3	20,6	7,4	10,6	10,6	10,4	12,2	14,4
Естественный прирост	23,4	12,4	15,8	5,3	4	1,7	−1,5	−5

По да́нным Госкомста́та

Exercise 10

Answer the questions in Russian.

1 В како́м году́ наблюда́лся са́мый большо́й приро́ст населе́ния в Росси́и?
2 Когда́ приро́ст населе́ния стал отрица́тельным?
3 Как вы мо́жете объясни́ть тако́е явле́ние?

Language points ♦

Ну́жен

Ну́жен (*m*), нужна́ (*f*), ну́жно (*n*), нужны́ (*pl.*) is a short adjective. Used together with the dative it translates 'to need':

Нам ну́жно лу́чшее здравоохране́ние.
We need a better health service.

Кли́нике нужны́ о́пытные врачи́.
The clinic needs experienced doctors.

In the past and future tense the form of the verb **быть**; will vary according to the subject:

Кли́нике нужны́ бу́дут о́пытные врачи́.
The clinic will need experienced doctors.

Another way of expressing the same idea is to use the verb to need **нужда́ться в** (+ *prep*).

Росси́и нужна́ демографи́ческая поли́тика.
Росси́я нужда́ется в демографи́ческой поли́тике.
Russia needs a demographic policy.

Exercise 11

Decide who needs what by putting **ну́жен** in the right form.

1 Мне . . . вре́мя. 2 Ему́ . . . слова́рь. 3 Нам . . . ви́за. 4 Им . . . журна́лы. 5 Больни́це . . . но́вое обору́дование. 6 Мне . . . уче́бник ру́сского языка́. 7 Теа́тру . . . актёры. 8 Ему́ не . . . газе́та. 9 Росси́и . . . демографи́ческая поли́тика.

Now put these sentences first in the past and then in the future tense.

Exercise 12

From 9–16 October 2002 Russia held a national census. Fill in the questionnaire by giving information about yourself in Russian. (See page 177.)

Word building

Words with the root род 'birth, tribe, nature'

Note that д changes to ж or жд in some words.

Nouns: **род** 'family, tribe, type'; **ро́ды** 'childbirth'; **наро́д** 'people'; **поро́да** 'breed'; **ро́дина** 'native land'; **родня́** 'relatives'. Note the use of *suffixes* on the following nouns, indicating a person: **роди́тель** 'parent'; **ро́дственник** 'relative'.

Abstract nouns: **родство́** 'relationship'; **рожда́емость** 'birthrate'.

Action: **рожде́ние** 'birth'.

Adjectives: **родно́й** 'native'; **родово́й** 'ancestral'.

Verbs: **роди́ть** 'to give birth'; **роди́ться** 'to be born'; **рожа́ть** 'to give birth'.

Note the *prefixes* on the following words, all of which give a clue to their meaning: **возрожде́ние** 'rebirth, renewal, renaissance'; **возроди́ть** 'to regenerate' (**воз-/вос-** 'up'); **зароди́ться** 'to be conceived'; **заро́дыш** 'embryo' (**за-** 'start of an action'); **перероди́ться** 'to be transformed, regenerate' (**пере-** 'trans-, re-'); **безро́дный** 'without kin' (**без-/бес-** 'without'); **приро́да** 'nature' (**при-** 'beside, attached'); **уро́д** 'monster' (**у-** 'away').

Род combined with other roots

одноро́дный 'homogeneous'; **иноро́дный** 'foreign (**ино́й** 'other'); **двою́родный брат** 'first cousin' (**два** 'two'); **деторо́дный во́зраст** (**де́ти** 'children') 'childbearing age'.

АНКЕТА
Вопросы переписи для всех граждан России

ФИО фамилия, имя, отчество	Пол мужской ☐ женский ☐	Дата рождения год, месяц, число ..../......../.......	число исполнившихся лет во время переписи ....
Место рождения название деревни, города, области, страны		**Гражданство** если двойное, указать оба	**Национальность или этническая группа** ....
Родной язык а также другие языки, которыми свободно владеете		**Семейное положение** состоите или состояли в браке ☐ сколько лет ☐ имеете, не имеете детей ☐ сколько ☐	
Образование начальное, среднее, высшее законченное, незаконченное		**Жилищные условия** являетесь ли собственником (дома, квартиры, дачи), (если нескольких, указать все), ...	
Уровень экономической активности занятые, безработные, студенты, пенсионеры, ведущие домашнее хозяйство		**Источники средств к жизни** работа, стипендия, пенсия, пособие, сбережения, доход от сдачи в наем имущества и т.д.	

N.B. **пол** – sex; **пособие** – benefit; **исто́чники сре́дств к жи́зни** – sources of income; **сбереже́ния** – savings; **сда́ча в наём иму́щества** – renting of property

Some other roots that appear in this unit

Words with the root муж 'man, male'

Nouns: муж 'husband'; мужчи́на 'man'; мужи́к 'peasant' му́жество 'courage'.

Adjectives: мужско́й 'men's, male, masculine'; му́жественный 'courageous'.

Verbs: мужа́ть 'mature'; мужа́ться 'take heart'.

Combined with за-: 'acquisition': за́мужем 'married' (of a woman); вы́йти за́муж за + acc. 'to marry' (of a woman); заму́жняя 'married woman'.

Words with the root жен-

Nouns: жена́ 'wife'; же́нщина 'woman'; жени́х 'bridegroom, fiancé'; жени́тьба 'marriage'.

Adjectives: же́нский 'women's, female'; же́нственный 'feminine'; жена́тый 'married' (of a man).

Verbs: жени́ть 'to marry (off)'; жени́ться на + *prep.* 'to marry' (of a man), 'to get married' (of a couple).

Combined with other roots: женоненави́стник 'misogynist' (не́нависть – 'hatred'); женоподо́бный 'effeminate' (подо́бный 'like').

Words with the root -мерт- 'death'

Nouns: смерть 'death'; сме́ртный 'mortal'; сме́ртность 'mortality'.

Adjectives: мёртвый 'dead'; смерте́льный 'mortal, fatal'.

Verbs: умере́ть 'to die'.

Words with the root брак 'marriage'

(note where к changes to ч)

Nouns: брак 'marriage, married state'; бракосочета́ние 'marriage service'.

Adjective: бра́чный 'marriage, conjugal'.

Exercise 13

Choose the right phrase or word to fill the gap in the following sentences.

(жени́ться(по-), вы́йти за́муж, жена́тый, заму́жняя, брак)

1 В про́шлом году́ он ... на знако́мой студе́нтке. 2 Она́ ... за но́вого ру́сского. 3 Наконе́ц, они́ реши́ли ... 4 Говоря́т, что ... мужчи́ны живу́т до́льше. 5 У ... же́нщин, по-пре́жнему, ма́ло вре́мени на о́тдых. 6 В Росси́и сейча́с о́чень популя́рны ... с иностра́нцами.

Exercise 14

Translate into Russian.

1 The demographic situation in Russia is very serious: the birth rate is in decline and life expectancy is falling.
2 In many European countries the number of women is higher than the number of men. That can be explained by the fact that female life expectancy is several years greater than male.
3 According to the census conducted in the year 2001 the population of Britain constituted 70 million people.
4 In the opinion of demographers a high birthrate is characteristic of developing countries. In developed countries the situation is the opposite.
5 In order to stop the decline in population Russia needs a demographic policy.
6 Smoking and drinking are the main reasons why Russian men have such a low life expectancy.
7 We all should lead a healthy way of life. First of all, we should give up smoking and drinking.
8 I do not believe that married men live longer than divorced men.

10 ОБРАЗОВАНИЕ

In this unit you will learn:

- ▶ about education in Russia
- ▶ how to form and use the present passive participle
- ▶ more about the preposition **по**
- ▶ words with the root **уч / ук**
- ▶ about stress in the present and future of verbs

The Soviet Union rightly prided itself on the quality of its education system. Even now, despite declining investment in education, Russian students continue to demonstrate better mathematical and scientific skills than those in many western countries. Russia still boasts universal basic education and a literate workforce. However, reform is essential if Russian education is to respond to the demands of the market economy. There is a need to move away from a pedagogical approach which emphasises the acquisition of knowledge rather than problem-solving skills. Capital investment, which has been in serious decline since the collapse of the Soviet Union, needs to be increased to repair decrepit buildings and replace outdated equipment. Previously free for all students, about two thirds of students in higher education now pay some contribution to the cost of their education, but this has little impact on the universities' need for greater funding to improve infrastructure and increase teachers' lamentably low pay.

Text 1

Реформа образования

В России прошла реформа образования. 2 пункта в ней вызвали много споров. Первый – так называемый единый государственный экзамен, проводимый взамен выпускных и вступительных экзаменов. Все выпускники, каждый в своей школе, в один и тот же день отвечают на один и тот же тест. Результаты тестирования являются основанием не только для получения аттестата об окончании школы, но и для поступления в вуз. Выпускники сдают два обязательных экзамена: математику и русский язык, остальные три экзамена сдаются в зависимости от специализации. Высшая оценка – 100 баллов. По этим баллам выпускники принимаются в институт.

Однако многие обеспокоены самим фактом введения такого экзамена. «Россия слишком большая страна для чего бы то ни было единого», утверждают они. «Слишком большая разница между столичной школой и школой где-нибудь за Уралом», говорят другие. К тому же единый тест несовместим с жёстким отбором. А отсутствие отбора неизбежно снижает качество образования.

Второй пункт – плата за обучение. Каждый выпускник, в зависимости от того, сколько баллов он набрал на тесте, получает от государства чек. Трети абитуриентов, которые набрали наивысшие баллы, государством выдаются деньги, достаточные для оплаты всей учёбы в вузе. Иными словами, они учатся бесплатно. За прочих государство вносит только часть (70–30%). Остальное вносится из собственного кармана. Короче, для двух третей россиян высшее образование стало платным.

Раньше бесплатное образование считалось достижением в стране. Качеству советского образования завидовали. Теперь основное направление – брать деньги с населения. По словам министра образования, «бюджетных средств не хватает. Поэтому необходимо развивать финансирование за счёт привлечения внебюджетных средств. В первую очередь, за счёт расширения образовательных услуг». А что такое образовательные услуги? Это – платные

отделе́ния в университе́тах, на кото́рые тепе́рь набира́ются
далеко́ не лу́чшие, а те, кто мо́гут плати́ть. Это подготови́тельные
ку́рсы для поступа́ющих в университе́т, то есть, то́ же пла́тное
репети́торство, ра́ньше осуществля́емое преподава́телями и
опла́чиваемое роди́телями. То́лько тепе́рь госуда́рство все услу́ги
берёт на себя́.

По материа́лам газе́ты «Аргуме́нты и фа́кты», 2001

Vocabulary ♦

абитурие́нт	applicant (to university)
аттеста́т об оконча́нии шко́лы	school leaving certificate
балл	mark
брать на себя́	to take on
взаме́н (+ *gen*)	instead of
внебюдже́тные сре́дства	extra, non-budgetary funding
вступи́тельный экза́мен	entrance examination
вуз (вы́сшее уче́бное заведе́ние)	higher education institution (HEI)
выдава́ть	to give (out)
вы́звать спор	to provoke an argument
выпускни́к	graduate
выпускно́й экза́мен	final examination
еди́ный госуда́рственный экза́мен	common state examination
жёсткий отбо́р	rigorous selection
зави́довать (+ *dat*)	to envy
за счёт (+ *gen*)	by means of
набира́ть / набра́ть	to collect, gain
неизбе́жный	inevitable
несовмести́мый	incompatible
про́чий	other
образова́тельная услу́га	educational service
обяза́тельный	compulsory
опла́чивать	to pay
осуществля́ть	to implement
отсу́тствие	absence
оце́нка	grade, mark
подготови́тельные ку́рсы	preparatory courses
привлече́ние средств	attracting finance
расшире́ние	broadening
репети́тор	tutor

N.B. **так называемый** – so-called; **для чего бы то ни было единого** – for anything standardised; **иными (другими) словами** – in other words; **из собственного кармана** – out of one's own pocket; **в зависимости от** (+ *gen*) – depending on; **в первую очередь** – in the first place

Exercise 1

Answer the following questions in Russian.

1 Что означает единый государственный экзамен?
2 Почему его введение беспокоит многих?
3 Какие экзамены обязательны?
4 Какие студенты будут учиться бесплатно?
5 Кто должен платить за образование?
6 Почему вводится платное образование?
7 Что означает расширение образовательных услуг?

Exercise 2

Study this example from the examination in Russian language. See how well you can do. Use a dictionary, if necessary.

ЕДИНЫЙ ЭКЗАМЕН
Тест по русскому языку

Прочитайте предложения:

А. Его язык удивителен. **Б.** Я помню, что когда я в первый раз начал читать Чехова, то сначала он показался мне каким-то странным, как бы нескладным. **В.** Благодаря своей искренности, Чехов создал новые, совершенно новые по-моему для всего мира формы писания, подобных которым я не встречал нигде. **Г.** Но как только я вчитался, этот язык захватил меня.

1. В каком порядке должны следовать эти предложения, чтобы получился текст?

1) А,Б,Г.В. 2) Б,Г,А,В. 3) В,Б,А,Г. 4) Г,В,А,Б.
Укажите предложение с пунктуационной ошибкой.

2. В каком слове ударение на 2-м слоге?

1) Облегчить. 2) Принял. 3) Переданный. 4) Балуется

Present passive participle

As with the participles discussed in earlier units, the present passive participle is a verbal adjective.

How to form present passive participles

Add -ый to the first person plural (мы form) of the present tense of the verb: получа́ть – получа́ем – получа́емый '(being) received'.

Нести́ and вести́ change the -ё- in the first person plural ending to -о- in the participle: нести́ – несём – несо́мый 'carried'. Verbs ending in -авать take the ending -аваемый: дава́ть – даём – дава́емый '(being) given'.

This participle is generally only formed from transitive verbs (i.e. those taking a direct object). However, there are a small number of verbs which govern the instrumental case which have present passive participles: руководи́ть – руководи́мый 'led, directed'; управля́ть – управля́емый 'managed' ; кома́ндовать – кома́ндуемый 'commanded'.

A considerable number of verbs do not have a present passive participle. These include:

– many monosyllabic verbs, e.g. бить, брать, есть, знать, класть, лить, мыть, петь, пить;
– irregular first conjugation verbs, e.g. писа́ть, пря́тать;
– many second conjugation verbs: гото́вить, держа́ть, плати́ть, смотре́ть, ста́вить, стро́ить.

The problem of there being no present passive participle can frequently be overcome by forming the participle from a compound of the verb: плати́ть – опла́чивать – опла́чиваемый 'being paid for'.

Exercise 3

Form present passive participles from the following verbs.

получа́ть, привлека́ть, создава́ть, люби́ть, уважа́ть, вноси́ть, осуществля́ть, опла́чивать, ввози́ть, предлага́ть, проводи́ть, изуча́ть, финанси́ровать, испо́льзовать

How to use present passive participles

They decline like adjectives and agree in number, gender and case with the noun they describe:

> **Зарпла́ты, получа́емой росси́йским учи́телем, ча́сто не хвата́ет да́же на пи́щу.**
> The wages received by a Russian teacher are often not enough even for food.

Several present passive participles are now frequently used as adjectives:

люби́мый	favourite
так называ́емый	so-called
уважа́емый	respected, dear

Some adjectives (usually negative) are formed like present passive participles, but from the perfective verb:

несовмести́мый	incompatible
неповтори́мый	unique
неразличи́мый	indistinguishable
недопусти́мый	not permissible
несравни́мый	incomparable
незави́симый	independent
	(formed from the imperfective)

> **Еди́ный тест несовмести́м с жёстким отбо́ром.**
> A single test is incompatible with rigorous selection.

Note the use of the short form. Present passive participles themselves are rarely found in the short form.

Some present passive participles are used as nouns: **обвиня́емый** 'the defendant'; **слага́емое** 'item, component'.

Exercise 4

Replace the infinitives in brackets by the appropriate forms of the present passive participle.

1 В 1985 году́ начался́ но́вый пери́од сове́тской исто́рии (называ́ть) перестро́йкой. 2 Ка́федру ру́сского языка́, (возглавля́ть) изве́стным лингви́стом, зна́ют во всей стране́. 3 Пу́шкин (люби́ть) людьми́ всех во́зрастов, са́мый популя́рный поэ́т в Росси́и. 4 Мето́дика

преподава́ния иностра́нных языко́в, (испо́льзовать) в э́том университе́те, са́мая совреме́нная. 5 Мно́гие това́ры, (ввози́ть) в Росси́ю, облага́ются по́шлиной. 6 В печа́ти мно́го говори́лось о но́вых шко́льных програ́ммах, (финанси́ровать) госуда́рством. 7 Су́ммы, (вноси́ть) роди́телями за образова́ние дете́й, весьма́ значи́тельны. 8 Стипе́ндии, (получа́ть) студе́нтами, не хвата́ет да́же на уче́бники. 9 Обяза́тельных экза́менов, (сдава́ть) студе́нтами, всего́ два – ру́сский язы́к и матема́тика.

Passive voice

Note that the present passive participle may *not* be used to form the passive voice. Use either the reflexive verb (*see unit 4*) or the short form of the past passive participle (*see unit 8*). Note the use of the instrumental when a reflexive verb is used to convey a passive meaning. It translates 'by':

Преподава́тели пи́шут уче́бник.
The lecturers are writing a textbook.

Уче́бник пи́шется преподава́телями.
The textbook is being written by lecturers.

Exercise 5

Replace the active construction by a passive.

Example: **В кру́пных города́х Росси́и стро́ят метро́ – В кру́пных города́х Росси́и стро́ится метро́.**

1 Вчера́ по телеви́зору передава́ли интере́сные но́вости. 2 Ру́сский язы́к преподаю́т во мно́гих англи́йских университе́тах. 3 Лу́чшим студе́нтам выдаю́т стипе́ндию. 4 В Росси́и гото́вят но́вую рефо́рму образова́ния. 5 Роди́тели опла́чивают вы́сшее образова́ние в зави́симости от их дохо́да. 6 Лу́чших студе́нтов принима́ют в институ́т без экза́менов. 7 Для строи́тельства но́вых зда́ний моско́вский мэр приглаша́ет иностра́нных специали́стов.

Transitive and intransitive pairs

Remember that reflexive verbs are intransitive and cannot be followed by a direct object:

Я начинаю работу в шесть.
I start work at six.

Работа начинается в шесть.
Work starts at six.

Exercise 6

Decide which verb to use in the following sentences.

1 Ситуация изменила/изменилась в лучшую сторону. 2 Он окончил/окончился университет с отличием. 3 Средняя зарплата в стране в последнее время увеличила/увеличилась. 4 Экономическое положение в России будет улучшать/улучшаться. 5 Реформа образования продолжает/продолжается вызывать много споров. 6 Лекции начинают/начинаются в 9 часов утра. 7 С каждым годом государство сокращает/сокращается расходы на образование. 8 Зарплата учителей всё время уменьшает/уменьшается. 9 Экзамены кончили/кончились в июне. 10 Единый экзамен скоро будет проводить/проводиться по всей стране.

Dialogue 1

An interview with the Rector of Moscow State Technical University, I.B. Fyodorov

ЖУРНАЛИСТ	В 1995 году Ваш университет получил статус особо ценного культурного объекта Российской Федерации. Что это значит для Вас?
РЕКТОР	Это большая честь и большая ответственность. Из московских вузов статус особо ценного объекта за

заслу́ги в о́бласти образова́ния получи́ли то́лько два ву́за – МГУ и МГТУ им. Ба́умана.

ЖУРНАЛИ́СТ До́лгое вре́мя инжене́рное образова́ние счита́лось непрести́жным. Но в Ва́шем университе́те всегда́ бы́ли высо́кие ко́нкурсы.

РЕ́КТОР Это пра́вда. К на́шему университе́ту всегда́ был большо́й интере́с. Все зна́ют, что МГТУ – оди́н из лу́чших ву́зов. Мы гото́вим инжене́ров, а та́кже специали́стов по инжене́рному би́знесу. Ка́ждый год сюда́ прихо́дят са́мые «продви́нутые» абитурие́нты, зна́ющие о его́ высо́ких тре́бованиях, о необходи́мости мно́го рабо́тать. Для них учёба здесь – возмо́жность получи́ть отли́чное образова́ние, интере́сную профе́ссию. Вообще́, в после́дние го́ды прести́ж инжене́рного де́ла в Росси́и стал расти́.

ЖУРНАЛИ́СТ Существу́ет мне́ние, что учи́ться в Ва́шем университе́те о́чень тру́дно.

РЕ́КТОР Да, учи́ться нелегко́, но далеко́ не так стра́шно, как об э́том говоря́т. На́ша програ́мма рассчи́тана на челове́ка с обы́чными спосо́бностями. Студе́нту МГТУ не обяза́тельно быть ге́нием, хотя́ таки́е у нас то́же есть. От него́ тре́буется лишь одно́ – посеща́ть все заня́тия и во́-время сдава́ть дома́шние зада́ния.

ЖУРНАЛИ́СТ Ско́лько лет у́чатся в МГТУ?

РЕ́КТОР МГТУ – еди́нственный техни́ческий вуз Росси́и, где срок обуче́ния составля́ет 6 лет.

ЖУРНАЛИ́СТ Чем, по-Ва́шему, объясня́ется Ваш успе́х?

РЕ́КТОР Успе́х зави́сит от трёх слага́емых. Совреме́нный уче́бный план, квалифика́ция преподава́телей и стремле́ние студе́нта к зна́ниям. Если одно́ из них отсу́тствует, ка́чество образова́ния снижа́ется. Но в на́шем университе́те име́ются все три слага́емых успе́ха.

По материа́лам журна́ла «Столи́чное образова́ние», 2001

Vocabulary ◆

во́-время	in time
заслу́га	merit, service

инжене́рное де́ло	engineering
отве́тственность (*f*)	responsibility
отсу́тствовать	to be absent
«продви́нутый»	advanced
рассчи́тан на (+ *acc*)	aimed at
слага́емое успе́ха	component of success
срок обуче́ния	period of study
стремле́ние	striving
уче́бный план	curriculum
це́нный объект	valued institution
честь (*f*)	honour

Exercise 7

Answer the following questions in Russian.

1 За что даётся ста́тус осо́бо це́нного объе́кта?
2 Каки́е ву́зы получи́ли тако́й ста́тус?
3 Кого́ гото́вит МГТУ?
4 Почему́ студе́нты хотя́т учи́ться в МГТУ?
5 На кого́ рассчи́тана програ́мма МГТУ?
6 Како́й срок обуче́ния в МГТУ?
7 Чем объясня́ется успе́х МГТУ?

Exercise 8

True or false?

1 Бо́льше всего́ спо́ров в рефо́рме образова́ния вызыва́ет (еди́ный госуда́рственный экза́мен, уче́бная програ́мма, введе́ние те́стов)?
2 Обяза́тельные экза́мены включа́ют (матема́тику, англи́йский язы́к, геогра́фию)?
3 Ра́ньше вы́сшее образова́ние счита́лось (беспла́тным, пла́тным, ка́чественным)?
4 Образова́тельные услу́ги включа́ют (подготови́тельные ку́рсы, услу́ги репети́торов, ча́стные уро́ки)?
5 МГТУ получи́л ста́тус осо́бо це́нного объе́кта за заслу́ги в о́бласти (культу́ры, иску́сства, образова́ния)?
6 МГТУ гото́вит (бизнесме́нов, учителе́й, инжене́ров)?
7 Програ́мма МГТУ рассчи́тана на (ге́ниев, спосо́бных студе́нтов, сре́дних студе́нтов)?

Exercise 9

Study this advertisement for Moscow State Technical University and answer the questions in English.

МОСКОВСКИЙ ГОСУДАРСТВЕННЫЙ ТЕХНИЧЕСКИЙ УНИВЕРСИТЕТ

им. Н.Э. БАУМАНА

ФАКУЛЬТЕТЫ:
Информатика и системы управления, Инженерный бизнес и менеджмент, Машиностроительые технологии, Роботехника и комплексная автоматизация, Радиоэлектроника и лазерная техника, Биомедицинская техника, Специальное машиностроение, Энергетическое машиностроение, Оптико-электронное машиностроение, Аэрокосмический, Радиотехнический, Ракетно-космической техники

Сегодняшний мир – мир профессионализма, и если Вы хотите, чтобы это был мир для Вас, мы приглашаем Вас на учебу в МГТУ им. Н.Э. Баумана

⇒ лидер российских технических университетов

⇒ первоклассное образование в первоклассном университете, которому присвоен статус особо ценного культурного объекта РФ

⇒ готовит инженеров по всем основным направлениям, а также инженерному бизнесу и менеджменту

⇒ имеется возможность получения второй специальности: инженера-менеджера, инженера-эколога, референта-переводчика, бакалавра по информатике

⇒ система образования в МГТУ – широкая эрудиция плюс высокий профессионализм

⇒ длительность основного курса обучения 6 лет

⇒ наши выпускники пользуются постоянным спросом отечественных и зарубежных фирм

1 Name the different faculties of the Moscow State Technical University.
2 How does the University characterise the education it offers?
3 What branches of engineering is it possible to specialise in?
4 What is the educational philosophy of the University?
5 How long do the basic courses last?
6 What are the prospects for graduates?

Language points ♦

Word building

Note the following words with the root **-уч-/ук-**, all of which are related to learning.

Nouns: **учёба** 'studies'; **учени́к** 'pupil'; **уче́бник** 'textbook'; **нау́ка** 'science'; **учёность** 'learning'; **учи́тель** 'teacher'; **уче́ние** 'studies'; **уча́щийся** (participle in origin) 'student'; **учи́лище** 'school, college'.

Adjectives: **учёный** 'learned' (also used as the noun 'scientist'); **уче́бный** 'educational'; **учи́тельский** 'teachers'; **нау́чный** 'scientific'.

Verbs: **учи́ть (вы-)** (+ *acc.*) 'to learn'; **учи́ть (на-)** (+ *acc.*, + *dat.*) 'to teach', **учи́ться (на-)** (+ *dat.*) 'to learn'; **учи́ться в** (+ *prep.*) 'to study at'; **отучи́ться** 'to finish studies'; **отучи́ться от** (+ *gen.*)'to break the habit'.

Exercise 10

Select from the brackets the most appropriate word to complete each sentence.

(обуче́ние, учи́ться, научи́ла, уче́бных, учи́л, отучи́лся, у́чатся, уче́бного, учи́ть, учителе́й)

1 Не все студе́нты в Росси́и … беспла́тно. 2 Он … от буты́лки ра́ди здоро́вья. 3 Пла́та за … вызыва́ет тру́дности у тех, у кого́ нет средств. 4 Зарпла́ты … о́чень ни́зкие. 5 Нелегко́ … в прести́жном ву́зе, как МГТУ. 6 Жизнь … меня́ э́тому. 7 МГТУ одно́ иа са́мых лу́чших вы́сших … заведе́ний в Москве́. 8 Без совреме́нного … пла́на институ́т не привлека́ет студе́нтов. 9 Мне

нра́вится . . . англи́йский язы́к. 10 20 лет он . . . дете́й ру́сскому языку́.

Preposition corner

По + dative

along, through, around

по доро́ге, по стране́, по по́лу, по у́лицам
along the road, through the country, around the floor, around the streets

down

вниз по реке́, по ле́стнице
down the river, the staircase

by (means of)

по по́чте, по телефо́ну
by post, by telephone

by, through

по пра́ву, по происхожде́нию
by right, by origin

по глу́пости, по оши́бке, по его́ вине́
through stupidity, by mistake, through his fault

по приглаше́нию, по профе́ссии
by invitation, by profession

according to, in, for

по мои́м часа́м, по моему́ мне́нию
according to my watch, in my opinion

по Толсто́му, по како́й причи́не?
according to Tolstoy, for what reason?

at

по кра́йней ме́ре, по како́й цене́?
at least, at what price?

in, on the subject of

учéбник по геогрáфии
textbook on geography

чемпиóн по тéннису
tennis champion

специалúст по рýсскому языкý
Russian language specialist

at, in, on, for (with the plural of the noun)

по утрáм, по выходнúм дням
in the mornings, at weekends

по прáздникам, по понедéльникам
on holidays, on Mondays

по цéлым часáм
for hours on end

Note also:

по áдресу	concerning, directed towards
по пóводу	on the subject of
судúть по	to judge by
скучáть по	to miss
тосковáть по	to long for

По + accusative

up to (place)

по пóяс
up to the waist

up to and including (time)

по пéрвое мáя
up to and including 1st May

each

with numerals, especially 2, 3, 4

по два столá
two tables each

по + dative is used with nouns

> **Мы получи́ли по письму́.**
> We received a letter each.

numerals above five take accusative or dative with the noun in the genitive plural:

> **по пять/по пяти́ часо́в**
> five hours each

По + prepositional

on, at the time of, after

> **по сме́рти, по прие́зде, по возвраще́нии**
> on the death of, on arrival, on return

> **по оконча́нии ку́рса, по получе́нии ви́зы**
> on finishing the course, on receipt of visa

Exercise 11

Put the nouns in the appropriate case after **по**.

1 Уже́ шесть часо́в по (мой часы́). 2 Мы плывём вниз по (река́). 3 Они́ сиде́ли по (по́яс) в воде́. 4 Ка́ждый получи́л по (пода́рок). 5 По (получе́ние) па́спорта он перее́хал в Аме́рику. 6 Конфере́нция состои́тся с пе́рвого по (тре́тье) февраля́.

Exercise 12

Study the chart (on page 195) showing the growth of higher educational institutions in Russia. What changes have occurred since 1993?

Количество высших учебных заведений в России

годы	1914	1917	1980/81	93/94	94/95	95/96	96/97	97/98	98/99
государственные			78	157	193	244	302	334	
негосударственные	72	150	494	548	553	569	573	578	580

По данным Госкомстата   Подготовил Сергей МАКСИМОВИЧ

«**Аргументы и факты**» No 16, 2001.

N.B. **по да́нным Госкомста́т**а – according to the data of the State Committee of statistics

Language points ♦

Stress

Present and future perfective of verbs

Fixed stress: where the infinitive is stressed on the stem the present or future perfective is stressed throughout on the same syllable:

ста́вить   –   ста́влю, ста́вишь, ста́вит, ста́вим, ста́вите, ста́вят

е́хать   –   е́ду, е́дешь, е́дет, е́дем, е́дете, е́дут

Generally verbs with monosyllabic infinitives have fixed stress, but this may be on the ending or the stem:

быть   –   бу́ду, бу́дешь, бу́дет, бу́дем, бу́дете, бу́дут

взять   –   возьму́, возьмёшь, возьмёт, возьмём, возьмёте, возьму́т

The exception is **мочь** – see below.

Where the infinitive is stressed on the ending the first person singular will be stressed on the ending. In some verbs the stress then remains throughout on the ending. This includes all regular and some irregular first conjugation verbs:

чита́ть — чита́ю, чита́ешь, чита́ет, чита́ем, чита́ете,
чита́ют

идти́ — иду́, идёшь, идёт, идём, идёте, иду́т

Mobile stress: generally this conforms to one pattern. Many second
conjugation and some irregular first conjugation verbs, stressed on
the ending in the infinitive, are stressed on the ending in the first
person singular but on the stem for the rest of the conjugation:

писа́ть — пишу́, пи́шешь, пи́шет, пи́шем, пи́шете,
пи́шут

иска́ть — ищу́, и́щешь, и́щет, и́щем, и́щете, и́щут

проси́ть — прошу́, про́сишь, про́сит, про́сим, про́сите,
про́сят

смотре́ть — смотрю́, смо́тришь, смо́трит, смо́трим,
смо́трите, смо́трят

Note also:

мочь — могу́, мо́жешь, мо́жет, мо́жем, мо́жете, мо́гут

The verb **хоте́ть** is an exception to the above patterns:

хочу́, хо́чешь, хо́чет, хоти́м, хоти́те, хотя́т

Where a perfective verb has the prefix **вы-** it is always stressed:

вы́писать — вы́пишу, вы́пишешь, вы́пишет, вы́пишем,
вы́пишете, вы́пишут

Exercise 13

Translate into Russian.

1 The introduction of a nation-wide Common State Examination
worries many Russians. In their view the standard of education
will inevitably fall.

2 Only those students who gained the highest marks in this exam
will receive a grant and thus free education.

3 Russian parents now have a choice of which school to send their
children to, of which textbooks to use, of which curriculum to
follow.

4 Not all private schools are better than state schools. But they do have one advantage: the number of children in each class is much smaller.

5 The biggest change in the Russian educational system in the 90s was the appearance and growth of fee-paying private educational institutions.

6 Engineering education is becoming popular again. Competition for places at some technical universities is very high, up to 20 students per place.

7 In my opinion education should be free and accessible to all. I am against private universities and private schools.

11 РОССИЙСКОЕ ОБЩЕСТВО

In this unit you will learn:

▶ about the structure of Russian society
▶ how to form and use the subjunctive
▶ how to create conditional clauses
▶ about stress on the past tense of verbs

One of the big debates about post-Soviet society is whether Russia now has a middle class. Certainly, it does not as yet have a middle class which resembles that of Western society. The collapse of the Soviet Union caused great poverty for many members of society: pensioners, unemployed, those in low-paid state employment, many of them highly qualified and educated. Many of these people now live below the poverty line. But one glance at the streets of Moscow and St Petersburg with their designer shops and expensive restaurants, will tell you that Russia most certainly has a rich elite. There is also a group between the two extremes which can only be thought of as Russia's emergent middle class: highly qualified specialists in information technology, finance or the law, who can command better than average salaries. This group suffered badly at the time of the economic crisis of 1998, but is fighting its way back.

Text 1

Сре́дний класс

Те́рмин сре́дний класс обы́чно употребля́ют, име́я в виду́ ны́нешний сре́дний класс в стра́нах За́пада. Исходя́ из э́того, ча́сто заявля́ют, что в Росси́и нет тако́го кла́сса. Но так не быва́ет. Е́сли в Росси́и есть бога́тые и бе́дные, зна́чит есть и сре́дние слои́. Коне́чно, росси́йский сре́дний класс не тако́й, как на За́паде, поско́льку в Росси́и не така́я эконо́мика, не тако́й у́ровень благосостоя́ния.

Официа́льно при́знано, что при́знаки сре́днего кла́сса – нали́чие со́бственности, дохо́ды, образова́ние, профессионали́зм. Но е́сли бы мы призна́ли со́бственность гла́вным при́знаком, то к сре́днему кла́ссу на́до бы́ло бы отнести́ почти́ всех горожа́н, потому́ что они́ приватизи́ровали кварти́ры, на́до бы́ло бы

включи́ть всех селя́н, потому́ что они́ владе́ют земе́льными уча́стками. Если бы мы определя́ли принадле́жность к сре́днему кла́ссу по дохо́дам, то в сре́днем кла́ссе оказа́лось бы 30–50% домохозя́йств. А е́сли бы мы классифици́ровали сре́дний класс по при́знаку образова́ния, нам пришло́сь бы отнести́ к нему́ 35–55% населе́ния. Но невозмо́жно отнести́ к сре́днему кла́ссу всех, у кого́ есть вы́сшее образова́ние, поско́льку дохо́ды э́тих люде́й ча́сто не достига́ют да́же прожи́точного ми́нимума.

Росси́йский сре́дний класс сформирова́лся в ба́нковской сфе́ре, в фина́нсовом и рекла́мном се́кторах, кото́рые си́льно пострада́ли во вре́мя кри́зиса 1998 го́да. Коне́чно, е́сли бы не́ было кри́зиса, то не сократи́лось бы ре́зко коли́чество рабо́чих мест в э́тих се́кторах, и сре́дний класс был бы сейча́с гора́здо многочи́сленнее. В настоя́щее вре́мя, согла́сно социо́логам, 20–25% россия́н име́ют необходи́мые при́знаки но́вого сре́днего кла́сса. Это лю́ди, кото́рые не ждут, когда́ кто́-то устро́ит им хоро́шую жизнь. Таку́ю жизнь они́ устра́ивают себе́ са́ми. Они́ образо́ванны, высоко́ профессиона́льны, что позволя́ет им име́ть поро́й не одну́ рабо́ту, а две и да́же бо́льше. Они́ экономи́чески самостоя́тельны, потому́ что благодаря́ свои́м дохо́дам они́ мо́гут не про́сто выжива́ть, но регуля́рно де́лать поку́пки и сбереже́ния, а то и вкла́дывать де́ньги в це́нные бума́ги. Они́-то и составля́ют ядро́ росси́йского сре́днего кла́сса.

Но есть ещё 40–45% населе́ния: потенциа́льных представи́телей сре́днего кла́сса. У э́тих люде́й есть экономи́ческие и социа́льные при́знаки сре́днего кла́сса, но эконо́мика не даёт им гара́нтий перемеще́ния в ядро́. Они́ име́ют неплохо́е образова́ние, но не мо́гут найти́ досто́йную рабо́ту с хоро́шим за́работком. Если бы росси́йская эконо́мика зарабо́тала, у э́тих люде́й появи́лась бы возмо́жность увели́чить свои́ дохо́ды, и они́ могли́ бы перейти́ в сре́дний класс. Но дверь в сре́дний класс для них пока́ закры́та.

По материа́лам газе́ты «Вре́мя но́востей», 2001

Vocabulary ♦

благосостоя́ние	wellbeing, prosperity
вкла́дывать в (+ *acc*)	to invest
домохозя́йство	household
досто́йный	worthy, repectable
за́работок	salary, earnings
земе́льный уча́сток	plot of land
нали́чие	presence
ны́нешний	present
отнести́ к (+ *dat*)	to relate to
перемеще́ние	moving
поско́льку	as
поро́й	at times
представи́тель	representative
при́знак	indication
прожи́точный ми́нимум	living wage
рекла́мный се́ктор	advertising sector
сбереже́ния (*pl*)	savings
селя́нин	villager
устра́ивать	to arrange, fix up
це́нные бума́ги (*pl*)	securities
ядро́	nucleus

N.B. **име́я в виду́** – meaning, having in mind; **исходя́ из э́того** – on this basis

Exercise 1

Answer the following questions in Russian.

1 Почему́ росси́йский сре́дний класс не тако́й, как на За́паде?
2 Каковы́ типи́чные при́знаки сре́днего кла́сса?
3 Где сформирова́лся росси́йский сре́дний класс?
4 Како́й проце́нт россия́н име́ют при́знаки но́вого сре́днего кла́сса?
5 Как мо́жно охарактеризова́ть таки́х люде́й?
6 Кто составля́ет ядро́ росси́йского сре́днего кла́сса?
7 Что представля́ют собо́й потенциа́льные представи́тели сре́днего кла́сса?
8 Почему́ дверь в сре́дний класс для них закры́та?

Dialogue 1 ⫸👂

Conversation between a journalist and a sociologist

ЖУРНАЛИ́СТ	В газе́тах мно́го пи́шут о росси́йских бе́дных, о черте́ бе́дности, но ма́ло пи́шут о бога́тых. Кто таки́е росси́йские бога́тые?
Социо́лог	Поня́тие бога́тства относи́тельно. По-настоя́щему бога́тых люде́й тру́дно классифици́ровать. По росси́йским ме́ркам, челове́к счита́ется бога́тым, а по за́падным, он едва́ дотя́гивает до сре́днего кла́сса. К тому́ же, есть представле́ние бе́дных о бога́тых и бога́тых о себе́.
ЖУРНАЛИ́СТ	Что же на́до име́ть, что́бы тебя́ отнесли́ к бога́тым?
Социо́лог	Согла́сно социо́логам, росси́йские бога́тые на пе́рвое ме́сто ста́вят за́городный дом, пото́м идёт прести́жная кварти́ра. Да́льше – ли́чная охра́на, прести́жный автомоби́ль и на после́днем ме́сте – шика́рный вне́шний вид.
ЖУРНАЛИ́СТ	Но так обы́чно бе́дные лю́ди представля́ют себе́ бога́тых, са́мое гла́вное – прести́жная кварти́ра и дорога́я маши́на!
Социо́лог	Да, са́ми бога́тые ду́мают о себе́ ина́че. Для них са́мые гла́вные при́знаки бога́тства – охра́на и свя́зи. Большинство́ счита́ют, что бога́тый до́лжен, непреме́нно, име́ть си́льных покрови́телей из о́рганов госуда́рственной вла́сти.
ЖУРНАЛИ́СТ	Зна́чит, все на́ши бога́тые разбогате́ли благодаря́ свои́м свя́зям?
Социо́лог	Бою́сь, что так. Во-пе́рвых, росси́йские бога́тые – э́то те, кто име́л власть и в сове́тское вре́мя. Э́то парти́йные, комсомо́льские рабо́тники. Во-вторы́х, э́то «бизнесме́ны» сове́тских времён, те, кто ра́ньше был свя́зан с «тенево́й» эконо́микой.
ЖУРНАЛИ́СТ	Неуже́ли нет люде́й, кото́рые ста́ли бога́тыми благодаря́ свои́м спосо́бностям?

Социо́лог	Коне́чно, есть, но ма́ло. В Росси́и, по мне́нию социо́логов, проце́нтов 5 среди́ предпринима́телей мо́жно отнести́ к э́той катего́рии.

По материа́лам газе́ты «Аргуме́нты и фа́кты», 2001

Vocabulary ◆

дотя́гивать до (+ *gen*)	to extend as far as
за́городный дом	house in the country
комсомо́л	young communist league
ли́чная охра́на	personal bodyguard
непреме́нно	obviously, definitely
о́рган госуда́рственной вла́сти	organ of state power, the authorities
относи́тельный	relative
покрови́тель	patron
поня́тие	idea, concept
предпринима́тель	entrepreneur
разбогате́ть	to become rich
свя́зи (*pl*)	connections
тенева́я эконо́мика	shadow economy
черта́ бе́дности	poverty line
шика́рный вид	smart appearance

N.B. **по росси́йским / за́падным ме́ркам** – by Russian / Western standards; **во-пе́рвых** – firstly; **во-вторы́х** – secondly

Exercise 2

Answer the following questions in Russian.

1 О чём пи́шут росси́йские газе́ты?
2 Что ду́мают росси́йские бога́тые о себе́?
3 Каково́ представле́ние бе́дных о бога́тстве?
4 Как разбогате́ли росси́йские бога́тые?

Exercise 3

True or false?

1 При́знаки сре́днего кла́сса (образова́ние, со́бственность, больши́е дохо́ды)?

2 Средний класс России сформировался в (промышленности, сельском хозяйстве, финансовом секторе)?
3 Если российская экономика заработает, число людей среднего класса (увеличится, уменьшится, не изменится)?
4 По мнению бедных, атрибуты российского богатства (престижная квартира, дорогая машина, деньги в банке, шикарный вид)?
5 По мнению богатых, аттрибуты богатства (покровители в органах власти, свой дом, наличие собственности)?
6 Российские богатые – это (бывшие партийные работники, люди с высшим образованием, бывшие спекулянты)?

Exercise 4

How the Russian rich spend their holidays.

Чем ублажают себя наши богатые туристы?

✔ Восхождение на Килиманджаро – $500.
✔ «Охота» на глубоководного марлина – $300.
✔ Ловля пираний на удочку
в дельте Амазонки – $100 – 200.
✔ Охота на парнокопытных на Маврикии – $200 – 300.
✔ Индивидуальный тур
по священным местам Гималаев – $2028.
✔ Свадьба в Венеции (регистрация брака,
свадебный кортеж на гондолах
с музыкантами,
праздничный ужин для гостей) – $30 – 35 тысяч.

Газета «Комсомольская правда», 2001

Answer the questions in English.

1 Describe the wedding in Venice the rich aspire to.
2 What kind of fishing and hunting trips are described?
3 Which two trips to mountains are mentioned?

N.B. **свадьба** – wedding; **священные места** – holy places; **ублажать** to indulge

Language points ♦

Subjunctive

The subjunctive in Russian is formed by putting the particle **бы** with the past tense:

он написа́л бы/писа́л бы
he would have written/he would write

It is possible for the **бы** to precede the verb:

я бы поду́мал
I should think

The subjunctive can be used to express desirability:

мне хоте́лось бы
I would like/I would have liked

вы бы мне сказа́ли
you should have told me

я пошёл бы
I would like to go/I would have gone

э́то бы́ло бы отли́чно
that would be excellent

Conditional clauses

Clauses introduced by **éсли** 'if' fall into two types:

1. If the condition is capable of being fulfilled the subjunctive is *not* used. Where the verb in the main clause is in the future then the verb in the clause introduced by **éсли** will also be in the future, unlike in English, where it would be in the present:

Мы не пойдём, éсли пойдёт дождь.
We won't go if it rains.

It is, of course, possible to find tenses other than the future after **éсли**:

Éсли тебе́ не нра́вится ю́бка, купи́ но́вую.
If you don't like the skirt buy a new one.

2. Where a condition is hypothetical the subjunctive mood is used in both the main clause and in the conditional clause. In this case the conditional clause is introduced by **éсли бы** followed by the past tense. Remember that **бы** is used only with the past tense:

Éсли бы нé было крúзиса, то не сократúлось бы колúчество рабóчих мест.

If there had been no crisis, then the number of jobs would not have declined.

The use of **то**, 'then', to introduce the main clause in this kind of sentence is quite common.

It is possible for the main clause to precede the **éсли** clause:

Колúчество рабóчих мест не сократúлось бы, éсли бы нé было крúзиса.

Exercise 5

Create single sentences out of two simple sentences using the future tense.

Example: **У меня́ дéньги. Я éду за гранúцу. – Éсли у меня́ бýдут дéньги, (то) я поéду за гранúцу.**

1 Лéто жáркое. Мы живём на дáче.
2 Я сдаю́ матемáтику. Я поступáю в технúческий университéт.
3 Россúйские дорóги улучшáются. В Россúю éздит мнóго турúстов.
4 У негó хорóшая зарплáта. Он покупáет квартúру в цéнтре.
5 У меня́ есть счёт в бáнке. Я вклáдываю капитáл в цéнные бумáги.
6 Она́ бросáет курúть, Её здорóвье лýчше.
7 Россúйские газéты незавúсимые. Онú публикýют всю информáцию.
8 На фестивáле покáзаны россúйские фúльмы. Зрúтели знáют, как развивáется кинó в Россúи.
9 У меня́ есть врéмя. Я éду в круúз по Вóлге.

Exercise 6

Replace the future tense in the following sentences with the subjunctive.

Example: **Если у меня бу́дет вре́мя, (то) я пойду́ в кино́. – Если бы у меня́ бы́ло вре́мя, (то) я пошёл бы (пошла́ бы) в кино́.**

1 Если эконо́мика зарабо́тает, то сре́дний класс обяза́тельно увели́чится. **2** Если он око́нчит университе́т, у него́ бу́дет хоро́шая рабо́та. **3** Если не бу́дет дефо́лта в э́том году́, росси́йский рубль ста́нет си́льным. **4** Если не бу́дет проведена́ рефо́рма образова́ния, у́ровень образова́ния упадёт. **5** Если бу́дет введена́ пла́та за образова́ние, пострада́ют мно́гие лю́ди. **6** Если госуда́рство хо́чет повы́сить у́ровень образова́ния, оно́ сохрани́т ча́стные шко́лы. **7** Если э́тот вуз бу́дет прести́жным, в нём бу́дет большо́й ко́нкурс. **8** Если у студе́нта есть стремле́ние учи́ться, он зако́нчит университе́т с отли́чием.

Exercise 7

Examine the survey, shown on page 208 conducted by Russia's Institute of Social and Economic Problems and answer the questions in English.

N.B. **ота́пливать** – to heat; **вы́резка** – fillet; **недоеда́ть** – not to have enough food; **сла́дости** – sweet things; **не мо́жет позво́лить** – can't afford; **по́хороны** – funeral

1 How do English and Russian concepts of poverty differ in respect of food?
2 Contrast English and Russian views on leisure and poverty.
3 How do expectations in regard to purchase of clothing differ between the Russian and the English?
4 What household appliances do each consider necessary?
5 Name two areas of life which Russians refer to but are not mentioned in the English list at all.

Английская семья считает себя бедной, если:

- Не может отапливать жилье.

- Нет в доме туалета, душа.

- Нет кровати для каждого.

- Нет двух пар обуви для каждого сезона.

- Нет отдельной спальни для каждого ребенка.

- Нет ковров для пола.

- Нет возможности празднично организовать Рождество.

- Нет стиральной машины.

- Не может покупать новую одежду для всех членов семьи.

- Не может покупать вырезку, ест мясо или рыбу только через день.

- Не может позволить недельный отдых вне дома каждый год.

- Не может позволить расходы, связанные с отдыхом или хобби.

- Не может купить необходимый спортинвентарь для детей.

- Нет сада перед домом.

Российская семья считает себя бедной, если:

- В семье недоедают.

- Едят мясо или рыбу реже двух раз в неделю.

- Не может приобретать в необходимом количестве предметы гигиены.

- Нет денег для обновления и ремонта одежды, обуви.

- Нет и не может приобрести холодильник, самую простую мебель, даже черно-белый телевизор.

- Нет денег на жизненно важные лекарства и медицинские приборы.

- Не может обращаться к платным врачам.

- Не может организовать похороны.

- Не может покупать фрукты, сладости детям даже изредка.

- Не может давать детям деньги на питание в школе, оплачивать детсад и ясли.

- Не может покупать детям новую одежду и обувь по мере их роста.

Газета «Аргументы и факты», 2001

Language points ♦

Чтобы

Чтобы is followed either by the infinitive or the past tense. **Чтобы** may *not* be followed by any other tense.

Чтобы + infinitive

This construction is used to translate 'in order to, so as to':

Я позвони́ла, что́бы рассказа́ть тебе́ но́вости.
I rang (in order) to tell you the news.

'In order' is often omitted in English. In Russian **что́бы** is sometimes omitted after verbs of motion:

Я пришла́ рассказа́ть тебе́ но́вости.
I came to tell you the news.

Чтобы + past tense

It can be seen from the above example that **что́бы** can only be used with the infinitive where both clauses have the same subject. Where the subject of each verb is different, **что́бы** + past tense is used and translates 'so that, in order that':

Я позвони́ла, что́бы ты рассказа́л мне но́вости.
I rang so that you could tell me the news.

Чтобы + past tense after хоте́ть

Note the difference between the two examples:

Я хочу́ рабо́тать.
I want to work.

Я хочу́, что́бы ты рабо́тал.
I want you to work.

In the first example the subject of the two verbs is the same and **хоте́ть** is followed by the infinitive. Where the subject of the verbs is different, as in the second example, **хоте́ть** is followed by **что́бы** + past tense.

Other verbs expressing desirability are similarly followed by **что́бы** + past tense when the subject of the two verbs is different. These include: **тре́бовать/потре́бовать** 'demand'; **ждать** 'to wait for'; **предлага́ть/предложи́ть** 'to suggest':

Он потре́бовал, что́бы мы ушли́.
He demanded that we leave.

Note the construction after **наста́ивать/настоя́ть** 'to insist':

Он настоя́л на том, что́бы мы ушли́.
He insisted that we leave.

After **прика́зывать/приказа́ть** 'to order' and **сове́товать/посове́товать** 'to advise' it is possible to use either **что́бы** + past tense or dative + infinitive:

Он приказа́л, что́бы мы ушли́.
He ordered that we leave.

Он приказа́л нам уйти́.
He ordered us to leave.

Similarly, after **проси́ть/попроси́ть** 'to ask, request', either the construction with **что́бы** or accusative + infinitive may be used:

Он попроси́л, что́бы мы ушли́.
He asked that we leave.

Он попроси́л нас уйти́.
He asked us to leave.

N.B.: do not confuse **проси́ть/попроси́ть** with **спра́шивать/спроси́ть** 'to ask a question':

Он спроси́л меня́, зна́ю ли я Петра́.
He asked me if I know Peter.

Exercise 8

Change the sentences using **хоте́ть, что́бы**. Make the noun in brackets the subject of the second verb.

Example: **Я хочу́ пое́хать в Росси́ю (мой друг) – Я хочу́, что́бы мой друг пое́хал в Росси́ю.**

1 Я хочу́ купи́ть маши́ну (мой муж). 2 Он хо́чет поступи́ть в университе́т (его́ дочь). 3 Она́ хо́чет приобрести́ путёвку в дом о́тдыха (её роди́тели). 4 Он хо́чет принадлежа́ть к сре́днему кла́ссу (все учителя́). 5 Мы хоти́м купи́ть да́чу (наш сосе́д). 6 Они́ хотя́т вкла́дывать де́ньги в це́нные бума́ги (рабо́чие). 7 Он хо́чет получи́ть хоро́шее образова́ние (все де́ти).

Чтобы + past tense after verbs of doubting or fearing and negative verbs of thinking and believing

When **сомневáться** 'to doubt'; **не вéрить** 'not to believe'; **не дýмать** 'not to think'; **не ожидáть** 'not to expect' refer to the past or present they are followed by **чтóбы** + past tense:

> **Я не вéрил, чтóбы он пришёл.**
> I didn't believe that he would come.

For the future use the indicative:

> **Я не вéрю, что он придёт.**
> I don't believe he will come.

Боя́ться 'to fear' may be followed by either the indicative or **чтобы + не +** past tense:

> **Я бою́сь, что он придёт.**
> I'm afraid he will come.

> **Я бою́сь, чтóбы он не приходи́л.**
> I'm afraid he will not come.

> **Я бою́сь, что он не придёт.**
> I'm afraid he will not come.

Exercise 9

Put the following sentences into the subjunctive using **чтóбы** + past tense.

1 Я сомневáюсь, что э́то прáвда. 2 Я не вéрю, что он придёт. 3 Я не дýмаю, что онá сдаст экзáмен. 4 Я совéтую вам подýмать об э́том. 5 Он проси́л меня поговори́ть с ней. 6 Он приказáл мне поéхать в Ло́ндон.

Чтóбы + past tense after impersonal expressions denoting desirablity and undesirability

Expressions such as **желáтельно** 'it is desirable'; **вáжно** 'it is important'; **лýчше** 'it is better'; **невозмóжно** 'it is impossible'; **невероя́тно** 'it is inconceivable'; **не мóжет быть** 'it cannot be'; **нáдо,**

ну́жно 'it is necessary'; **гла́вное** 'the main thing is' are also followed by **что́бы** + past tense:

> **Жела́тельно, что́бы он не пришёл.**
> It is desirable that he should not come.

> **Невероя́тно, что́бы он пришёл.**
> It is inconceivable that he should come.

> **Гла́вное, что́бы ему́ нра́вилась рабо́та.**
> The main thing is that he should like the job.

Exercise 10

Complete the sentences using the phrase in brackets with **что́бы** + past tense.

1 Очень ва́жно (учи́тель образо́ванный челове́к). 2 Очень ва́жно (у дете́й ра́вные возмо́жности на образова́ние). 3 Очень ва́жно (студе́нтам нра́вится учи́ться). 4 На́до (благосостоя́ние люде́й повы́сится). 5 На́до (все лю́ди име́ют рабо́ту). 6 На́до (у люде́й сбереже́ния). 7 На́до (все бога́тые пла́тят нало́ги). 8 Невозмо́жно (в Росси́и нет хоро́ших доро́г). 9 Невозмо́жно (он опозда́ет на по́езд. 10 Невероя́тно (она́ напи́шет рома́н). 11 Невероя́тно (она́ бро́сит кури́ть). 12 Не мо́жет быть (у него́ жена́). 13 Не мо́жет быть (у неё нет му́жа).

Whoever, whatever etc.

Кто, что, где, куда́, как, како́й combine with **бы** + **ни** + past tense to translate 'whoever, whatever, wherever (place), wherever (motion), however, whichever':

> **Что бы ты ни сказа́л, я не соглашу́сь.**
> Whatever you said I wouldn't agree.

> **Где бы мы ни жи́ли, нам всё бо́льше нра́вится наш родно́й го́род.**
> Wherever we have lived we still like our home town best.

Such sentences may also be rendered using the appropriate form of the indicative:

> **Что ты ни ска́жешь, я не соглашу́сь.**
> Whatever you say I won't agree.

Exercise 11

Translate the phrases in brackets into Russian.

1 (Whatever you say), всё остаётся пре́жним.

2 (Wherever they worked), они́ всегда́ бы́ли сча́стливы.

3 (Whenever she thinks about him), она́ всегда́ начина́ет пла́кать.

4 (Wherever my husband goes), он всегда́ посыла́ет мне откры́тки.

5 (However difficult it was), мы должны́ на́йти его́.

6 (Whenever I saw her), она́ всегда́ была́ оде́та по после́дней мо́де.

Exercise 12

To which class in your opinion do these people belong? Why?

НАШ ОПРОС

Сколько вам не жалко потратить на летний отпуск?

Владислав, директор крупного автосалона, Новосибирск:
– На хороший отдых трачу любые деньги, не раздумывая. Скоро собираюсь на Мальдивские острова – оттянусь по полной программе. А тот, кто скупится на удовольствия, живет скучно.

Ирина Львова, менеджер рекламной фирмы, Кемерово:
– Моя давняя мечта – слетать на Кипр. За границей я еще ни разу не была. Собираюсь купить путевку. Правда, муж отговаривает: за такие деньги можно и у нас в Сибири хорошо отдохнуть.

Надежда Краснова, безработная:
– Какой уж там отдых? На огороде целыми днями «загораю». Если бы у меня было столько денег, как у Березовского, рванула бы даже к черту на кулички.

В народ ходила Елена НАЗАРЕНКО.

Газе́та «Комсомо́льская пра́вда» май, 2001

N.B. **оттяну́сь по по́лной програ́мме** – I'll chill out good and proper; **скупи́ться на** (+ *acc*) – skimp on; **огоро́д** – vegetable garden; **рвану́ла бы к чёрту на кули́чки** – I'd get the hell out of here! **Березо́вский** – Russian tycoon

Stress

Past tense of verbs

Fixed stress – the majority of verbs formed from a root verb with two or more syllables have stress fixed in the past tense on the same syllable as the infinitive: **писа́ть** (**писа́л, писа́ла, писа́ло, писа́ли**); **рабо́тать** (**рабо́тал, рабо́тала, рабо́тало, рабо́тали**).

Some monosyllabic verbs have the stress on the stem throughout: **петь** (**пел, пе́ла, пе́ло, пе́ли**); **класть** (**клал, кла́ла, кла́ло, кла́ли**); **деть, есть, крыть, мыть, сесть, стать.**

Mobile stress on feminine endings – some monosyllabic verbs are stressed on the feminine ending but on the stem in all other forms: **пить** (**пил, пила́, пи́ло, пи́ли**); **брать** (**брал, брала́, бра́ло, бра́ли**); **быть, взять, дать, жить, лить, спать.**

Note also **нача́ть** (**на́чал, начала́, на́чало, на́чали**).

Stress on the ending – verbs ending in -**ти** and -**чь** are stressed throughout on the ending: **вести** (**вёл, вела́, вело́, вели́**); **мочь** (**мог, могла́, могло́, могли́**), **везти́, нести́, течь.**

Stressed on the prefix – all perfectives with the prefix **вы-** are stressed on the prefix: **вы́пить** (**вы́пил, вы́пила, вы́пило, вы́пили**).

Prefixed verbs are otherwise generally stressed in the same way as the root verb. But note these exceptions: **забы́ть** (**забы́л, забы́ла, забы́ло, забы́ли**); **зада́ть** (**за́дал, задала́, за́дало, за́дали**).

Exercise 13

Translate into Russian.

1 Sociologists are still arguing over whether a middle class exists in Russia.
2 There is a big difference between the Russian and British middle classes.
3 If the economic situation gets worse in Russia, many people will lose their jobs.
4 If only people knew how dangerous it is to walk at night.
5 If only I had money I would travel all over the world.

6 The majority of so-called new Russians became rich thanks to their connections with the Soviet government.

7 I want my son to study at Moscow university; I want him to study English.

8 He asked me to buy a Russian newspaper for him.

9 A Russian family considers itself poor if it cannot afford to buy fruit and sweets for its children.

12 ЗДРАВООХРАНЕНИЕ

In this unit you will learn:

- ▶ about health care in Russia
- ▶ about a variety of impersonal expressions
- ▶ when to use the buffer vowel **-o** in prepositions
- ▶ about stress in short form adjectives

The Soviet Union provided universal and free health care for all its citizens. The health service had both its strengths and its weaknesses. There were a very large number of doctors per head of population (43 per 10,000), about three times as many as in Britain. However, doctors were extremely badly paid. This resulted in the profession being female-dominated and in the expectation that patients would reward doctors with 'gifts'. There were some centres of excellence, but, in general, hospitals were poorly equipped and the primary care delivered by polyclinics was impersonal. The collapse of the Soviet Union and subsequent economic crises had a devastating effect on the health service. However, it also opened the way to a burgeoning private health sector, delivering high quality care. Inevitably, these private clinics are located in major population centres.

Text 1

Главное – здоровье человека

Частные клиники стали в России абсолютной необходимостью. Одной из наиболее известных и первых частных клиник в России является ЦЭЛТ (Центр эндохирургии и литотрипсии). Его генеральный директор профессор Александр Семёнович Бронштейн с момента создания Центра старается осуществить свою мечту – доступность высокопрофессионального медицинского обслуживания для всех российских граждан. И считает, что в нынешней ситуации в здравоохранении средством для достижения этой цели может быть только создание сети частных платных клиник. Что же представляет собой частная клиника в России?

В России частные больницы – больше, чем коммерция. Они – альтернатива государственной структуре. При кризисном состоянии здравоохранения здесь можно разрешить важные для здоровья проблемы, можно пользоваться услугами высококвалифицированных врачей. Здесь не только используют лучшие достижения международной медицины, но и разрабатывают собственные, уникальные технологии. Здесь делают операции, которые не делаются больше нигде в мире. И новейшие технологии позволяют хирургам в большинстве случаев обходиться без ножа.

Пациенты проводят в клинике два-три дня. За исключением особо сложных случаев диагностика проводится в течение одного дня, а не трёх недель, как это бывает во многих больницах. Но увы, цена услуг альтернативной медицины высока. Даже в том случае, когда частные клиники осуществляют гибкую ценовую политику. Впрочем, в клинике делают всё возможное, чтобы лечение оставалось доступным для всех желающих. Причём речь идёт не о богатых людях. Здесь предоставляют льготы ветеранам войны, ликвидаторам чернобыльской аварии, воинам-афганцам, многодетным семьям. За одну неделю клинику посещают примерно 1200 человек, в год – 60 тысяч.

Сейча́с практи́чески все жа́луются на разли́чного ро́да пробле́мы. Но Алекса́ндр Семёнович уверя́ет, что пробле́ма то́лько одна́ – ему́ жаль ка́ждого челове́ка, кото́рый прихо́дит в кли́нику, потому́, что он до́лжен плати́ть. К сожале́нию, без э́того невозмо́жно, поско́льку затра́ты колосса́льны. Та же аре́нда помеще́ния сто́ит о́чень до́рого. Вообще́, по́мощь госуда́рства необходи́ма больни́цам, в том числе́ и ча́стным. Коне́чно, у ЦЭЛТа есть спо́нсоры, но сейчас их фина́нсовые вложе́ния сократи́лись, так что кли́ника соде́ржит себя́ сама́. Сего́дня о́пыт кли́ники Бронште́йна счита́ется уника́льным. Це́нтру удало́сь вы́жить да́же в усло́виях о́бщего кри́зиса в стране́. И потому́ мно́гие учрежде́ния ча́стной медици́ны ориенти́руются и́менно на о́пыт ЦЭЛТа.

По материа́лам журна́ла «Деловы́е лю́ди», 2001

Vocabulary ◆

ава́рия	accident
аре́нда	rent
вложе́ния (pl)	investments
во́ин-афга́нец	veteran of the war in Afghanistan
впро́чем	but then again
ги́бкий	flexible
жа́ловаться на (+ acc)	to complain about
жаль	sorry
затра́ты (pl)	expenses
здравоохране́ние	health service, healthcare
лече́ние	treatment
ликвида́тор ава́рии	relief worker
мечта́	dream
многоде́тная семья́	large family
обстоя́тельство	circumstance
обходи́ться без ножа́	to do without the knife
ориенти́роваться на (+ acc)	to be based on
осуществля́ть / осуществи́ть	to realise; implement
по́льзоваться услу́гами	to use the services

предоставля́ть льго́ты	to provide benefits
причём	moreover
сеть ча́стных кли́ник	network of private clinics
сло́жный слу́чай	complicated case
содержа́ть себя́	to support itself
сре́дство для достиже́ния це́ли	means to achieve a goal
уверя́ть	to assure
увы́	alas
хиру́рг	surgeon
ценова́я поли́тика	pricing policy

N.B. **в том числе́** – including

Exercise 1

Answer the questions in Russian.

1 Что тако́е ЦЭЛТ?
2 Кто возглавля́ет ЦЭЛТ?
3 О чём мечта́ет профе́ссор Бронште́йн?
4 Каки́е пробле́мы мо́жно реши́ть с по́мощью ча́стных кли́ник?
5 Каки́е опера́ции де́лают хиру́рги ЦЭЛТа?
6 Кому́ предоставля́ются льго́ты?
7 Почему́ ЦЭЛТ не мо́жет сни́зить це́ны?
8 Кто ориенти́руется сейча́с на о́пыт ЦЭЛТа?

Exercise 2

Examine this advertisement for **ЦЭЛТ** and answer the questions in English.

1 What specialist surgeons are employed by ЦЭЛТ?
2 How is it possible for operations to take place without using a scalpel?
3 For what conditions do they offer traditional surgery?

ЦЕНТР ЭНДОХИРУРГИИ И ЛИТОТРИПСИИ ХИРУРГИЧЕСКОЕ ОТДЕЛЕНИЕ

- эндохирургические операции без разрезов (через 3-4 прокола с помощью оптической системы и специальных инструментов)

- эндоскопические и традиционные (открытые) операции при остром и хроническом аппендиците

- в ЦЭЛТе работают также опытнейшие хирурги

  - **хирург эндрокринолог** (заболевание щитовидной железы)

  - **хирург-проктолог** (геморрой, анальные трещины, полипы)

  - **нейрохирург** (опухли спинного мозга, грыжи позвоночных дисков)

  - **хирург-травмотолог** (артроскопия, оперативная артроскопия)

Dialogue 1

From an interview with Yurii Leonidovich Shevchenko, Minister of Health

КОРРЕСПОНДÉНТ	Здравоохранéние, котóрым Вы руководúте, переживáет сейчáс большúе трýдности.
ШЕВЧÉНКО	Все óтрасли переживáют трýдности в Россúи. Но здравоохранéние занимáет осóбое мéсто. От тогó, в какóм состоянии здорóвье нарóда, завúсит положéние госудáрства. Без здорóвья не нужны́ ни богáтство, ни власть. Вот почемý здравоохранéние является важнéйшим приоритéтом.

КОРРЕСПОНДЕ́НТ	Обы́чно здравоохране́ние называ́ют медици́нским обслу́живанием населе́ния.
ШЕВЧЕ́НКО	Да, его отно́сят к сфе́ре обслу́живания. А ещё к сфе́ре обслу́живания отно́сят парикма́херские, рестора́ны, гости́ницы. Здравоохране́ние – не сфе́ра обслу́живания, а сфе́ра жизнеобеспече́ния. Е́сли бы к здравоохране́нию отно́сились, как к сфе́ре жизнеобеспече́ния, в нём не сложи́лась бы така́я ситуа́ция.
КОРРЕСПОНДЕ́НТ	Какова́ же ситуа́ция в росси́йском здравоохране́нии?
ШЕВЧЕ́НКО	Ситуа́ция о́чень трево́жная. О́бщая сме́ртность в стране́ высо́кая. Растёт о́бщая заболева́емость. Вновь появи́лись инфе́кции, как туберкулёз. Возни́кли но́вые инфе́кции, как СПИД, хотя́ в Росси́ю э́та «чума́ 20 ве́ка» пришла́ по́зже, чем в други́е стра́ны.
КОРРЕСПОНДЕ́НТ	Печа́льная карти́на. Но как Вы са́ми объясня́ете таку́ю ситуа́цию?
ШЕВЧЕ́НКО	Мно́гое мо́жно объясни́ть тем, что в стране́ произошли́ огро́мные измене́ния. Мно́гие не мо́гут приспосо́биться к жи́зни в но́вых усло́виях. Отсю́да рост заболева́ний, свя́занных со стре́ссом.
КОРРЕСПОНДЕ́НТ	Мне ка́жется, пре́сса и телеви́дение отрица́тельно влия́ют на психи́ческое состоя́ние о́бщества. Они́ даю́т то́лько негати́вную карти́ну жи́зни в Росси́и.
ШЕВЧЕ́НКО	Это пра́вда. Всё вре́мя слы́шишь по телеви́зору заявле́ния о вымира́нии на́ции, о каки́х-то злоде́ях и про́чих у́жасах. А э́то заставля́ет наро́д жить в ожида́нии катастро́фы. Состоя́ние стре́сса не мо́жет не сказа́ться на здоро́вье.
КОРРЕСПОНДЕ́НТ	Сейча́с всё бо́льше расширя́ется пла́тная медици́на, осо́бенно в кру́пных города́х. Как Вы отно́ситесь к э́тому?
ШЕВЧЕ́НКО	Беспла́тной медици́ны должно́ быть как мо́жно бо́льше. Пла́тные медици́нские услу́ги должны́ развива́ться. Пусть у челове́ка бу́дет вы́бор, но за дополни́тельные услу́ги на́до плати́ть. Вообще́, на́до по́мнить, что пла́тная медици́нская по́мощь не всегда́ лу́чше беспла́тной.

По материа́лам «Незави́симой газе́ты», 2001

Vocabulary ◆

вымира́ние	dying out, extinction
жизнеобеспече́ние	vital necessity
заболева́емость (*f*) /	incidence of disease /
заболева́ние	disease
заявле́ние	statement
злоде́й	villain
о́трасль (*f*)	branch
парикма́херская	hairdresser's
приспосо́биться к (+ *dat*)	to adjust to
сказа́ться на (+ *acc*)	to tell on, affect
сложи́ться	to be formed
состоя́ние	state
СПИД	AIDS
трево́жный	alarming
чума́	plague

N.B. **Как Вы отно́ситесь к э́тому?** – What do you think about this? **Пусть у челове́ка бу́дет вы́бор** – Let people have the choice

Exercise 3

Answer the questions in Russian.

1 Кто тако́й Юрий Леони́дович Шевче́нко?
2 Почему́ здравоохране́ние занима́ет осо́бое ме́сто?
3 К како́й сфе́ре отно́сит Шевче́нко здравоохране́ние?
4 Какова́ ситуа́ция в росси́йском здравоохране́нии?
5 Как Шевче́нко объясня́ет ситуа́цию?
6 Как влия́ют СМИ в Росси́и на состоя́ние о́бщества?
7 Что ду́мает Шевче́нко о пла́тной и беспла́тной медици́не?

Exercise 4

True or false?

1 Ча́стные кли́ники в Росси́и явля́ются (беспла́тными, пла́тными, досту́пными для всех)?

2 Льго́ты в ЦЭЛТе предоставля́ются (всем лю́дям, вое́нным, многоде́тным се́мьям)?

3 Здравоохране́ние на́до относи́ть к сфе́ре (обслу́живания, жизнеобеспече́ния, образова́ния)?

4 Ситуа́цию в здравоохране́нии мо́жно объясни́ть (негати́вным влия́нием СМИ, распа́дом СССР, психи́ческим состоя́нием о́бщества)?

Language points ♦

Impersonal expressions

There are a large number of impersonal constructions in Russian which involve the use of the dative and/or the infinitive.

Expressions of possibility

Мо́жно/возмо́жно 'it is possible'

> **Мо́жно (возмо́жно) по́льзоваться услу́гами высококвалифици́рованных враче́й.**
> It is possible to utilise the services of highly-qualified doctors.

Мо́жно (but not **возмо́жно**) may also be used in the sense of 'it is permitted':

> **Мо́жно здесь кури́ть?**
> May one smoke here?

Нельзя́/невозмо́жно 'it is impossible'

Нельзя́ + perfective and **невозмо́жно** mean 'it is impossible':

> **Нельзя́/невозмо́жно разреши́ть все ва́жные для здоро́вья пробле́мы.**
> It is impossible to resolve all important health problems.

Нельзя́ + imperfective means 'it is forbidden, not permitted':

> **Нельзя́ повыша́ть це́ны.**
> It is forbidden to raise prices.

Exercise 5

Decide whether to use **мо́жно** or **нельзя́**:

1 . . . говори́ть гро́мко в библиоте́ке. **2** . . . создава́ть ча́стные кли́ники. **3** . . . вводи́ть пла́тное образова́ние. **4** . . . по́льзоваться услу́гами ча́стных враче́й. **5** . . . кури́ть во вре́мя полёта. **6** . . . заказа́ть биле́т че́рез интерне́т. **7** . . . е́здить без биле́та.

Expressions of necessity

На́до / ну́жно 'it is necessary'

Нам на́до / ну́жно улу́чшить здравоохране́ние.
We need to improve healthcare.

Note the use of **бы́ло / бу́дет**:

Нам на́до бы́ло / бу́дет улу́чшить здравоохране́ние.
We had to / will have to improve healthcare.

In the negative **на́до** and **ну́жно** have differentiated meanings:

Не на́до открыва́ть ча́стную кли́нику.
One should not (it is necessary not to) open a private clinic.

Не ну́жно открыва́ть ча́стную кли́нику.
It is not necessary to open a private clinic.

Приходи́ться / прийти́сь 'to be obliged to, to have to'

The third person singular neuter (**оно́** form) is used impersonally with the dative:

Дире́ктору прихо́дится занима́ться фина́нсами кли́ники.
The director has to deal with the finances of the clinic.

Им придётся найти́ пла́тную кли́нику.
They will have to find a fee-paying clinic.

Госуда́рству пришло́сь отмени́ть фина́нсовую по́мощь ча́стным кли́никам.
The government was obliged to abolish help to private clinics.

Сле́дует, сле́довало 'ought to, should, it is fitting'

Similarly, the third person singular neuter (**оно́** form) of **сле́довать** ('to follow') is used impersonally with the dative:

Вам не сле́дует так говори́ть.
You should not talk like that.

Этого сле́довало ожида́ть.
It was to be expected.

Мне сле́довало бы сде́лать это неме́дленно.
I should have done it straight away.

In contrast **до́лжен** 'must', **обя́зан** 'obliged' and **вы́нужден** 'forced' are not used impersonally, but agree in number and gender with the subject:

Она́ должна́ (была́/бу́дет) рабо́тать в госуда́рственной больни́це.
She must (had to/will have to) work in a state hospital.

Вы должны́ бы́ли бы нас предупреди́ть.
You ought to have warned us.

Они́ обя́заны вам помо́чь.
They are obliged to help you.

Врач был вы́нужден опери́ровать.
The doctor was forced to operate.

Exercise 6

Replace **до́лжен** by using the word in brackets in the right form and tense.

1 Я до́лжен е́хать в Росси́ю (приходи́ться). 2 Оте́ц до́лжен был купи́ть биле́т на самолёт (прийти́сь). 3 Мать должна́ бу́дет идти́ пешко́м (прийти́сь). 4 Ты не должна́ возвраща́ться по́здно (сле́довать). 5 Вы должны́ сдать экза́мен (обя́зан). 6 Профе́ссор до́лжен откры́ть ча́стную кли́нику (приходи́ться). 7 Он не до́лжен был соглаша́ться со мной (сле́довать). 8 Врач до́лжен оказа́ть пе́рвую по́мощь (обя́зан). 9 Вы не должны́ приходи́ть сюда́ (сле́довать). 10 Ты не должна́ была́ встреча́ть его́ (сле́довать).

Expressions of success and luck

Certain of these expressions also use the third person of verbs impersonally with the dative.

Удава́ться/уда́ться 'to be successful'

Нам удало́сь найти́ хоро́шую кли́нику.
We succeeded in finding a good clinic.

Наде́юсь, что тебе́ уда́стся реши́ть э́ту пробле́му.
I hope that you will be successful in resolving this problem.

Note that **удава́ться/уда́ться** can also be used with a third person subject:

Эта процеду́ра не всегда́ удаётся ему́.
He does not always have success with this procedure.
(lit. This procedure is not always successful for him.)

Везёт/повезло́ 'in luck, lucky'

The third person singular neuter (**оно́** form) of **везти́/повезти́** is also used with the dative to denote luck:

Ему́ повезло́.
He was in luck.

Тебе́ везёт в жи́зни.
You are lucky in life.

Exercise 7

Replace the existing verb **мочь/смочь** with the verb **удава́ться/уда́ться** in the appropriate form.

Example: **Она́ смогла́ доста́ть биле́т на о́перу. – Ей удало́сь доста́ть биле́т на о́перу.**

1 Я смог купи́ть ма́ссу книг. 2 Я ду́маю, что профе́ссор Бро́нштейн смо́жет вы́жить в усло́виях кри́зиса. 3 Мы мо́жем добежа́ть до до́ма. 4 Он мо́жет сходи́ть в магази́н. 5 Вы смогли́ поза́втракать? 6 Она́ никогда́ не могла́ писа́ть без оши́бок.

Expressions denoting feelings

You are already familiar with the use of short form neuter adjectives used with the dative to express certain feelings: **нам ве́село** (from **весёлый**) 'we are cheerful'; **им хо́лодно** (from **холо́дный**) 'they are cold; **мне сты́дно** (from **сты́дный**) 'I am ashamed'; **студе́нтам ску́чно** (from **ску́чный**) 'the students are bored'; **ему́ бо́льно** (from **больно́й** 'sore') 'it hurts him'.

In addition there are a number of other impersonal predicates similarly used.

Жаль/жа́лко 'sorry for'

Ему́ жаль больны́х, де́вушку.
He is sorry for the patients, the girl.

Note the use of the accusative for the person he is sorry for.

Мне жаль смотре́ть на тебя́.
It grieves me to look at you.

Лень 'too lazy'

Мне лень идти́.
I am too lazy/can't be bothered to go.

Пора́ 'it is time'

Нам пора́ идти́.
It is time for us to go.

Note that any of these expressions can be made past or future by using **бы́ло/бу́дет**: **ему́ бы́ло бо́льно** 'it hurt him'; **нам бу́дет жаль** 'we will be sorry'.

There are also impersonal expressions denoting feelings formed from the third person singular neuter (**оно́** form) of verbs.

Надое́сть (perf.)

Мне надое́ло рабо́тать.
I'm sick of working.

Не хвата́ть/хвати́ть

Нам (or **у нас**) **не хвата́ет вре́мени.**
We are short of time.

Этого нам ещё не хвата́ло!
That's all we needed!

Недоставать / недостать

Ему недостаёт денег.
He is short of/lacks money.

Note the use of the genitive after **не хватать** and **недоставать**.

In addition, several reflexive verbs can be used impersonally with the dative:

Мне хотелось спать.
I wanted to sleep.

Нам кажется, что всё в порядке.
It seems to us that every thing is in order.

Ему осталось только согласиться.
All that was left to him was to agree.

Ей исполнилось 50 лет.
She is fifty.

Exercise 8

Use the most appropriate word from those given below to complete the sentences.

(осталось, исполнится, надоело, хочется, лень, жаль, пора, хватает)

1 Из-за жары мне было . . . работать. 2 Уже шесть часов: . . . идти. 3 Нам . . . только отказаться от этого плана. 4 Туристам было . . . бедных крестьян. 5 Ему не . . . опыта для такой работы. 6 Во вторник мне . . . 21 год. 7 Мне очень . . . увидеть этот фильм. 8 Ему . . . работать там и делать скучную работу.

Exercise 9

Study the advertisement for the Marina Mashenskaya dental clinic.

1 Give four reasons for choosing the Marina Mashenskaya clinic.
2 What is the advantage of taking the whole family along to the clinic?
3 What special programmes does the clinic offer?

4   Which group in society is it targeting?
5   What resistance to dental treatment is the advertisement trying to overcome?

Language points ♦

Некого, нечего

These expressions meaning respectively 'there is no one' and 'there is nothing' are used with the infinitive and may also be used with the dative:

Некого спросить.
There is no one to ask.

Не́чего де́лать.
There is nothing to do.

Ему́ не́кого спроси́ть.
He has no one to ask.

Нам не́чего де́лать.
We have nothing to do.

Не́кого/не́чего decline like **кто** and **что** and their case depends on the verb governing them:

Ей не́кому помога́ть.
She has no one to help.

Нам не́чем занима́ться.
We have nothing to occupy us.

When **не́кого/не́чего** are used with a preposition it comes between **не** and the rest of the word:

Ему́ не́ с кем разгова́ривать.
He has no one to talk to.

Им не́ о чем ду́мать.
They have nothing to think about.

Note that the form **не́что** is used with prepositions taking the accusative, otherwise the accusative form is **не́чего**:

Нам не́ на что смотре́ть.
We have nothing to look at.

Нам не́чего есть.
We have nothing to eat.

The word **не́кто** means 'someone':

Не́кто пришёл.
Someone has arrived.

Не́где, не́куда, не́когда

These adverbs, meaning respectively 'there is nowhere' (place); 'there is nowhere' (motion); 'there is no time', are used in the same way as **не́кого/не́чего**:

Нам не́где жить.
We have nowhere to live.

Им не́куда идти́.
They have nowhere to go.

Нам не́когда отдыха́ть.
We have no time to relax.

Note that **не́когда** also means 'once upon a time':

Он не́когда жил в Москве́.
He once lived in Moscow.

All the above expressions can be made past or future by using **бы́ло** or **бу́дет**:

Нам не́ с кем бу́дет разгова́ривать.
We will have no one to talk to.

Им не́куда бы́ло идти.
They had nowhere to go.

Exercise 10

Choose an appropriate word from the list and then put the sentences in the past and future tense.

(**не́куда, не́чего, не́где, не́кого, не́когда, не́чем, не́ о чем, не́ на кого, не́ с кем, не́ к кому**)

1 Мне . . . ходи́ть. 2 Ему́ . . . жить. 3 Ей . . . де́лать. 4 Ма́тери . . . смотре́ть телеви́зор. 5 Мне . . . говори́ть с тобо́й. 6 Ему́ да́же . . . пойти́ в пивну́ю. 7 Мне . . . пригласи́ть в кино́. 8 Ребёнку . . . есть суп. 9 Мне . . . наде́яться. 10 Ей . . . зайти́ по доро́ге домо́й.

The buffer vowel -o in prepositions

You will have noticed that the preposition **в** changes to **во**, **к** to **ко** and **с** to **со** before some words beginning with more than one consonant. Sometimes this happens when the beginning of the word repeats the same or a similar sound to the preposition:

| | **со среды́** | since Wednesday |
| but | **в сре́ду** | on Wednesday |

	во Фра́нции	in France
but	**к Фра́нции**	towards France
	со стадио́на	from the stadium
but	**к стадио́ну**	towards the stadium

There are some combinations of consonants which result in **-o** being added to all of these prepositions.

These include: **вр-, вс-, вт-, дн-, мн-** : **во вре́мя, ко вре́мени, со вре́мени, во всех, ко всем, со все́ми, во второ́м, ко второ́му, со вторы́м, во мно́гих, ко мно́гим, со мно́гих.**

Exercise 11

Choose the correct form of the prepositions from the brackets to complete the sentence.

1 Он прие́хал (в/во) вто́рник. **2** Она́ ушла́ (в/во) сре́ду. **3** (С/со) того́ вре́мени всё измени́лось. **4** Это (в/во) мно́гом зави́сит от Вас. **5** Они́ зайду́т (к/ко) мне. **6** Она́ подошла́ (к/ко) стадио́ну.

Stress

Short form of adjectives

Fixed stress on the stem: **краси́в, краси́ва, краси́во, краси́вы; интере́сен, интере́сна; серьёзен, серьёзна.** This group includes most adjectives of four or more syllables.

There are three main types of mobile stress:

– Stress on the ending in the feminine and otherwise on the stem: **густ, густа́, гу́сто, гу́сты; добр, добра́; кре́пок, крепка́; глуп, глупа́; жив, жива́; цел, цела́; мил, мила́.**

– Stress on the ending in the feminine, neuter and plural: **хоро́ш, хороша́, хорошо́, хороши́; бо́лен, больна́; лёгок, легка́; умён, умна́.**

– Stress on the end in the feminine and plural and otherwise on the stem: **ви́ден, видна́, ви́дно, видны́.**

Exercise 12

Translate into Russian.

1   At present the Russian health system is experiencing many difficulties. There are not enough doctors and nurses and conditions in hospitals are appalling.
2   The cost of treatment in private clinics is very high but I do not think we can do without private medicine in the present situation.
3   State help is essential for all hospitals, both state and private.
4   I think medical treatment should remain accessible to all people. But I do agree that people should have a choice.
5   I am so sorry for old age pensioners in Russia; they worked hard all their lives and now they cannot afford even basic medicines.
6   I think Professor Bronstein succeeded in creating his famous clinic thanks to his enormous energy and practical experience.
7   I am so fed up with everything; I have nothing to do, nowhere to go, nobody to talk to.
8   I hope the Russian government will succeed in getting out of its present crisis.

13 ВЫБОРЫ В ДУМУ

In this unit you will learn:

- about the Russian electoral and party system
- how to form and to use perfective and imperfective gerunds
- how to write sentences in the negative

The fall of the Soviet Union also ended the role of the Communist Party of the Soviet Union (CPSU) as the sole political party. However, it would be inaccurate to say that Russia has now moved to a properly functioning multi-party system. With the exception of the successor to the CPSU, the Communist Party of the Russian Federation (CPRF), other political groups are rather ill-defined movements, with no real party structure, economic programme or ideological position. Alliances between these groups are constantly changing. For example, prior to the elections to the State Duma, (lower house of the Russian parliament) of December 1999, hundreds of small parties formed into 26 alliances. The real surprise of the election was that 'Unity', an alliance formed only a short while before the election, should come second to the communists in the popular vote and, because of other support it could call upon in the Duma, become, in effect, the dominant party.

Text 1

Неожи́данная побе́да

Влади́мир Пу́тин разреши́л Серге́ю Шо́йгу возгла́вить движе́ние «Еди́нство»

Парла́ментские вы́боры 19 декабря́ 1999 го́да бы́ли одни́м из гла́вных собы́тий в Росси́и на рубеже́ тре́тьего тысячеле́тия. Ито́ги вы́боров всё ещё обсужда́ются в пре́ссе, подверга́ясь ра́зным оце́нкам и вызыва́я спо́ры о бу́дущем росси́йской демокра́тии. Са́мым неожи́данным результа́том вы́боров была́ побе́да но́вого полити́ческого движе́ния «Еди́нство» («Медве́дя»). Оно́ оказа́лось на второ́м ме́сте по́сле коммуни́стов. Никто́ никогда́ не предполага́л, что э́та фра́кция с минима́льным ре́йтингом, со́бранная за неде́лю до регистра́ции, мо́жет победи́ть. Ведь в конце́ октября́ ре́йтинг «Еди́нства», по да́нным ВЦИОМ, был то́лько 4%. А что́бы уча́ствовать в вы́борах на́до преодоле́ть 5%-ный барье́р. Одна́ко нача́в с тако́го ни́зкого у́ровня, ре́йтинг

«Еди́нства» постепе́нно повыша́лся и за ме́сяц до голосова́ния подошёл к 9%, что бы́ло уже́ доста́точно, что́бы уча́ствовать в избира́тельных го́нках. К концу́ же ноября́, за 8–9 дней до голосова́ния он уже́ достига́л 18%. Рыво́к «Медве́дя» был сде́лан на са́мом фи́нише избира́тельной кампа́нии и превзошёл все ожида́ния, дости́гнув 23,2% голосо́в, по́данных избира́телями. За движе́ние «Еди́нство» проголосова́ла почти́ че́тверть избира́телей, прише́дших на вы́боры.

Коне́чно, КПРФ, по-пре́жнему, лиди́ровала в вы́борах, набра́в 27,7% голосо́в. И несмотря́ на то что неожи́данный успе́х «Еди́нства» серьёзно измени́л соотноше́ние сил, побе́да коммуни́стов, в це́лом, состоя́лась. Но сенсацио́нная побе́да «Еди́нства», каза́лось, вы́росла на пусто́м ме́сте. Ведь «Еди́нство», в отли́чие от КПРФ, не име́ло никако́й определённой програ́ммы, никако́й чёткой идеологи́ческой пози́ции. У него́ не́ было ни о́пытных ли́деров, ни организацио́нной структу́ры. Коне́чно, для достиже́ния тако́го результа́та бы́ли мобилизо́ваны колосса́льные администрати́вные, материа́льно-фина́нсовые и информацио́нные ресу́рсы. Но э́то ни в ко́ем слу́чае не мо́жет объясни́ть результа́т тако́го масшта́ба за столь коро́ткое вре́мя. Каковы́ же причи́ны тако́го успе́ха?

По мне́нию политоло́гов, успе́х «Еди́нства» объясня́ется тем, что о́бщество истоскова́лось по поря́дку, и обеща́ния но́вой па́ртии навести́ поря́док и поко́нчить с корру́пцией оказа́лись созву́чны настрое́нию россия́н. А ли́дер движе́ния, «Медве́дь» Серге́й Шойгу́, кото́рый не име́л никаки́х полити́ческих заслу́г, но про кото́рого хорошо́ бы́ло изве́стно, что он челове́к де́ла, не вор и не мафио́зи, оказа́лся таки́м бли́зким большинству́ люде́й. Но коне́чно, гла́вная причи́на побе́ды «Еди́нства» – подде́ржка Пу́тина. Она́ оказа́лась для бло́ка реша́ющей. Это Пу́тин с экра́на телеви́зора сове́товал избира́телям голосова́ть за «медве́дей», что и позво́лило но́вому бло́ку догна́ть коммуни́стов.

По материа́лам «Незави́симой газе́ты», 1999–2001

Vocabulary ◆

вор	thief
го́лос / голосова́ние	vote / voting
догна́ть	to catch up
избира́тель	voter
избира́тельная кампа́ния	election campaign
истоскова́ться по поря́дку	to pine for, miss order
масшта́б	scale
медве́дь (m)	bear
набра́ть голоса́	to pick up, win votes
навести́ поря́док	to bring order
обеща́ние	promise
подверга́ться оце́нкам	to subject to assessment
превзойти́ ожида́ния	to exceed expectations
предполага́ть	to suppose
преодоле́ть барье́р	to get through the barrier, over the hurdle
проголосова́ть	to vote
рыво́к	spurt
созву́чный настрое́нию	in keeping with the mood
соотноше́ние сил	correlation of forces
чёткий	clear

N.B. **на рубеже́ тысячеле́тия** – on the brink of the millennium; **ни в ко́ем случае** – on no account; **в це́лом** – on the whole; **ВЦИОМ** – **Всеросси́йский центр по изуче́нию обще́ственного мне́ния**

Exercise 1

Answer the questions in Russian.

1 О каки́х вы́борах идёт речь?
2 Како́в был неожи́данный результа́т вы́боров?
3 Что необходи́мо для уча́стия в вы́борах?
4 Како́в был ре́йтинг «Еди́нства» до и по́сле вы́боров?
5 Ско́лько избира́телей проголосова́ли за «Еди́нство»?
6 Ско́лько голосо́в набрала́ КПРФ?
7 Почему́ все бы́ли удивлены́ побе́де «Еди́нства»?
8 Каковы́ причи́ны успе́ха «Еди́нства»?
9 Кто тако́й Серге́й Шойгу́?
10 Какова́ гла́вная причи́на побе́ды бло́ка?

Exercise 2

Examine the results of the poll for the period 29 October – 2 November 1999 a month and a half before the election on 19 December 1999 and then answer the questions in Russian.

Если бы выборы в Госдуму состоялись в ближайшее воскресенье, за кого бы вы проголосовали?

28%	КПРФ	4%	Союз правых сил
14%	Отечество – Вся Россия	3%	Женщины России
11%	Яблоко	2%	Наш дом – Россия
4%	Единство	3%	Против всех
4%	Блок Жириновского	21%	Затруднились ответить

---

1 Каков был рейтинг КПРФ согласно опросу?
2 Каков был рейтинг «Единства» согласно опросу?
3 Сколько голосов набрала КПРФ в выборах?
4 Сколько голосов набрало «Единство» в выборах?
5 Чей рейтинг повысился? Чей рейтинг понизился?
6 Чья избирательная кампания была более успешной?

Dialogue 1

A conversation between a journalist and political commentator

Журналист	Судя по количеству набранных голосов, самая популярная партия в России – партия коммунистов. И самая крупная фракция в Думе коммунистическая.
Политолог	К сожалению, это так. КПРФ – единственная партия, которую можно назвать партией. У неё есть свой электорат. Среди её электората преобладают пожилые люди, пенсионеры, ветераны войны, бедные слои населения, которые с ностальгией вспоминают прошлое. Они ещё верят, что при коммунистах было

	лу́чше. КПРФ популя́рна в росси́йской прови́нции, где экономи́ческое положе́ние тяжёлое.
ЖУРНАЛИ́СТ	А каки́е други́е па́ртии популя́рны в Росси́и? Мо́гут ли они́ конкури́ровать с КПРФ?
ПОЛИТО́ЛОГ	Навря́д ли, к ним подхо́дит сло́во «па́ртия». Это скоре́е предвы́борные объедине́ния, движе́ния, кото́рым ещё на́до офо́рмиться в па́ртию. Таковы́ движе́ние «Еди́нство», ОВР («Оте́чество – Вся Росси́я»), СПС («Сою́з пра́вых сил»). Их структу́ра о́чень размы́тая. Они́, как пра́вило, объединя́ют не́сколько фра́кций, представля́я собо́й коали́ции.
ЖУРНАЛИ́СТ	Тем не ме́нее движе́ние «Еди́нство» одержа́ло побе́ду, набра́в почти́ сто́лько же голосо́в, ско́лько набра́ли коммуни́сты. Как э́то могло́ произойти́?
ПОЛИТО́ЛОГ	Для меня́ э́то така́я же зага́дка, как для всех. Никто́ не мог предположи́ть, что э́та «па́ртия» мо́жет рассчи́тывать на побе́ду. Ведь она́ не заяви́ла ни одно́й кру́пной иде́и, у неё не́ было никаки́х програ́ммных при́нципов. И вдруг она́ оказа́лась победи́телем.
ЖУРНАЛИ́СТ	Мо́жет быть, всё де́ло в сре́дствах ма́ссовой информа́ции. Телеви́дению удало́сь организова́ть информацио́нную кампа́нию, созда́ть ве́рсию популя́рности бло́ка и подде́ржки Пу́тина. А э́то привлекло́ избира́телей.
ПОЛИТО́ЛОГ	Коне́чно, телеви́дение – огро́мная си́ла. И оно́ сыгра́ло свою́ роль.
ЖУРНАЛИ́СТ	С друго́й стороны́, ни одна́ па́ртия не смогла́ одержа́ть настоя́щей побе́ды в вы́борах. Ни КПРФ, ни «Еди́нство» не мо́гут быть пра́вящей па́ртией. Не удиви́тельно, что они́ и́щут сою́зников, что́бы объедини́ться?
ПОЛИТО́ЛОГ	Именно э́то и произошло́. Пу́тин заяви́л, что на́до уме́ньшить число́ па́ртий. «Еди́нство» и «Оте́чество» уже́ объедини́лись. Объедини́вшись в еди́ную па́ртию. они́ наде́ются стать па́ртией вла́сти. Я ду́маю, э́то пе́рвый шаг на пути́ к трёхпарти́йной систе́ме. А трёхпарти́йная систе́ма, по-мо́ему, идеа́л обще́ственного устро́йства.

По материа́лам «Незави́симой газе́ты», 2001

Vocabulary ♦

зага́дка	puzzle
конкури́ровать с (+ *inst*)	to compete
навря́д ли	hardly
обще́ственное устро́йство	social structure
объедине́ние / объединя́ть	unification, union / to unite
Оте́чество	Fatherland
пра́вящая па́ртия	ruling party
предвы́борная кампа́ния	election campaign
преоблада́ть	to predominate, prevail
привле́чь	to attract
размы́тый	blurred
рассчи́тывать на побе́ду	to count on victory
сою́зник	ally
су́дя по (+ *dat*)	judging by

N.B. **при коммуни́стах** – under the Communists; *but* **под вла́стью коммуни́стов** – under the power of the Communists

Exercise 3

Answer the questions in English.

1 Which is the most popular party in Russia?
2 Who makes up its electorate?
3 What alliances are there in Russian politics?
4 Why was everyone surprised at the victory of 'Unity'?
5 What role did the media play in this victory?
6 What was the principal reason for the victory?
7 Is there a ruling party in the Duma?
8 Why did the 'Unity' and 'Fatherland' movements decide to join forces?

Exercise 4

True or false?

1 В вы́борах 1999 го́да в Росси́и одержа́ли побе́ду (КПРФ, «Еди́нство», «Оте́чество»)?

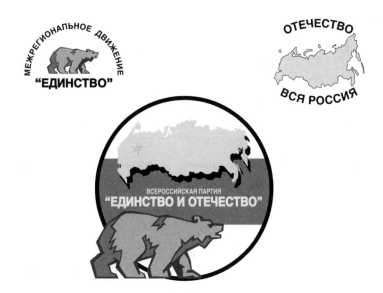

2 Чтобы уча́ствовать в вы́борах, на́до преодоле́ть (трёх-, пяти-, десяти-) проце́нтный барье́р?

3 «Еди́нство» и «Оте́чество» объедини́лись, потому́ что они́ хотя́т быть (пра́вящей, еди́нственной, демократи́ческой) па́ртией?

4 Среди́ электора́та КПРФ преоблада́ют (пожилы́е лю́ди, молодёжь, интеллиге́нция)?

5 Идеа́л обще́ственного устро́йства (многопарти́йная, однопарти́йная, трёхпарти́йная) систе́ма?

Language points ♦

Gerunds

Gerunds are verbal adverbs that can be substituted for adverbial clauses beginning with 'when', 'while', 'since', 'after', etc. Like some participles, they may be used to translate the English -ing form. Unlike participles, they are indeclinable.

Рабо́тая в Москве́, я заинтересова́лась поли́тикой.
Working in Moscow, I became interested in politics.

The gerund **рабо́тая**, 'working', substitutes for the adverbial clause **когда́ я рабо́тала** 'when I was working'.

The imperfective gerund

You will also find the imperfective gerund referred to as the present gerund.

How to form the imperfective gerund

Take the third person plural (они́ form) of the present tense and replace the last two letters by -я:

> рабо́тать – рабо́тают – рабо́тая working
> говори́ть – говоря́т – говоря́ talking

The imperfective gerund of verbs ending in -авать ends in -авая:
дава́ть – даю́т – дава́я 'giving'.

The imperfective gerund of reflexive verbs ends in -ясь:
по́льзоваться – по́льзуются – по́льзуясь 'using, enjoying'.

As a result of the spelling rule the ending is -a after ж, ч, ш, щ:
держа́ть – де́ржат – держа́ 'holding'.

The imperfective gerund of быть is бу́дучи.

The imperfective gerund is generally stressed on the same syllable as the first person singular (я form): ду́маю – ду́мая 'thinking'. There are, however, exceptions: сижу́ – си́дя 'thinking'; стою́ – сто́я 'standing'; лежу́ – лёжа 'lying'.

A considerable number of common verbs have no imperfective gerund. These include many verbs with monosyllabic infinitives: бить, брать (беря́ exists but is rarely used), есть, ждать, петь, пить and irregular verbs: бежа́ть, е́хать, писа́ть, хоте́ть.

Where a verb does not have an imperfective gerund, it may be possible to form the gerund from one of its compounds without altering the meaning too much: (пить) выпива́ть – выпива́я 'drinking up'; (ждать) ожида́ть – ожида́я 'waiting for, expecting'.

How to use imperfective gerunds

An imperfective gerund is used to express an action performed at the same time and by the same subject as the main verb of the sentence:

> Разгова́ривая с ру́сскими ка́ждый день, он мно́го
> узнаёт о жи́зни в Росси́и.

Talking to Russians every day he learns a lot about life in Russia.

The alternative construction, using an adverbial clause instead of a gerund would read:

Так как он разговáривает с рýсскими кáждый день, он мнóго узнаёт о жúзни в Россúи.
Since he talks to Russians every day, he learns a lot about life in Russia.

It would also be possible to express the same idea using two main clauses:

Он разговáривает с рýсскими кáждый день и мнóго узнаёт о жúзни в Россúи.
He talks to Russians every day and learns a lot about life in Russia.

Provided the action of the gerund takes place at the same time as the action of the main verb, an imperfective gerund may be used in a sentence referring to events in the past and future, as well as the present:

Разговáривая с рýсскими кáждый день, он мнóго узнавáл о жúзни в Россúи.
Talking to Russians every day he was learning a lot about life in Russia.

Разговáривая с рýсскими кáждый день, он мнóго бýдет узнавáть о жúзни в Россúи.
Talking to Russians every day he will be learning a lot about life in Russia.

There are some further examples in the text **_Неожúданная побéда_** of imperfective gerunds:

Итóги вúборов обсуждáются в прéссе, подвергáясь рáзным оцéнкам и вызывáя спóры.
The results of the elections are being discussed in the press, subjected to (subjecting themselves to) varied assessment and giving rise to arguments.

The above example shows that a Russian gerund will not always be neatly translated by the English -ing form.

Note the use of the negative gerund to translate 'without . . . ing':

Онú создáли пáртию, не имéя никакóй определённой прогрáммы.
They created a party without having any set programme.

Онá вúшла из кóмнаты, не говоря́ ни слóва.
She left the room without saying a word.

Exercise 5

Form the imperfective gerund from the following verbs.

вспоминáть, рассчи́тывать, создавáть, чу́вствовать, благодари́ть, идти́, приходи́ть, нести́, возвращáться, путешéствовать, окáзываться, любовáться, станови́ться, голосовáть, набирáть, быть, находи́ться,

Exercise 6

Replace the adverbial clauses with imperfective gerunds.

1 Когдá я нахожу́сь в Росси́и, я всегдá путешеству́ю по «Золото́му кольцу́». 2 Хотя́ он жил всю жизнь в Амéрике, он остава́лся ру́сским писáтелем. 3 Когдá они́ создавáли но́вую пáртию, они́ разрабóтали но́вую прогрáмму. 4 Когдá дирéктор разговáривает со студéнтами, он всегдá совéтует мно́го рабóтать. 5 Когдá он возвращáлся из Москвы́, он вспóмнил, что он забы́л пáспорт. 6 Покá онá слу́шает му́зыку, онá забывáет обо всём. 7 Так как он учи́лся и рабóтал за грани́цей, он не знал росси́йских проблéм. 8 Так как он ненави́дел войну́, он отказáлся учáствовать в ней. 9 Хотя́ онá лю́бит слáдкое, онá пьёт кóфе без сáхара.

The perfective gerund

You will also find the perfective gerund referred to as the past gerund.

How to form the perfective gerund

The perfective gerund is formed by replacing the -л from the masculine singular form of the perfective past tense by -в: **кóнчить** – **кóнчил** – **кóнчив** 'having finished'.

Reflexive verbs take the ending -вшись: **подвéргнуться** – **подвéргнулся** – **подвéргнувшись** 'having been subjected to'.

Verbs ending in -ти, including prefixed forms of **вести́, везти́**, **идти́** and **нести́** have a perfective gerund ending in -я. Form it in the same way as the imperfective gerund, but using a perfective verb: **подойти́** – **подойду́т** – **подойдя́** 'having approached'; **вы́везти** – **вы́везут** – **вы́везя** 'having exported'.

Exercise 7

Form the perfective gerund from the following verbs.

созда́ть, набра́ть, проголосова́ть, стать, сказа́ть, пойти́, принести́, уе́хать, оказа́ться, верну́ться, ввезти́, съесть, найти́, жени́ться, назва́ть

How to use the perfective gerund

A perfective gerund is used to express an action performed by the same subject as the main verb of the sentence *prior* to the action of the main verb:

Встре́тившись с ру́сскими, он мно́го узна́л о жи́зни в Росси́и.
Having met Russians he had learnt a lot about life in Russia.

The alternative construction using an adverbial clause would read:

По́сле того́ как (так как) он встре́тился с ру́сскими, он мно́го узна́л о жи́зни в Росси́и.
After (because) he had met Russians he knew a lot about life in Russia.

Provided the action in the gerund takes place before the action of the main verb, a perfective gerund may be used, whatever the tense of the main verb:

Встре́тившись с ру́сскими, он мно́го узна́ет о жи́зни в Росси́и.
Having met Russians he will have learnt a lot about life in Russia.

There are some further examples of perfective gerunds in the text *Неожи́данная побе́да*:

Одна́ко нача́в с ни́зкого у́ровня, рейтинг постепе́нно повыша́лся.
However, having started from a low level, the ratings were gradually climbing.

КПРФ лиди́ровала в вы́борах, набра́в 27.7% голосо́в.
The CPRF was leading in the elections, having picked up 27.7% of the votes.

Note that for a gerund to be used, it is essential that the subject of the gerund be identical to the subject of the main verb. It is impossible to use a gerund to translate the following sentence into Russian:

The CPRF having picked up only 28.7% of the votes, the 'Unity' movement came second.

Так как КПРФ набрала́ то́лько 27.7% голосо́в, «Еди́нство» за́няло второ́е ме́сто.

Exercise 8

Replace the adverbial clauses with perfective gerunds.

1 Е́сли вы прие́дете в Москву́, вы не узна́ете го́рода. 2 По́сле того́ как он верну́лся из пое́здки по Росси́и, худо́жник написа́л прекра́сные карти́ны. 3 Так как он роди́лся в Росси́и, он хорошо́ знал ру́сскую культу́ру. 4 Когда́ он познако́мился с ней, он был поражён её зна́ниями. 5 По́сле того́ как она́ вы́шла за́муж за него́, она́ бро́сила свою́ рабо́ту. 6 То́лько когда́ вы прочита́ете текст, вы смо́жете отве́тить на вопро́сы. 7 Е́сли ты сдашь экза́мены, ты посту́пишь в университе́т. 8 Так как они́ отказа́лись уча́ствовать в соревнова́ниях, они́ бы́ли вы́нуждены уе́хать домо́й. 9 Так как она́ почу́вствовала себя́ пло́хо, она́ легла́ на крова́ть.

Exercise 9

Replace the underlined verbs with suitable gerunds (imperfective or perfective).

1 Вы́боры обсужда́ются в пре́ссе и <u>подверга́ются</u> ра́зным оце́нкам. 2 «Еди́нство» победи́ло и <u>оказа́лось</u> на второ́м ме́сте. 3 Рейтинг «Еди́нства» повыша́лся и <u>подошёл</u> за ме́сяц до голосова́ния к 9%. 4 Избира́тели <u>пришли́ на вы́боры</u> и проголосова́ли за но́вую па́ртию. 5 «Еди́нство» <u>не име́ет</u> определённой програ́ммы и не мо́жет быть пра́вящей па́ртией. 6 Она́ прово́дит все кани́кулы на пля́же и ничего́ <u>не де́лает</u>. 7 Он <u>прочита́л</u> письмо́ и засмея́лся. 8 Он <u>не сказа́л</u> ни сло́ва и вы́шел из ко́мнаты. 9 Фра́кции <u>объедини́лись</u> и победи́ли на вы́борах. 10 Па́ртия <u>одержа́ла</u> побе́ду и ста́ла проводи́ть но́вую поли́тику. 11 Мно́гие движе́ния сейча́с объединя́ются и <u>наде́ются</u> созда́ть си́льную па́ртию. 12 Тури́сты <u>плы́ли</u> на теплохо́де и любова́лись краси́вой приро́дой. 13 Набо́ков <u>был</u> ру́сским по рожде́нию и никогда́ не забыва́л Росси́ю. 14 Он <u>чита́л</u> кни́ги о любви́ и вспомина́л свою́ мо́лодость.

Gerunds as prepositions

Some gerunds are used as prepositions. These include **су́дя по** + dative 'judging by' (note the different stress on the gerund – **судя́**); **благодаря́** + dative 'thanks to' (note **благодаря́** + accusative – gerund 'thanking'); **несмотря́ на** + accusative 'despite'; **исключа́я** + accusative 'including'; **не исключа́я** + genitive 'excluding'; **не счита́я** + genitive 'not counting'; **счита́я с / от** + genitive 'starting with':

Су́дя по коли́честву голосо́в са́мая популя́рная па́ртия – па́ртия коммуни́стов.
Judging by the number of votes the most popular party is the Communist Party.

Благодаря́ подде́ржке Пу́тина «Еди́нство» победи́ло.
Thanks to Putin's support, 'Unity' won.

Exercise 10

Examine the composition of the third State Duma as a result of elections on 19 December 1999 and answer the questions in Russian.

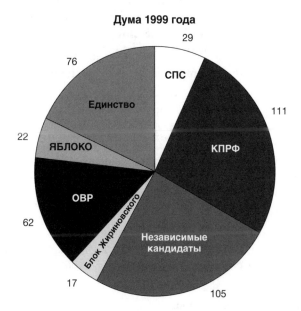

Дума 1999 года

КПРФ Коммунистическая партия Российской Федерации
ОВР   Отечество · Вся Россия
СПС   Союз правых сил

1 У кого́ са́мое большо́е коли́чество мест в Ду́ме?
2 Кто занима́ет второ́е ме́сто?
3 Кто занима́ет после́днее ме́сто?
4 Ско́лько мест в Ду́ме у «Еди́нства», «Оте́чества», «Сою́за пра́вых сил»?
5 Ско́лько мест бу́дет у «Еди́нства», е́сли оно́ объедини́тся с «Оте́чеством»?

The negative

Examine the following sentence taken from the text **Неожи́данная побе́да**:

Никто́ никогда́ не предполага́л, что э́та фра́кция мо́жет победи́ть.

No one ever imagined that this faction could win.

What the sentence literally says in Russian is:

No one *never* did *not* imagine ...

In a Russian negative sentence not only is the verb negated by the presence of **не**, but all words such as anyone, anything, ever, anywhere, any, either ... or are translated as **никто́** 'no one', **ничто́** 'nothing', **никогда́** 'never' **нигде́/никуда́** 'nowhere', **никако́й** 'no/not any', **ни ... ни** 'neither ... nor'.

Look at these other examples from the same text:

«Еди́нство» не име́ет никако́й определённой програ́ммы.
'Unity' has no set programme.

Note the use of the genitive after the negative verb.

У него́ нет ни о́пытных ли́деров, ни организацио́нной структу́ры.
It has neither experienced leaders nor an organisational structure.

The genitive also follows **нет** meaning 'there is not'.

When **никто́**, **ничто́** and **никако́й** are used with a preposition the preposition comes between the first syllable and the rest of the word:

Я ни о ком не ду́маю.
I am not thinking about anyone.

Exercise 11

Answer these questions in the negative.

1 Где вы бы́ли вчера́? 2 Ты куда́-нибудь ходи́л ве́чером? 3 За кого́ вы голосова́ли на вы́борах? 4 Что вы де́лали у́тром? 5 У «Еди́нства» есть кака́я-нибудь програ́мма? 6 У тебя́ есть брат, сестра́? 7 Вы когда́-нибудь чем-нибудь и́ли ке́м-нибудь увлека́лись? 8 О чём вы ду́маете? 9 К како́й па́ртии вы принадлежи́те? 10 С кем вы ходи́ли в кино́? 11 Чему́ она́ удивля́ется? 12 На ком он жени́лся?

Exercise 12

Translate into Russian.

1 You cannot have a democratic society under a one-party system. Fortunately this system belongs to the past.
2 The new movement 'Unity' would like to be the ruling party in Russia, but it is unlikely to achieve this goal without allies.
3 Having won a quarter of the votes in the parliamentary election, the Communist Party began to work out a new programme of action.
4 Despite the fact that 'Unity' enjoyed enormous success during the election, the Communist Party still came first.
5 Unfortunately 'Unity' does not have any economic programme.
6 The success of 'Unity' is explained by the fact that President Putin gave his support to the movement. He actually advised the electorate to vote for them.
7 Being the only party with its own electorate, the Communist Party hopes to widen its influence.
8 The mass media played a decisive role in the last election. Television succeeded in creating the myth of the popularity of the 'Unity' movement and many people believed it.
9 Judging by the methods used during the election campaign, Russia is still a long way from democracy.

14 ИНТЕРНЕТ

In this unit you will learn:

▶ about the internet in Russia
▶ some more information on word building
▶ verbs with prefixes
▶ how to differentiate between certain verbs

The Russian language net, popularly called *Runet* because its addresses typically end '.ru', underwent massive expansion in 2000. Only in the following year did legislation giving protection for intellectual property rights and providing the framework for e-commerce catch up with this boom. The web also occupies a role in the political life of Russia. Vladimir Putin had a sophisticated campaign website during his presidential campaign. Sites were also used in the Duma elections to wage negative campaigns against rivals, notably ex-Prime Minister Primakov and Moscow Mayor Luzhkov. The Russian Government has a regularly updated official web page at www.pravitelstvo.gov.ru. There are also a number of news sites including: strana.ru; vesti.ru; smi.ru; gazeta.ru and lenta.ru.

Text 1

Российскому Интернету (Рунету) 10 лет

В России сегодня более 4 млн. активных пользователей Интернета, то есть тех, кто «ходит» в Сеть постоянно. Московские пользователи составляют пятую часть (около 0,9 миллиона). По данным Гэллапа, Интернетом в Москве ежемесячно пользуются 935 тысяч человек. Всемирная Паутина особенно популярна среди молодёжи. Самой значительной является аудитория в возрасте от 25 до 34 лет (25%). Растёт и число интернетчиков старше 55 лет: за последние два года оно удвоилось. Жители Интернета – это передовая часть нового среднего класса. Большинство осваивает новый образ жизни за счёт работодателя: больше половины всех пользователей «ходят» в Интернет, не выходя из офиса. Даже если пользователь трудоголик, у него всё равно на работе оказывается много пауз, которые заполняются Интернетом. За домашний Интернет надо из своего кармана платить, а на работе платит контора. Но число домашних пользователей тоже растёт.

По данным monitoring.ru, 24 процента населения России находятся в зоне влияния Интернета. Наиболее активно пользуются Интернетом те, кто работает в средствах массовой информации, рекламе, бизнесе и финансовом секторе. Самые популярные разделы – средства массовой информации и развлечения. В рабочие дни посетителей виртуальных газет и новостных лент всегда больше, лишь в уик-энд интерес к СМИ падает, а к развлечениям, наоборот, возрастает. Пользователей Интернета особенно интересует свежая политическая и социальная информация. Им больше не нужна газета, которая сортирует новости. Они получили доступ к новостным лентам, и сами могут производить отбор. Возможности для прессы в Сети поистине безграничны. Ежедневная посещаемость некоторых Интернет-СМИ превышает тиражи общенациональных газет. Только за последний месяц новостной сайт www.lenta.ru посетили бо́лее 1 миллио́на челове́к. Это сопостави́мо с ежедне́вным тиражо́м бо́лее 300 ты́сяч экземпля́ров.

Сре́дний дохо́д росси́йского по́льзователя составля́ет 200 до́лларов на чле́на семьи́, че́тверть от о́бщего коли́чества потреби́телей интерне́т-информа́ции составля́ют студе́нты. Они́ прово́дят в Сети́ дово́льно мно́го вре́мени – 337 мину́т еженеде́льно, посеща́я, гла́вным о́бразом, развлека́тельные са́йты (анекдо́ты, му́зыка, ча́ты, и́гры).

Сетево́й би́знес – са́мый прогресси́рующий в стране́. Он создаёт всё бо́льшее коли́чество рабо́чих мест. Интерне́т-торго́вля растёт. Развива́ется но́вый вид прода́ж – че́рез Интерне́т. В Сеть прихо́дят всё но́вые и но́вые лю́ди, но́вые компа́нии. Многомиллио́нные сде́лки и инвести́ции, сде́ланные че́рез Интерне́т, уже́ никого́ не удивля́ют.

По материа́лам журна́ла «Но́вое вре́мя», 2000

Vocabulary ♦

безграни́чный	limitless
Всеми́рная Паути́на	world-wide-web, www
до́ступ	access
значи́тельный	significant
зо́на влия́ния	sphere of influence
конто́ра	office
новостна́я ле́нта / новостно́й сайт	news site
осва́ивать	to master
передово́й	progressive
пои́стине	indeed
по́льзователь Интерне́та	Internet-user
потреби́тель	consumer
производи́ть отбо́р	to make a selection
развлека́тельный сайт	entertainment site
сде́лка	deal
Сеть (f)	Network
сопостави́мый	comparable
тира́ж	circulation

трудоголик	workaholic
удвоиться	to double
экземпляр	copy

N.B. **всё равно** – all the same; **наоборот** – the other way round;
по данным Гэллапа – according to Gallup agency data

Exercise 1

Answer the questions in Russian.

1 Что такое активный пользователь Интернета?
2 Как «ходят» в Интернет большинство пользователей?
3 Какие разделы особенно популярны в Интернете?
4 Каковы преимущества пользования новостными сайтами?
5 Каков средний доход российского пользователя?
6 Какие сайты посещают студенты больше всего?

Dialogue 1

A conversation between a journalist and a sociologist

Журналист	Всё чаще в прессе появляются сообщения не только о пользе, но и о вреде компьютеров. Не лучше ли нам вообще отказаться от компьютеров и забыть про Интернет?
Социолог	Но это невозможно. Компьютер стал частью нашей жизни. Если сейчас у всех пользователей отобрать компьютер, то они останутся «без рук».
Журналист	Некоторые утверждают, что люди, работающие с компьютером больше подвержены стрессам, чем люди, не работающие с компьютером.
Социолог	По-моему, стрессам подвержены все. И утверждать, что в этом виноваты компьютеры, нельзя. Люди все разные. В конце концов, стресс может возникнуть и из-за обычного переутомления.
Журналист	В последнее время стало «модным» новое заболевание – Интернет-зависимость. Я имею в виду

патологи́ческое влече́ние к пребыва́нию в Сети́. Не ка́жется ли Вам, что э́то причиня́ет уще́рб здоро́вью как физи́ческому, так и психи́ческому.

Социо́лог Да, интерне́т мо́жет затяну́ть в свои́ се́ти. Это как нарко́тик: чем бо́льше употребля́ешь, тем сильне́е хо́чется.

Журнали́ст И мо́жно ли вы́лечиться от тако́го «нарко́тика»?

Социо́лог Коне́чно, И куда́ ле́гче, чем от наркома́нии. От Интернет-зави́симости мо́жно вы́лечиться самому́, без по́мощи враче́й. Ведь кро́ме Интерне́та существу́ет ма́сса други́х заня́тий: люби́мая рабо́та, люби́мый челове́к, а та́кже теа́тры, кино́, конце́рты. Про́сто, во всём на́до знать ме́ру и вре́мя от вре́мени переключа́ться на други́е ве́щи.

Журнали́ст Но мне ка́жется, что у нас в стране́ уже́ существу́ет информацио́нная угро́за. И мы должны́ ограни́чить до́ступ к не́которым са́йтам.

Социо́лог Здесь я с Ва́ми согла́сен. Нам ну́жен зако́н, нужны́ ме́ры защи́ты. На́до контроли́ровать социа́льно опа́сные са́йты, те кото́рые пропаганди́руют нарко́тики, наси́лие, террори́зм.

По материа́лам «Литерату́рной газе́ты», 2000

Vocabulary ♦

влече́ние	attraction
вред	harm
вы́лечиться от (+ *gen*)	to be cured of
затяну́ть в сеть	to draw into, trap in the net
знать ме́ру	to know one's limit
Интерне́т-зави́симость	Internet dependence
ме́ры защи́ты	protection measures
наси́лие	violence
ограни́чить	to restrict
отобра́ть	to take away
переключа́ться на (+ *acc*)	to switch to
переутомле́ние	exhaustion, overwork
подве́рженный стре́ссу	subject to stress
пои́стине	indeed

по́льза	use, benefit
пребыва́ние	stay
привлека́тельный	attractive
причиня́ть уще́рб (+ *dat*)	to cause damage
социа́льно-опа́сный сайт	socially dangerous site
угро́за	threat

Exercise 2

Answer the questions in Russian.

1 Мо́жно ли отказа́ться от компью́теров?
2 Пра́вда ли, что компью́тер поощря́ет стресс?
3 Как возника́ет стресс?
4 Что тако́е Интерне́т-зави́симость?
5 Как мо́жно вы́лечиться от Интерне́т-зави́симости?
6 К каки́м са́йтам на́до ограни́чить до́ступ?

Exercise 3

True or false?

1 Са́мые акти́вные по́льзователи Интерне́та (пожилы́е лю́ди, шко́льники, молоды́е лю́ди)?
2 Большинство́ по́льзователей «хо́дит» в Сеть (у себя́ до́ма, на рабо́те, в Интерне́т-кафе́)?
3 Са́мые популя́рные са́йты (развлече́ния, СМИ, ча́ты, антиквариа́т)?
4 Студе́нты бо́льше посеща́ют (новостны́е са́йты, би́знес-са́йты, развлека́тельные са́йты)?
5 Лю́ди, рабо́тающие с компью́тером, (никогда́ не боле́ют, мно́го устаю́т, подве́ржены стре́ссу)?
6 Интерне́т-зави́симость (психи́ческое заболева́ние, боле́знь се́рдца, влече́ние к пребыва́нию в Сети́)?
7 Что́бы вы́лечиться от Интерне́т-зави́симости на́до (переключи́ться на други́е заня́тия, влюби́ться, увле́чься теа́тром)?
8 Са́мые опа́сные са́йты – те, кото́рые пропаганди́руют (секс, куре́ние, террори́зм)?

Exercise 4

Study the results of a poll conducted in Russia (shown opposite page) and answer the questions in English.

1 What was considered the third most dangerous kind of site?
2 What was considered next most dangerous after terrorist sites?
3 Why should some sites dealing with Russian history be controlled?
4 What kinds of intolerance might be propagated on web sites according to this list?
5 How might NATO figure in web sites?
6 What is the principal indication of Internet dependence?
7 What was considered a rather more significant indication than a tendency to stress and depression?
8 What was the least significant indication of Internet dependence?

Language points ◆

Word building

In previous units we have looked at common roots which connect words with similar meanings and at how these roots combine with prefixes to add to or qualify the meaning and suffixes which determine the part of speech. Many people learning Russian have difficulty in memorising vocabulary. It is often worthwhile breaking down a Russian word into its constituent parts as a way of making it more memorable or helping to decipher its meaning. The aim of this section is to give you some more tips about the way Russian words are put together to help you to continue to build your vocabulary.

Alternation of consonants

Sometimes it may be more difficult to recognise a familiar root in a word because the consonant is different. There are some common alternations of consonants in Russian:

д / ж / жд:	водйть 'to lead'; вожáк 'leader'; вождь 'leader'
т / ч:	добы́ть 'to obtain'; добы́ча 'booty, extraction'
т / щ:	питáть 'feed'; пи́ща 'food'

I «Какие самые информационно «опасные» web-сайты?»

(1) Пропагандирующие наркотики.

(2) Пропагандирующие насилие и экстремизм.

(3) Посвященные технологии изготовления оружия.

(4) Преступных и террористических организаций.

(5) Тоталитарных сект.

(6) Порнографические.

II «Какие сайты в Интернете следовало бы контролировать?»

(1) Реклама антиобщественных сайтов.

(2) Искажающие историю России.

(3) Манипулирующие личностью, нарушающие ее нравственные основы.

(4) Пропагандирующие бомбежки странами НАТО «непокорных» государств.

(5) Содержащие документальные кадры смертей.

(6) Пропагандирующие вражду, ненависть, национальную и классовую нетерпимость.

III «Каковы основные проявления Интернет-зависимости?»

(1) «Отвыкание» от реальной жизни, «уход» в виртуальный мир.

(2) Формирование потребности «наркотического» характера.

(3) Потеря радости от живого общения.

(4) Увеличение склонности (до болезненности) к компьютерным играм.

(5) Повышенная склонность к стрессовым и депрессивным состояниям.

(6) Ощущение трудностей в изложении мыслей на бумаге или в разговоре.

Газета «Московские новости», 2001

N.B. **искажа́ть** – to distort; **наруша́ть** – violate; **бомбёжка** – bombing; **непоко́рный** – unruly; **нетерпи́мость** – intolerance; **потре́бность** – need; **живо́е обще́ние** – live contact; **изложе́ние мы́слей** – setting out thoughts; **скло́нность** – tendency to

с / ш:	высо́кий 'high'; вы́ше 'higher'
з / ж:	францу́з 'Frenchman'; францу́женка 'Frenchwoman'
ст / щ:	густо́й 'thick'; гу́ще 'thicker'
ц / ч:	грани́ца 'border' (noun); грани́чить 'border' (verb)
к / ч:	река́ 'river' (noun); речно́й 'river' (adjective)
х / ш:	му́ха 'fly' (noun); муши́ный 'fly' (adjective)
г / ж:	юг 'south' (noun); ю́жный 'south' (adjective)

Noun suffixes

The suffixes which identify adjectives and verbs are easily recognisable. There are a whole variety of suffixes which indicate different kinds of nouns.

Profession, occupation

-тель, -ик, -ник, -ница (*f*), -ак, -як, -арь, -арша (*f*), -яр,
-чик, -чица (*f*), -щик, -щица (*f*), -ец, -тор

писа́тель / писа́тельница	writer
исто́рик	historian
безде́льник	idler
учи́тельница	woman teacher
рыба́к	fisherman
моря́к	sailor
библиоте́карь	librarian
секрета́рша	secretary
столя́р	joiner
перево́дчик / перево́дчица	interpreter, translator
гардеро́бщик / гардеро́бщица	cloakroom attendant
продаве́ц / продавщи́ца	sales assistant
реда́ктор	editor
а́втор	author

Nationality, religion, citizenship

-анин, -анка (*f*), -янин, -янка (*f*), -ец, -ка (*f*), -ич, -ичка (*f*)

англича́нин	Englishman
англича́нка	Englishwoman
христиа́нин / христиа́нка	Christian
крестья́нин / крестья́нка	peasant
америка́нец / америка́нка	American
москви́ч / москви́чка	Muscovite

Actions

-ание, -ение, -ьба, -ня, -ка

писа́ние	writing
повыше́ние	increase
ходьба́	walking
беготня́	running

Qualities

-ость, -есть, -ота, -ство

мо́лодость	youth
све́жесть	freshness
темнота́	darkness
му́жество	bravery
бессты́дство	shamelessness

Note that a large range of abstract nouns, not just denoting qualities, end in **-ство**:

оте́чество	fatherland
иску́сство	art
мно́жество	multitude

Diminutives

-ик, -ок, -ёк, -чик -ка, -очка, -ушка

до́мик	little house
городо́к	small town
огонёк	small light
стака́нчик	little glass
ре́чка	little river
де́вочка	little girl
дереву́шка	small village

Small animals

-ёнок, -онок

котёнок	kitten
медвежо́нок	bear cub
ребёнок	child

Note their plurals: **котя́та, медвежа́та, дети/ребя́та** (more commonly used in the sense of 'lads, guys').

Exercise 5

What do you call a man who . . .

Example: **учи́ть ру́сскому языку́ – учи́тель ру́сского языка́**

покупа́ть телеви́зоры, продава́ть компью́теры, переводи́ть с иностра́нного языка́, руководи́ть заво́дом, по́льзоваться компью́тером, жить в Москве́, редакти́ровать газе́ту, издава́ть журна́л, рабо́тать на заво́де, преподава́ть англи́йский язы́к.

Exercise 6

Choose between the two words (note **-ость** generally denotes the state and **-ение** the action).

Example: **престу́пность** 'crime, criminality'
преступле́ние 'crime, criminal offence'

1 (**преступле́ние и́ли престу́пность**) Коли́чество . . . растёт с ка́ждым го́дом. Как мо́жно поко́нчить с . . . в совреме́нном о́бществе?
2 (**заболева́ние и́ли заболева́емость**) По мне́нию мини́стра здравоохране́ния, о́бщая . . . в Росси́и, по-пре́жнему, высо́кая. Появи́лось но́вое . . . Интернет-зави́симость.
3 (**переутомле́ние и́ли переутомля́емость**) По-мо́ему, у тебя́ типи́чное . . . тебе́ на́до отдохну́ть. По-мне́нию враче́й, . . . среди́ дете́й растёт.
4 (**посеще́ние и́ли посеща́емость**) В после́днее вре́мя ре́зко возросла́ . . . Интерне́т СМИ. . . . теа́тров помо́жет улу́чшить ваш ру́сский язы́к.
5 (**раздраже́ние и́ли раздражи́тельность**) Мне поня́тно твоё . . . : ведь он опя́ть опозда́л. По-мо́ему, он бо́лен, его́ . . . уже́ превосхо́дит все грани́цы.

Verbs with prefixes

Prefixes are often added to imperfective verbs to make them perfective: **писа́ть** (imperfective)/**написа́ть** (perfective). Other prefixes can be added which, as well as making verbs perfective, modify their meaning:

в- 'in'

вписа́ть	to insert, include

The imperfective is formed by inserting **-ыв-**:

впи́сываться / вписа́ться	to fit in well

вы- 'out of'

выпи́сывать / вы́писать	to copy out, extract, prescribe

до- 'finish'

допи́сывать / дописа́ть	to finish (writing)

за- 'for, begin'

запи́сывать / записа́ть	to note

над- 'over, above, super-'

надпи́сывать / надписа́ть	to superscribe, inscribe

о- 'about, around'

опи́сывать / описа́ть	to describe (write about)

пере- 're-, over, across'

перепи́сывать / переписа́ть	to rewrite
перепи́сываться	to correspond

при- near

припи́сывать / приписа́ть	to add

под- 'under, sub-'

подпи́сывать / подписа́ть	to sign (write under)
подпи́сываться / подписа́ться на	to subscribe to (newspapers)

In the verb **рабо́тать** the 'o' changes to an 'a' when **-ыв-** is inserted:

зараба́тывать / зарабо́тать	to earn
перераба́тывать / перерабо́тать	to process, rework

Second conjugation verbs add -ив- rather than -ыв-:

до- 'finish, complete'

достра́ивать / достро́ить	to finish building
перестра́ивать / перестро́ить	to rebuild

при- 'near, adjoining'

пристра́ивать / пристро́ить	to build onto

у- 'impart a quality, away'

устра́ивать / устро́ить	to organise, arrange (impart **строй** 'system, structure')

Exercise 7

See if you can figure out the meaning of these verbs.

переде́лывать / переде́лать; надстра́ивать / надстро́ить; допи́сывать / дописа́ть; осма́тривать / осмотре́ть; предви́деть (perfective only); переду́мывать / переду́мать; выду́мывать / вы́думать; предска́зывать / предсказа́ть; надсма́тривать (imperfective only); дочи́тывать / дочита́ть.

Exercise 8

Examine some Russian web-sites (see some examples, shown opposite page).

Молодёжный порта́л OM.Ru

1 What is the site devoted to?
2 What is the significance of its name?
3 What are the interactive features of the site?
4 What additional services does this site provide?

Информацио́нно-спра́вочный центр

1 Give three kinds of information supplied by the site.
2 Give three advantages of the way the site operates.

● **Молодежный портал OM.Ru**
(www.om.ru)

Специализированный портал, посвященный современной культуре и молодежному стилю жизни. Он создан на базе журнала «ОМ» — лидера среди печатных изданий для молодежи, но предлагает более широкий диапазон тем и материалов. Как и другие наши порталы, OM.Ru отличает повышенная степень интерактивности — с помощью посетителей на сайте поддерживается рубрика «Народные новости», работает несколько досок объявлений, постоянно проводятся сетевые дискуссии и голосования. Дополнительный плюс — возможность обзавестись бесплатным адресом электронной почты или даже собственной домашней страничкой.

● **Информационно-справочный центр**
232.Ru (www.232.ru)

Проект поддерживается Правительством Москвы и предоставляет развернутую информацию о местах приобретения различных товаров и услуг, режимах работы фирм, их предлагающих, а также другую необходимую и полезную муниципальную и коммерческую информацию из жизни столицы. Отличительная особенность сайта — удобный интерфейс, максимально упрощающий поиск и управление информацией.

● **Портал Moda.Ru & Fashion.Ru —**
Русская модная сеть
(www.moda.ru; www.fashion.ru)

Первый русский Интернет-проект, посвященный моде, состоит из двух серверов-зеркал: Moda.Ru и Fashion.Ru. База данных по модным ресурсам ежедневно пополняется не только администрацией и штатом специальных корреспондентов, но и обычными посетителями, любой из которых может сам стать корреспондентом портала и публиковать на нем свои новостные материалы. Портал интуитивно понятен, работать с ним может даже человек, совершенно не разбирающийся в Интернет-технологиях. Другая популярная услуга портала — выделение всем желающим бесплатных сетевых адресов по образцу www.вашеимя.moda.ru.

Портáл Moda.Ru & Fashion.Ru

1 How often is the site updated?
2 Who can post information on the site?
3 What level of expertise does it need to access the site?
4 What additional service does the site provide?

Language points ♦

Some commonly confused verbs

'To use'

испо́льзовать (impf., only) (+ *acc.*) is a good general verb meaning 'to use':

На́до испо́льзовать все сре́дства в борьбе́ про́тив терроpи́зма.
It is necessary to use all means in the struggle against terrorism.

На́ша кли́ника испо́льзует лу́чшие достиже́ния медици́ны.
Our clinic uses the best medical advances.

Он всё вре́мя испо́льзует меня́ в свои́х це́лях.
He always uses me for his own ends.

по́льзоваться / воспо́льзоваться (+ *inst.*) means 'to make use of' as well as 'to enjoy' and 'take advantage of' and is commonly used with the nouns in the examples below:

Я всегда́ по́льзуюсь словарём.
I always use (make use of) a dictionary.

Я ду́маю, вам на́до воспо́льзоваться услу́гами аге́нтства.
I think that you should use / make use of the services of an agency.

Он по́льзуется больши́м авторите́том среди́ свои́х коллег.
He enjoys great authority among his colleagues.

Note also: **по́льзоваться успе́хом** 'to enjoy success':

По́льзуясь слу́чаем, я хоте́л бы вы́разить свою́ благода́рность.
Taking advantage of the occasion, I should like to express my gratitude.

Note also: **по́льзоваться возмо́жностью** 'to take advantage of the opportunity'.

Употребля́ть / употреби́ть (+ *acc*) translates 'to use' in certain specific contexts:

Мно́гие молоды́е лю́ди употребля́ют нарко́тики.
Many young people use drugs.

Лу́чше не употребля́ть э́то сло́во, оно́ почти́ не употребля́ется в ру́сском языке́.
It is better not to use that word; it is almost never used in Russian.

Применя́ть/примени́ть (+ *acc.*) means 'to apply, employ, use':

В пе́рвый раз мы примени́ли э́ту техноло́гию 10 лет наза́д.
We first employed/used this technology 10 years ago.

Ме́тод, применённый инжене́рами при строи́тельстве моста́, весьма́ эффекти́вный.
The method employed/used by engineers in the construction of the bridge is highly effective.

По-мо́ему, прави́тельство должно́ применя́ть са́нкции.
In my opinion the government should apply sanctions.

Exercise 9

Choose the appropriate verb from those in brackets.

(по́льзовалась, употребля́ет, по́льзоваться, применя́ть, употребля́ть, воспо́льзовались, по́льзуются)

1 Она́ ча́сто . . . э́ту фра́зу, к сожале́нию, ча́сто не к ме́сту. 2 По-мо́ему, мы должны́ . . . к престу́пникам бо́лее стро́гие ме́ры. 3 Он не разреша́ет ей . . . его́ компью́тером, у неё есть свой. 4 Мы . . . возмо́жностью и полете́ли Аэрофло́том. 5 Большинство́ студе́нтов . . . Интерне́том. 6 Все зна́ют, что . . . нарко́тики – вре́дно для здоро́вья. 7 В мо́лодости она́ . . . огро́мным успе́хом у мужчи́н.

'To stop'

Остана́вливать/останови́ть is the transitive verb 'to stop, halt':

Из-за ава́рии на желе́зной доро́ге пришло́сь останови́ть по́езд.
Because of an accident on the railway line they had to stop the train.

Останови́те его́, пожа́луйста, он забы́л свой па́спорт.
Stop him, please, he has forgotten his passport.

Остана́вливаться/останови́ться is the intransitive partner of остана́вливать:

Такси́ останови́лось у до́ма с коло́ннами.
The taxi stopped by the house with the columns.

Мы останови́лись в гости́нице.
We stopped in a hotel.

Перестава́ть/переста́ть means 'to cease/stop' doing something and is generally followed by an infinitive:

Она́ переста́ла писа́ть рома́ны.
She stopped writing novels.

Переста́нь разгова́ривать!
Stop talking!

Дождь переста́л.
The rain has stopped.

Прекраща́ть/прекрати́ть means 'to terminate/stop':

Обе сто́роны реши́ли прекрати́ть перегово́ры.
Both sides decided to stop the talks.

Они́ прекрати́ли свою́ перепи́ску (перепи́сываться).
They stopped writing to each other.

Меша́ть/помеша́ть is 'to stop' in the sense of 'to hinder':

Ты меша́ешь мне спать.
You are stopping me from sleeping.

Броса́ть/бро́сить means 'to stop' in the sense of 'to give up':

Он бро́сил кури́ть и пить.
He gave up smoking and drinking.

Exercise 10

Choose the appropriate verb from the brackets.

(переста́нешь, останови́лась, прекрати́, остана́вливаюсь, переста́л, останови́лся, бро́сил, меша́ет)

1 Когда́ ты . . . вме́шиваться в мои́ дела́? 2 . . . , пожа́луйста, э́ти глу́пости! 3 Трамва́й . . . на перекрёстке. 4 Наконе́ц-то, снег . . . ,

и мы смогли éхать дáльше. 5 Из-за болéзни дирéктора рабóта . . .
6 Я всегдá . . . в э́той гости́нице. 7 Он . . . мне смотрéть телеви́зор.
8 Я так рáда, что он . . . пить.

Similar-sounding verbs

Составля́ть / соста́вить 'to compile, draw up':

> **Цéлый год она составля́ла библиогрáфию произведéний Ди́ккенса.**
> All year long she was compiling a bibliography of works by Dickens.

> **Нáдо соста́вить спи́сок всех прису́тствующих.**
> It is necessary to draw up a list of all those present.

Составля́ть / соста́вить also means 'to constitute, make up':

> **Чéтверть пóльзователей Интернéтом составля́ют студéнты.**
> Students make up a quarter of Internet users.

> **Соглáсно демóграфам населéние ми́ра скóро соста́вит 10 миллиáрдов человéк.**
> According to demographers the population of the world will soon constitute a billion people.

Note also **составля́ть компáнию кому́-нибудь** 'to keep someone company'.

Состоя́ть из (+ *gen.*) 'to consist of, comprise':

> **Фильм состои́т из двух сéрий.**
> The film consists of two parts.

> **Аудитóрия состоя́ла в основнóм из студéнтов.**
> The audience consisted basically of students.

Состоя́ть в (+ *prep.*) 'to be, to be a member of':

> **Проблéма состои́т в том, что в Росси́и до сих пор нет закóна об эмигрáции.**
> The problem is that up till now there was no law on emigration in Russia.

> **В мóлодости он состоя́л в Компáртии.**
> In his youth he was a member of the Communist Party.

Состоя́ть в бра́ке 'to be married':

То́лько 5% студе́нтов состоя́ли в бра́ке.
Only 5% of the students were married.

Состоя́ть (+ *instr.*) or **на до́лжности** (+ *gen.*) 'employed as':

Почти́ 10 лет он состоя́л на до́лжности дире́ктора (состоя́л дире́ктором) заво́да.
For almost 10 years he was a director of the factory.

Состоя́ться means 'to take place':

Конфере́нция состоя́лась в конце́ ма́рта.
The conference took place at the end of March.

Премье́ра фи́льма состои́тся в но́вом кинотеа́тре.
The premiere of the film will take place in the new cinema.

Exercise 11

Decide which verb to use.

1 Же́нщины . . . 53 проце́нта населе́ния Росси́и. 2 Пробле́ма . . . в том, что никто́ не хо́чет приня́ть реше́ние. 3 Слова́рь, кото́рый он . . . 7 лет наза́д, всё ещё популя́рен. 4 На́ша кварти́ра . . . из 3 ко́мнат. 5 Всю жизнь он . . . секретарём при ре́кторе университе́та. 6 В бу́дущем году́ в Москве́ . . . театра́льная Олимпиа́да.

Exercise 12

Translate into Russian.

1 The number of Internet-users is increasing all the time. E-commerce is the fastest developing sector of the Russian economy.
2 Most people in a recent poll felt that there should be control over socially dangerous sites.
3 In Russia, even in Moscow, use of the Internet lags behind that of Western countries. Nonetheless, the problem of Internet addiction already exists.
4 The Internet is still very expensive for many Russians; you have to pay 50 dollars a month for unlimited access.

5   A businessman friend of mine uses the Internet daily in his work. He says that he cannot survive without it.

6   Working at my computer I often get so carried away that I forget about everything, even about food.

7   There is a lot of varied information on the Net, but I am mostly interested in the mass media.

8   During the next election it will probably be possible to vote through the Internet.

9   I never thought that I would become an Internet addict but I automatically switch the computer on as soon as I come home.

10   The most popular web-sites with students are entertainment and games.

Grammar reference

Nouns

Masculine

	sing.	pl.	sing.	pl.	sing.	pl.
nom.	стол	столы́	трамва́й	трамва́и	роя́ль	роя́ли
acc.	стол	столы́	трамва́й	трамва́и	роя́ль	роя́ли
gen.	стола́	столо́в	трамва́я	трамва́ев	роя́ля	роя́лей
dat.	столу́	стола́м	трамва́ю	трамва́ям	роя́лю	роя́лям
instr.	столо́м	стола́ми	трамва́ем	трамва́ями	роя́лем	роя́лями
prep.	столе́	стола́х	трамва́е	трамва́ях	роя́ле	роя́лях

Feminine

	sing.	pl.	sing.	pl.	sing.	pl.	sing.	pl.
nom.	ры́ба	ры́бы	во́ля	во́ли	па́ртия	па́ртии	ро́ль	ро́ли
acc.	ры́бу	ры́бы	во́лю	во́ли	па́ртию	па́ртии	ро́ль	ро́ли
gen.	ры́бы	рыб	во́ли	воль	па́ртии	па́ртий	ро́ли	роле́й
dat.	ры́бе	ры́бам	во́ле	во́лям	па́ртии	па́ртиям	ро́ли	роля́м
instr.	ры́бой	ры́бами	во́лей	во́лями	па́ртией	па́ртиями	ро́лью	роля́ми
prep.	ры́бе	ры́бах	во́ле	во́лях	па́ртии	па́ртиях	ро́ли	роля́х

Neuter

	sing.	pl.	sing.	pl.	sing.	pl.	sing.	pl.
nom.	вино́	ви́на	мо́ре	моря́	зда́ние	зда́ния	и́мя	имена́
acc.	вино́	ви́на	мо́ре	моря́	зда́ние	зда́ния	и́мя	имена́
gen.	вина́	вин	мо́ря	море́й	зда́ния	зда́ний	и́мени	имён
dat.	вину́	ви́нам	мо́рю	моря́м	зда́нию	зда́ниям	и́мени	имена́м
instr.	вино́м	ви́нами	мо́рем	моря́ми	зда́нием	зда́ниями	и́менем	имена́ми
prep.	вине́	ви́нах	мо́ре	моря́х	зда́нии	зда́ниях	и́мени	имена́х

Notes

1 The accusative singular of masculine animate nouns and the accusative plural of both masculine and feminine animate nouns is the same as the genitive.

2 Some nouns have the fleeting vowel o or e in the nominative which disappears when an ending is added: **ребёнок – ребёнка; конец – конца́.**

3 Some nouns ending in -а, -о, -я have a fill vowel -о- or -е- inserted in the genitive plural: **студе́нтка – студе́нток; окно́ – о́кон; дере́вня – дереве́нь.**

4 Spelling rules affect several endings:
   ● the genitive singular of some feminine nouns: **кни́га – кни́ги;**
   ● the instrumental singular of some masculine and feminine nouns: **матч – ма́тчем; гости́ница – гости́ницей;**
   ● the nominative/accusative plural of masculine and feminine nouns: **язы́к – языки́; кни́га – кни́ги;**
   ● the genitive plural of some masculine nouns: **ме́сяц – ме́сяцев.**

5 Stressed e becomes ё in:
   ● the instrumental singular of some nouns: **рубль – рублём;**
   ● the genitive plural of some nouns: **слой – слоёв.**

6 Some masculine nouns take the prepositional ending -у́ after в and на: **в саду́.**

7 Some masculine nouns have an irregular nominative (accusative) plural in -а́ or -я́: **дом – дома́; учи́тель – учителя́.**

8 Some masculine and neuter nouns have an irregular nominative (accusative) plural in -ья: **стул – сту́лья; друг – друзья́;**

дéрево – дерéвья. The genitive (accusative) plural of these nouns ends in -ей where it is stressed and -ьев where unstressed: стýльев, друзéй, дерéвьев.

9 The genitive plural of nouns ending in -ж, -ч, -ш, -щ ends in -ей: москвúч – москвичéй.

10 The instrumental plural of some nouns ends in -ьми: дéти – детьмú; лю́ди – людьмú.

In all the following tables where a second alternative form is given for the accusative this is for use with animate nouns.

Adjectives

Hard

	masculine	feminine	neuter	plural
nom.	интерéсный	интерéсная	интерéсное	интерéсные
acc.	интерéсный / ого	интерéсную	интерéсное	интерéсные / ых
gen.	интерéсного	интерéсной	интерéсного	интерéсных
dat.	интерéсному	интерéсной	интерéсному	интерéсным
instr.	интерéсным	интерéсной	интерéсным	интерéсными
prep.	интерéсном	интерéсной	интерéсном	интерéсных

	masculine	feminine	neuter	plural
nom.	крутóй	крутáя	крутóе	круты́е
acc.	крутóй / óго	крутýю	крутóе	круты́е / ы́х
gen.	крутóго	крутóй	крутóго	круты́х
dat.	крутóму	крутóй	крутóму	круты́м
instr.	круты́м	крутóй	круты́м	круты́ми
prep.	крутóм	крутóй	крутóм	круты́х

Soft

	masculine	feminine	neuter	plural
nom.	дре́вний	дре́вняя	дре́внее	дре́вние
acc.	дре́вний / его	дре́внюю	дре́внее	дре́вние / их
gen.	дре́внего	дре́вней	дре́внего	дре́вних
dat.	дре́внему	дре́вней	дре́внему	дре́вним
instr.	дре́вним	дре́вней	дре́вним	дре́вними
prep.	дре́внем	дре́вней	дре́внем	дре́вних

	masculine	feminine	neuter	plural
nom.	тре́тий	тре́тья	тре́тье	тре́тьи
acc.	тре́тий / ьего	тре́тью	тре́тье	тре́тьи / ьих
gen.	тре́тьего	тре́тьей	тре́тьего	тре́тьих
dat.	тре́тьему	тре́тьей	тре́тьему	тре́тьим
instr.	тре́тьим	тре́тьей	тре́тьим	тре́тьими
prep.	тре́тьем	тре́тьей	тре́тьем	тре́тьих

Mixed (affected by the spelling rules)

	masculine	feminine	neuter	plural
nom.	ру́сский	ру́сская	ру́сское	ру́сские
acc.	ру́сский / ого	ру́сскую	ру́сское	ру́сские / их
gen.	ру́сского	ру́сской	ру́сского	ру́сских
dat.	ру́сскому	ру́сской	ру́сскому	ру́сским
instr.	ру́сским	ру́сской	ру́сским	ру́сскими
prep.	ру́сском	ру́сской	ру́сском	ру́сских

	masculine	feminine	neuter	plural
nom.	какóй	какáя	какóе	какúе
acc.	какóй / óго	какýю	какóе	какúе / úх
gen.	какóго	какóй	какóго	какúх
dat.	какóму	какóй	какóму	какúм
instr.	какúм	какóй	какúм	какúми
prep.	какóм	какóй	какóм	какúх

	masculine	feminine	neuter	plural
nom.	большóй	большáя	большóе	большúе
acc.	большóй / óго	большýю	большóе	большúе / úх
gen.	большóго	большóй	большóго	большúх
dat.	большóму	большóй	большóму	большúм
instr.	большúм	большóй	большúм	большúми
prep.	большóм	большóй	большóм	большúх

	masculine	feminine	neuter	plural
nom.	хорóший	хорóшая	хорóшее	хорóшие
acc.	хорóший / его	хорóшую	хорóшее	хорóшие / их
gen.	хорóшего	хорóшей	хорóшего	хорóших
dat.	хорóшему	хорóшей	хорóшему	хорóшим
instr.	хорóшим	хорóшей	хорóшим	хорóшими
prep.	хорóшем	хорóшей	хорóшем	хорóших

Possessives

	masculine	feminine	neuter	plural
nom.	мой	моя́	моё	мои́
acc.	мой / моего́	мою́	моё	мои́ / мои́х
gen.	моего́	мое́й	моего́	мои́х
da.	моему́	мое́й	моему́	мои́м
instr.	мои́м	мое́й	мои́м	мои́ми
prep.	моём	мое́й	моём	мои́х

Note: твой and свой also decline like мой

	masculine	feminine	neuter	plural
nom.	наш	на́ша	на́ше	на́ши
acc.	наш / на́шего	на́шу	на́ше	на́ши / на́ших
gen.	на́шего	на́шей	на́шего	на́ших
dat.	на́шему	на́шей	на́шему	на́шим
instr.	на́шим	на́шей	на́шим	на́шими
prep.	на́шем	на́шей	на́шем	на́ших

Note: ваш also declines like наш.

Чей

	masculine	feminine	neuter	plural
nom.	чей	чья	чьё	чьи
acc.	чей / чьего́	чью	чьё	чьи / чьих
gen.	чьего́	чьей	чьего́	чьих
dat.	чьему́	чьей	чьему́	чьим
instr.	чьим	чьей	чьим	чьи́ми
prep.	чьём	чьей	чьём	чьих

Demonstratives

	masculine	feminine	neuter	plural
nom.	э́тот	э́та	э́то	э́ти
acc.	э́тот / э́того	э́ту	э́то	э́ти / э́тих
gen.	э́того	э́той	э́того	э́тих
dat.	э́тому	э́той	э́тому	э́тим
instr.	э́тим	э́той	э́тим	э́тими
prep.	э́том	э́той	э́том	э́тих

	masculine	feminine	neuter	plural
nom.	тот	та	то	те
acc.	тот / того́	ту	то	те / тех
gen.	того́	той	того́	тех
dat.	тому́	той	тому́	тем
instr.	тем	той	тем	те́ми
prep.	том	той	том	тех

Весь

	masculine	feminine	neuter	plural
nom.	весь	вся	всё	все
acc.	весь / всего́	всю	всё	все / всех
gen.	всего́	всей	всего́	всех
dat.	всему́	всей	всему́	всем
instr.	всем	всей	всем	всеми
prep.	всём	всей	всём	всех

Сам

	masculine	feminine	neuter	plural
nom.	сам	сама́	само́	са́ми
acc.	сам / самого́	саму́	само́	са́ми / сами́х
gen.	самого́	само́й	самого́	сами́х
dat.	самому́	само́й	самому́	сами́м
instr.	сами́м	само́й	сами́м	сами́ми
prep.	само́м	само́й	само́м	сами́х

Personal pronouns

	я	ты	он / оно́	она́	мы	вы	они́
nom.	я	ты	он / оно́	она́	мы	вы	они́
acc.	меня́	тебя́	его́	её	нас	вас	их
gen.	меня́	тебя́	его́	её	нас	вас	их
dat.	мне	тебе́	ему́	ей	нам	вам	им
instr.	мной / мно́ю	тобо́й / тобо́ю	им	ей / е́ю	на́ми	ва́ми	и́ми
prep.	мне	тебе́	нём	ней	нас	вас	них

Note: **Себя́** declines like **тебя́** from the accusative onwards.

Interrogative pronouns

	кто	что
nom.	кто	что
acc.	кого́	что
gen.	кого́	чего́
dat.	кому́	чему́
instr.	кем	чем
prep.	ком	чём

Surnames

	masculine	feminine	plural
nom.	Пу́тин	Пу́тина	Пу́тины
acc.	Пу́тина	Пу́тину	Пу́тиных
gen.	Пу́тина	Пу́тиной	Пу́тиных
dat.	Пу́тину	Пу́тиной	Пу́тиным
instr.	Пу́тиным	Пу́тиной	Пу́тиными
prep.	Пу́тине	Пу́тиной	Пу́тиных

Note: Surnames ending in **-ев, -ин, -ын** follow this pattern. Surnames which have adjective endings, e.g. **Достое́вский**, decline like adjectives.

Cardinal numerals

	masculine	feminine	neuter	plural
nom.	оди́н	одна́	одно́	одни́
acc.	оди́н / одного́	одну́	одно́	одни́ / одни́х
gen.	одного́	одно́й	одного́	одни́х
dat.	одному́	одно́й	одному́	одни́м
instr.	одни́м	одно́й	одни́м	одни́ми
prep.	одно́м	одно́й	одно́м	одни́х

	m/n	f	m/f/n	m/f/n	m/f/n	m/f/n	m/f/n
nom.	два	две	три	четы́ре	пять	со́рок	пятьдеся́т
acc.	два / двух	две / двух	три / трёх	четы́ре / четырёх	пять	со́рок	пятьдеся́т
gen.	двух		трёх	четырёх	пяти́	сорока́	пяти́десяти
dat.	двум		трём	четырём	пяти́	сорока́	пяти́десяти
instr.	двумя́		тре́мя	четырьмя́	пятью́	сорока́	пятью́десятью
prep.	двух		трёх	четырёх	пяти́	сорока́	пяти́десяти

Notes

1 Numbers from **шесть** to **де́сять**, **два́дцать** and **три́дцать** decline like **пять**, with the stress on the endings. **Оди́ннадцать** – **девятна́дцать** take the same endings, but are stressed on the stem.

2 **Сто** declines like **со́рок**, with the stress on the endings and **девяно́сто** takes the same endings, but with the stress on the stem.

3 **шестьдеся́т** – **во́семьдесят** decline like **пятьдеся́т**.

	m/f/n	m/f/n	m/f/n	m/f/n
nom.	две́сти	три́ста	четы́реста	пятьсо́т
acc.	две́сти	три́ста	четы́реста	пятьсо́т
gen.	двухсо́т	трёхсо́т	четырёхсо́т	пятисо́т
dat.	двумста́м	трёмста́м	четырёмста́м	пятиста́м
instr.	двумяста́ми	тремяста́ми	четырьрмяста́ми	пятиста́ми
prep.	двухста́х	трёхста́х	четырёхста́х	пятиста́х

Notes

1 **Шестьсо́т, семьсо́т, восемьсо́т, девятьсо́т** decline like **пятьсо́т**.

2 **Ты́сяча** declines like a feminine noun, but has an alternative instrumental **ты́сячью**.

Verbs

First conjugation regular verbs

	Imperfective	Perfective
Infinitive	де́лать 'to do, make'	сде́лать 'to do, make'
Present	я де́лаю	
	ты де́лаешь	
	он / она́ / оно́ де́лает	
	мы де́лаем	
	вы де́лаете	
	они́ де́лают	
Future	я бу́ду де́лать	я сде́лаю
	ты бу́дешь де́лать	ты сде́лаешь
	он / она́ / оно́ бу́дет де́лать	он / она́ / оно́ сде́лает
	мы бу́дем де́лать	мы сде́лаем
	вы бу́дете де́лать	вы сде́лаете
	они́ бу́дут де́лать	они́ сде́лают
Past	я де́лал / де́лала	я сде́лал / сде́лала
	ты де́лал / де́лала	ты сде́лал / сде́лала
	он де́лал	он сде́лал
	она́ де́лала	она́ сде́лала
	оно́ де́лало	оно́ сде́лало
	мы де́лали	мы сде́лали
	вы де́лали	вы сде́лали
	они́ де́лали	они́ сде́лали
Subjunctive	я де́лал бы / де́лала бы	я сде́лал бы / сде́лала бы
	ты де́лал бы / де́лала бы	ты сде́лал бы / сде́лала бы
	он де́лал бы	он сде́лал бы
	она́ де́лала бы	она́ сде́лала бы
	оно́ де́лало бы	оно́ сде́лало бы
	мы де́лали бы	мы сде́лали бы
	вы де́лали бы	вы сде́лали бы
	они́ де́лали бы	они́ сде́лали бы

Imperative	де́лай / де́лайте	сде́лай / сде́лайте
Gerund	де́лая	сде́лав
Participles:		
pres. act.	де́лающий / ая / ее / ие	
past act.	де́лавший / ая / ее / ие	сде́лавший / ая / ee / ие
pres. pass.	де́лаемый / ая / ое / ые	
past pass.		сде́ланный / ая / ое / ые

First conjugation – verbs with an irregular stem ending in a vowel

	Imperfective	Perfective
Infinitive	мыть 'to wash'	вы́мыть 'to wash' (also помы́ть)
Present	я мо́ю	
	ты мо́ешь	
	он / она́ / оно́ мо́ет	
	мы мо́ем	
	вы мо́ете	
	они́ мо́ют	
Future	я бу́ду мыть	я вы́мою
	ты бу́дешь мыть	ты вы́моешь
	он / она́ / оно́ бу́дет мыть	он / она́ / оно́ вы́моет
	мы бу́дем мыть	мы вы́моем
	вы бу́дете мыть	вы вы́моете
	они́ бу́дут мыть	они́ вы́моют
Past	мыл, мы́ла, мы́ло, мы́ли	вы́мыл, вы́мыла, вы́мыло, вы́мыли
Subjunctive	мыл бы, мы́ла бы, мы́ло бы, мы́ли бы	вы́мыл бы, вы́мыла бы, вы́мыло бы, вы́мыли бы
Imperative	мой / мо́йте	вы́мой / вы́мойте
Gerund		вы́мыв

Participles:		
pres.act.	мо́ющий / ая / ее / ие	
past act.	мы́вший / ая / ее / ие	вы́мывший / ая / ее / ие
past pass.		вы́мытый / ая / ое / ые

Note: Where the ending is stressed on irregular 1st conjugation verbs of this type **-e-** will change to **-ё**. See **дава́ть** below.

First conjugation – verbs with an irregular stem ending in a consonant

	Imperfective	Perfective
Infinitive	писа́ть 'to write'	написа́ть 'to write'
Present	я пишу́	
	ты пи́шешь	
	он / она́ / оно́ пи́шет	
	мы пи́шем	
	вы пи́шете	
	они́ пи́шут	
Future	я бу́ду писа́ть	я напишу́
	ты бу́дешь писа́ть	ты напи́шешь
	он / она́ / оно́ бу́дет писа́ть	он / она́ / оно́ напи́шет
	мы бу́дем писа́ть	мы напи́шем
	вы бу́дете писа́ть	вы напи́шете
	они́ бу́дут писа́ть	они напи́шут
Past	писа́л, писа́ла, писа́ло, писа́ли	написа́л, написа́ла, написа́ло, написа́ли
Subjunctive	писа́л бы, писа́ла бы, писа́ло бы, писа́ли бы	написа́л бы, написа́ла бы, написа́ло бы, написа́ли бы
Imperative	пиши́ / пиши́те	напиши́ / напиши́те
Gerund		написа́в
Participles:		
pres. act.	пи́шущий / ая / ее / ие	
past act.	писа́вший / ая / ее / ие	написа́вший / ая / ее / ие
past pass.		напи́санный / ая / ое / ый

Note: Where the ending is stressed on irregular 1st conjugation verbs of this type **-e-** will change to **-ё**.

Second conjugation

	Imperfective	Perfective
Infinitive	смотре́ть 'to watch, look at'	посмотре́ть 'to watch, look at'
Present	я смотрю́	
	ты смо́тришь	
	он / она́ / оно́ смо́трит	
	мы смо́трим	
	вы смо́трите	
	они́ смо́трят	
Future	я бу́ду смотре́ть	я посмотрю́
	ты бу́дешь смотре́ть	ты посмо́тришь
	он / она́ / оно́ бу́дет смотре́ть	он / она́ / оно́ посмо́трит
	мы бу́дем смотре́ть	мы посмо́трим
	вы бу́дете смотре́ть	вы посмо́трите
	они́ бу́дут смотре́ть	они́ посмо́трят
Past	смотре́л, смотре́ла, смотре́ло, смотре́ли	посмотре́л, посмотре́ла. посмотре́ло, посмотре́ли
Subjunctive	смотре́л бы, смотре́ла бы, смотре́ло бы, смотре́ли бы	посмотре́л бы, посмотре́ла бы, посмотре́ло бы, посмотре́ли бы
Imperative	смотри́ / смотри́те	посмотри́ / посмотри́те
Gerund	смотря́	посмотре́в
Participles:		
pres. act.	смотря́щий / ая / ее / ие	
past act.	смотре́вший / ая / ее / ие	посмотре́вший / ая / ее / ие

Notes

1 Some second conjugation verbs are also affected by the spelling rules: держа́ть – держу́, де́ржишь . . . де́ржат.
2 If the stem of a second conjugation verb ends in the consonants -д, -т, -с, -з, -ст that consonant will change in the first person singular (я form) only. Other forms are regular: води́ть – вожу́, во́дишь; плати́ть – плачу́, пла́тишь; проси́ть – прошу́,

про́сишь; вози́ть – вожу́, во́зишь; свисте́ть 'to whistle' – свищу́, свисти́шь. If the stem ends in -б, -в, -п, -ф and -м, an -л- is inserted between the stem and ending in the first person singular only: люби́ть – люблю́, лю́бишь; ста́вить – ста́влю, ста́вишь.

Reflexive verbs

	Imperfective – regular 1st conjugation with stem ending in a consonant	Perfective – irregular
Infinitive	одева́ться 'to dress oneself'	оде́ться 'to dress oneself'
Present	я одева́юсь	
	ты одева́ешся	
	он / она́ / оно́ одева́ется	
	мы одева́емся	
	вы одева́етесь	
	они́ одева́ются	
Future	я бу́ду одева́ться	я оде́нусь
	ты бу́дешь одева́ться	ты оде́нешься
	он / она́ / оно́ бу́дет одева́ться	он / она́ / оно́ оде́нется
	мы бу́дем одева́ться	мы оде́немся
	вы бу́дете одева́ться	вы оде́нетесь
	они́ бу́дут одева́ться	они́ оде́нутся
Past	одева́лся, одева́лась, одева́лось, одева́лись	оде́лся, оде́лась, оде́лось, оде́лись
Subjunctive	одева́лся бы, одева́лась бы, одева́лось бы, одева́лись бы	оде́лся бы, оде́лась бы, оде́лось бы, оде́лись бы
Imperative	одева́йся / одева́йтесь	оде́нься / оде́ньтесь
Gerund	одева́ясь	оде́вшись
Participles:		
pres. act.	одева́ющийся / аяся / ееся / иеся	
past act.	одева́вшийся / аяся / ееся / иеся	оде́вшийся / аяся / ееся / иеся

Irregular verbs

	Imperfective – irregular 1st conjugation with stem ending in a vowel	Perfective – irregular
Infinitive	дава́ть 'to give'	дать 'to give'
Present	я даю́	
	ты даёшь	
	он / она́ / оно́ даёт	
	мы даём	
	вы даёте	
	они́ даю́т	
Future	я бу́ду дава́ть	я дам
	ты бу́дешь дава́ть	ты дашь
	он / она́ / оно́ бу́дет дава́ть	он / она́ / оно́ даст
	мы бу́дем дава́ть	мы дади́м
	вы бу́дете дава́ть	вы дади́те
	они́ бу́дут дава́ть	они́ даду́т
Past	дава́л, дава́ла, дава́ло, дава́ли	дал, дала́, да́ло, да́ли
Subjunctive	дава́л бы, дава́ла бы, дава́ло бы, дава́ли бы	дал бы, дала́ бы, да́ло бы, да́ли бы
Imperative	дава́й / дава́йте	дай / да́йте
Gerund	дава́я	дав
Participles:		
pres. act.	даю́щий / ая / ее / ие	
past act.	дава́вший / ая / ее / ие	да́вший / ая / ее / ие
pres. pass.	дава́емый / ая / ое / ые	
past pass.		да́нный / ая / ое / ые

	Imperfective	Perfective
Infinitive	есть 'to eat'	съесть 'to eat'
Present	я ем	
	ты ешь	
	он / она́ / оно́ ест	
	мы еди́м	
	вы еди́те	
	они́ едя́т	
Future	я бу́ду есть	я съем
	ты бу́дешь есть	ты съешь
	он / она́ / оно́ бу́дет есть	он / она́ / оно́ съест
	мы бу́дем есть	мы съеди́м
	вы бу́дете есть	вы съеди́те
	они́ бу́дут есть	они́ съедя́т
Past	ел, е́ла, е́ло, е́ли	съел, съе́ла, съе́ло, съе́ли
Subjunctive	ел бы, е́ла бы, е́ло бы, е́ли бы	съел бы, съе́ла бы, съе́ло бы, съе́ли бы
Imperative	ешь / е́шьте	съешь / съе́шьте
Gerund		съев
Participles:		
pres. act.		
past act.	е́вший / ая / ее / ие	съе́вший / ая / ее / ие
past pass.		съе́денный / ая / ое / ые

	Imperfective – perfective (с-)	Imperfective – perfective (по-)	Imperfective – perfective (за-)
Infinitive	мочь 'to be able'	бежа́ть 'to run'	хоте́ть 'to wish, to want'
Present	я могу́	я бегу́	я хочу́
	ты мо́жешь	ты бежи́шь	ты хо́чешь
	он / она́ / оно́ мо́жет	он / она́ / оно́ бежи́т	он / она́ / оно́ хо́чет
	мы мо́жем	мы бежи́м	мы хоти́м
	вы мо́жете	вы бежи́те	вы хоти́те
	они́ мо́гут	они́ бегу́т	они́ хотя́т
Future	я бу́ду мочь	я бу́ду бежа́ть	я бу́ду хоте́ть
	ты бу́дешь мочь	ты бу́дешь бежать	ты бу́дешь хоте́ть
	он / она́ / оно́ бу́дет мочь	он / она́ / оно́ бу́дет бежа́ть	он / она́ / оно́ бу́дет хоте́ть
	мы бу́дем мочь	мы бу́дем бежа́ть	мы бу́дем хоте́ть
	вы бу́дете мочь	вы бу́дете бежа́ть	вы бу́дете хоте́ть
	они́ бу́дут мочь	они́ бу́дут бежа́ть	они́ бу́дут хоте́ть
Past	мог, могла́, могло́, могли́	бежа́л, бежа́ла, бежа́ло, бежа́ли	хоте́л, хоте́ла, хоте́ло, хоте́ли
Subjunctive	мог бы, могла́ бы, могло́ бы, могли́ бы	бежа́л бы, бежа́ла бы, бежа́ло бы, бежа́ли бы	хоте́л бы, хоте́ла бы, хоте́ло бы, хоте́ли бы
Imperative		беги́ / беги́те	(хоти́ – colloquial)
Participles:			
pres. act.	могу́щий / ая / ее / ие	бегу́щий / ая / ее / ие	
past act.	мо́гший / ая / ее / ие	бежа́вший / ая / ее / ие	хоте́вший / ая / ее / ие

Key to exercises

Unit 1

Exercise 1

Первое летописное упоминание о Москве относится к 1147 году. Основатель Москвы был суздальский князь Юрий Владимирович Долгорукий. Это он выбрал место для строительства города. Город рос быстро, и уже в 14-ом веке стал центром русских земель. Москва оставалась столицей вплоть до 1713 года когда Пётр Первый перенёс столицу в новый город – Петербург. Только в 1918 году уже после Революции Москва снова стала столицей, сначала Советского Союза, а потом России.

Exercise 3

Интересные московские музеи; древние русские кремли; страшные исторические события; сложные экономические проблемы; наши знаменитые историки.

Exercise 4

1 эту молодую русскую женщину **2** маленькую приморскую деревню **3** современную английскую пьесу, классическую русскую оперу **4** всю неделю **5** Францию, месяц **6** вашу сестру, театр **7** русскую столицу, Москву **8** кого **9** его.

Exercise 5

Замечаний, переворота, членов, бывшего Политбюро, новой демократии и Горбачёва, Горбачёва, заговора, своих действий, Горбачёва, большой политической власти, поддержки народа, событий, государственного переворота, газовой и нефтяной промышленности, внутренних цен, переворота, Ельцина и его соратников, ареста организаторов путча, кого, сомнений, переворота, причин распада Советского Союза.

Exercise 7

Садовому кольцу, Белому дому, радио, телевидению, последним сообщениям, радио, солдатам, толпе, путчистам, демократам и Ельцину, приказам, путчистам, Горбачеву, ему, всем демократам и Ельцину, нам, зданию, нам, народу, ему и его соратникам, обеду, всем.

Exercise 9

Утром, ясной, символом, его руководством, коммунистической номенклатурой, главной причиной, таким образом, его харизматическим авторитетом и твёрдой уверенностью, главной политической силой.

Exercise 10

1 центре, Краснопресненской набережной **2** Крыму, берегу **3** здании **4** этих событиях, вашей стране **5** площади **6** ком, лидерах, них **7** Белом доме, Кремле.

Exercise 12

Существует, являются, входят, называется, состоит, пишут, интересуются, доверяют считаю, думаете, можем, поддерживаем, соглашаемся.

Exercise 13

Случился, начался, возникать, понимало, принесло, начались, вызвал, возникла, привела, подписали.

Unit 2

Exercise 2

1 остановите **2** закажите **3** порекомендуйте **4** купите **5** закройте **6** постройте **7** поезжайте **8** оплатите **9** проводите **10** приготовьтесь.

Exercise 6

1 более интересные **2** более надёжным **3** на более быстрых, в более старом **4** бо́льшая **5** по более низким **6** высшее **7** с меньшим **8** более богатые **9** более удобным **10** младший, старшие.

Exercise 7

1 моложе **2** длиннее **3** медленнее **4** хуже **5** легче **6** чище **7** ниже **8** реже **9** позднее (позже) **10** меньше **11** дороже.

Exercise 8

1 тяжелее сумки **2** старее Петербурга **3** старше матери **4** моложе брата **5** шире Темзы **6** короче марта **7** дешевле самолёта **8** глубже озера Несс **9** чище лондонского метро.

Exercise 9

1 Чем медленнее автобус, тем он дешевле. **2** Чем старее собор, тем он интереснее. **3** Чем глубже озеро, тем оно опаснее. **4** Чем старше человек, тем он умнее. **5** Чем дальше дорога, тем труднее её строить. **6** Чем чище воздух, тем лучше для здоровья. **7** Чем проще маршрут, тем он легче. **8** Чем быстрее поезд, тем короче путешествие. **9** Чем мягче кресло, тем оно удобнее. **10** Чем богаче человек, тем он хуже.

Exercise 10

1 на улицу **2** на лекции **3** на будущей неделе **4** на поезде **5** на другой день **6** на севере **7** на русском языке **8** на рояле **9** на французский язык **10** на русской **11** на все вопросы **12** на мать, на отца **13** на поезд.

Exercise 11

1 Вы можете платить за билет наличными или кредитной картой. Я предпочитаю платить наличными. **2** Помогите мне, пожалуйста, найти стоянку такси. У меня много багажа. **3** Билет на поезд в три раза дешевле билета на самолёт (чем билет на самолёт). **4** Самое главное – скорость. Скоростные поезда гораздо (намного) быстрее теперь, и время в пути короче. **5** Экологически железнодорожный транспорт всё ещё чище других видов транспорта (чем другие виды транспорта). **6** Чем быстрее поезда, тем лучше будет для всех пассажиров (путешественников). **7** Ездить (путешествовать) на более быстром и более удобном поезде – удовольствие.

Unit 3

Exercise 5

1 ходить **2** идут **3** едет / поехала **4** ездила **5** едешь **6** шёл.

Exercise 6

Вход в метро; переход через улицу; в ходе переговоров; дорожные расходы; пешеходная зона; входной билет; тур на теплоходе; в выходные дни.

Exercise 7

1 приходят в МГУ **2** выйти из дома **3** пойдём на концерт **4** зайти в библиотеку **5** уйти от Вас **6** заходить за мной, я пойду одна **7** зашёл к другу, он уже ушёл **8** подошёл к кассе **9** дошли до леса **10** прошли мимо **11** переходить через реку **12** обошёл вокруг дома **13** принёс мне словарь.

Exercise 8

a Выбежал из комнаты, прибежал на остановку, пробегал, добежал до университета, забежал в библиотеку, уже убежал, прибежал ко мне, перебегать дорогу, вбежал в зал. **b** Вылетает из Лондона и прилетает в Москву, долетел до аэропорта, облетел вокруг света, уже улетел, перелететь через Атлантический океан.

Exercise 9

Отплыл с речного вокзала, приплыли в Тверь, доплыл до берега, переплыл Гольфстрим, проплыл несколько километров, подплыла к берегу, уплыл далеко в море.

Exercise 10

1 выйти из этого кризиса **2** походит на своего отца **3** ввёл новый закон **4** нанесла России **5** быстро пролетело **6** надо их завести **7** сошла с ума от горя **8** очень подходит **9** находится на берегу **10** перевёл всего Диккенса.

Exercise 11

1 я тоже говорю **2** а также парк **3** тоже согласились **4** тоже не приходил **5** а также очень странный.

Exercise 13

1 В прошлом году я (поехала) ездила в круиз вокруг света (в кругосветное путешествие) и посетила много интересных стран (многие интересные страны). **2** Наша каюта находилась (размещалась) на верхней палубе, вид был потрясающий. **3** Вы должны прийти (прибыть) на речной вокзал за час до отплытия теплохода. **4** По-моему, лучше всего путешествовать по Золотому кольцу на автобусе или на теплоходе. Вы не увидите много, если вы поедете на поезде. **5** Всё в России интересует меня, но особенно древние исторические города, как Новгород и Псков. **6** Как только теплоход начал отплывать, мы все вышли на палубу.

Unit 4

Exercise 2

1 Не касается ли проблема эмигрантов России? **2** Не думаете ли Вы, что он прав? **3** Не уезжают ли люди по экономическим мотивам? **4** Не едет ли она с Вами? **5** Существует ли проблема трудоустройства беженцев? **6** Рассказал ли он Вам о своей поездке в Россию? **7** Все ли студенты едут в Россию?

Exercise 5

1 начали **2** открылась **3** оправдался **4** кончается **5** улучшил **6** увеличивается **7** укрепилась **8** сократило **9** повысился **10** продолжается **11** собираются **12** кончил.

Exercise 7

1 Сегодня первое мая, седьмое ноября, двадцать пятое декабря, двадцать третье февраля, тридцатое октября, четвёртое августа. **2** произошла в тысяча девятьсот семнадцатом году, началась в тысяча девятьсот восемьдесят пятом году, распался в тысяча девятсот девяносто первом году, в двухтысячном году праздновали, случится в две тысячи десятом году, умер в тысяча девятьсот пятьдесят третьем году. **3** Великая отечественная война началась двадцать второго июня тысяча девятьсот сорок первого года, Девятнадцатого августа тысяча девятьсот девяносто первого года в России произошёл путч. Пушкин родился первого июня тысяча семьсот девяносто девятого года. Первый спутник был запущен двенадцатого апреля тысяча девятьсот шестьдесят первого года.

Exercise 9

1 в среду **2** в ноябре **3** в плохую погоду **4** в начале войны **5** в девятнадцатом веке **6** в последний год войны **7** в прошлом году **8** в первую неделю марта **9** в день **10** в средние века **11** в двадцатых годах.

Exercise 10

1 на восток **2** на двоих **3** в первый день поездки **4** на другой день **5** на улицу **6** на 10 дней **7** на вокзале **8** в ящик **9** на острове Мальта.

Exercise 11

1 играют в волейбол **2** участвуют в соревновании **3** постучал в дверь **4** сомневаюсь в её искренности **5** поступил в университет **6** не верю в коммунизм **7** нуждаемся в деньгах **8** обвинили в коррупции **9** смотрит в зеркало **10** вступил в партию.

Exercise 12

1 Советский Союз перестал существовать двадцать пятого декабря тысяча девятьсот девяносто первого года. **2** Тысячи беженцев из бывших республик СССР продолжают переходить (через) российские границы. Многие бегут от национальных конфликтов. **3** В девяностых годах (в девяностые годы) нелегальная иммиграция в Россию, особенно из Китая, увеличилась почти в два раза (вдвое). **4** Эмиграция наносит огромный ущерб российской экономике, так как из страны уезжают, в основном, высококвалифицированные специалисты. **5** Сколько мигрантов приехало в Россию после распада СССР? **6** Не лучше ли закрыть все российские границы?

Unit 5

Exercise 5

1 которые **2** которого **3** которых **4** которые **5** на которых **6** в которых **7** с которыми **8** о котором **9** которому.

Exercise 6

1 с самой новой спортивной техникой **2** в самом замечательном бассейне **3** самых спортивных людей **4** самый лучший способ снять стресс **5** самый большой кайф.

Exercise 7

Одно из старейших зданий; одна из новейших технологий; одно из глубочайших озёр; один из простейших вопросов; одна из широчайших рек; одно из красивейших имён; одна из важнейших задач; один из чистейших видов транспорта; один из серьёзнейших случаев; одна из сложнейших проблем; одна из опаснейших болезней; один из величайших писателей.

Exercise 9

1 с юга **2** с велосипедов **3** из дерева **4** с улицы **5** от директора **6** одна из вас **7** с десятого по двадцатое **8** из Франции **9** с какой стороны **10** с вокзала.

Exercise 10

1 не верят городским властям **2** рейс не подходит нам **3** очень идёт моему отцу **4** советует больному **5** не разрешает своим детям **6** доверять такому человеку **7** радуется возможности **8** удивляюсь твоему выбору **9** помогает матери **10** сочувствую беженцам **11** России не грозит **12** я завидую современной молодёжи: будущее принадлежит им **13** всегда следуем советам инструктора.

Exercise 11

1 Мой врач посоветовал мне заняться спортом и вступить в спортивный клуб. Он говорит, что это поможет мне снять стресс. **2** Вы можете порекомендовать мне спортивные классы, которые подходят мне (для меня). **3** Когда вы молоды, вы готовы идти на риск (рисковать всем). Вы не думаете об опасности. **4** Он стал каскадёром, когда ему было 20 лет, и даже в возрасте 40 лет он всё ещё выполняет опаснейшие трюки. **5** Вокруг Москвы нет высоких гор, с которых можно прыгать с парашютом. **6** У городских властей много проблем с московскими байкерами, которые портят грунт в городских парках.

Unit 6

Exercise 5

1 является результатом (представляет результат) **2** является уникальным явлением (представляет уникальное явление) **3** является задачей фестиваля (представляет задачу фестиваля) **4** является отличительной особенностью (представляет отличительную особенность) **5** является целью фестиваля (представляет цель фестиваля) **6** является благом для России (представляет благо для России) **7** является стилем жизни (представляет стиль жизни).

Exercise 6

Пользуются успехом, продолжать руководить Малым театром, прославился постановкой, стала потрясением, считается одной из самых сильных в России, жертвовать своей художественностью, рисковать всем, остаётся одним из самых успешных театров.

Exercise 7

Оценивающий, понимающий, играющий, происходящий, находящийся, ведущий, блестящий, участвующий, создающий, пользующийся, превращающийся, исчезающий, возникающий, становящийся, управляющий,

Exercise 8

1 кинофестиваль, проходящий в Москве **2** много фильмов, пользующихся успехом **3** среди актёров, снимающихся в фильме **4** в труппе Додина, состояще й из его учеников **5** предпочитающих художественный успех **6** театры, размещающиеся в маленьких залах **7** мало людей, помнящих старую Москву.

Exercise 9

Понявший, оценивший, создавший, выживший, сыгравший, проведший, нашедший, происшедший, ставший, блестевший, поставивший, превратившийся, воспользовавшийся, исчезший, возникший, остановившийся.

Exercise 10

1 с критиками, оценившими фильм **2** о фильме, получившем первый приз **3** у актрисы, игравшей роль Анны Карениной **4** фильм, шедший по телевизору **5** театральная олимпиада, прошедшая в Москвеь **6** фестиваль, начавшийся в июле **7** архитектурный стиль, исчезший теперь **8** о премьере пьесы Чехова, состоявшейся на прошлой неделе.

Exercise 12

1 о сыне **2** про тебя **3** об игрушку **4** о стол **5** про любовь.

Exercise 13

1 Победителем Московского международного кинофестиваля был американский фильм «Фанатик». **2** Малый театр в Санкт-Петербурге является одним из самых интересных театров в России, ставшим знаменитым (он стал знаменитым) благодаря художественному мастерству режиссёра Льва Додина. **3** Большинство членов жюри, оценивающих фильмы, были профессиональные актёры (профессиональными актёрами). **4** Все газеты писали о фильме, получившем высший приз на кинофестивале. **5** Актёры, игравшие (играющие) главные роли, явно, принадлежали к школе Станиславского. **6** В России много людей, ценящих театральное искусство (искусство театра). **7** Российские театры становятся всё более коммерческими: ставятся (они ставят) только пьесы, гарантирующие полный зал. **8** Многие фильмы, участвующие в конкурсе, оказались иностранными. Среди них был только один российский фильм.

Unit 7

Exercise 2

1 что-то читала **2** писал кому-нибудь **3** какая-то девушка **4** почитать что-нибудь **5** какой-то язык **6** научить его чему-нибудь **7** какие-нибудь газеты **8** как-нибудь мы решим **9** где-то на Севере **10** с кем-то по телефону **11** пойдём куда-нибудь **12** кто-то спрашивает.

Exercise 6

1 друг другу **2** друг о друге **3** друг с другом **4** далеко друг от друга **5** помощь друг от друга **6** друг другом **7** друг друга.

Exercise 7

1 говорил о том, что **2** видит то, чего **3** верю в то, что **4** закончил рассказ тем, что **5** гордилась тем, что **6** не виноват в том, что **7** беда в том, что **8** сомневаются в том, что.

Exercise 8

A **1** обратился к той, кто **2** жаль того, кому **3** познакомила с тем, кто **4** тот, кто говорит **5** отдать книгу тому, кому. **B** **1** мы с теми, кто **2** канал для тех, кому **3** зависит от тех, кто **4** большинство тех, кто **5** приглашение тем, кто **6** среди тех, кто смотрит **7** те, кого интересует.

Exercise 10

1 после концерта **2** после того как она окончила курс **3** после того как мы получили новости **4** после обеда.

Exercise 11

A **1** Из-за тяжёлого экономического положения **2** благодаря профессиональному мастерству ведущих **3** из-за недостатка денег **4** благодаря хорошему настроению, **5** из-за цензуры **6** из-за плохой погоды. **B** **1** Из-за того, что в стране тяжёлое экономическое положение **2** благодаря тому, что у ведущих профессиональное мастерство **3** из-за того, что в стране недостаток денег **4** благодаря тому, что у него было хорошее настроение **5** из-за того, что на телевидении теперь цензура **6** из-за того, что была плохая погода.

Exercise 13

1 Я не думаю, что пресса может быть полностью независимой: политика газеты зависит от того, кто владелец газеты (зависит от владельца газеты). **2** Большинство людей интересуются новостями и смотрят телевизор, чтобы узнать о политической и экономической жизни страны. **3** Многие люди сомневаются в том, что они получают точную информацию из газет. **4** Моя мать всегда говорит, что телевизор плохо влияет на её настроение. **5** На российском телевидении много программ, но моя любимая программа «Куклы», сатира на российских политиков. **6** Некоторые россияне говорят, что они смотрят мыльные оперы, чтобы забыть о реальной жизни в России. **7** Благодаря профессиональному мастерству ведущих канал «Культура» стал очень популярным среди тех, кого интересует искусство (кто интересуется искусством). **8** Британское и российское телевидение отличаются друг от друга в том, как они представляют новости.

Unit 8

Exercise 4

1 для российского рынка труда **2** новый трудовой код **3** надо много трудиться **4** все трудящиеся **5** репутация настоящего труженика **6** среди сотрудников **7** договор о сотрудничестве **8** с большим трудом **9** много агенств по трудоустройству **10** помогают трудоустроиться.

Exercise 8

Основанный, показанный, оплаченный, купленный, оценённый, поставленный, использованный, предложенный, осуществлённый, переведённый, приглашённый, подписанный, приготовленный, развитый, принятый, приобретённый, найденный, введённый, зарегистрированный, разрешённый, открытый, удовлетворённый.

Exercise 9

1 фирма занята **2** было отдано **3** была приглашена **4** будет пройден; будет предложена **5** будет подписан **6** найдено место **7** были куплены все газеты **8** было решено **9** было отмечено **10** были приобретены **11** будут показаны.

Exercise 10

1 Университетом ей (была) предложена хорошая работа. **2** Проблема (была) решена им с большим трудом. **3** Наконец, директором (был) подписан контракт. **4** Нами (были) освоены многие компьютерные программы. **5** Ею (был) переведён роман Толстого. **6** Специальный сайт (был) открыт фирмой. **7** Она (была) рекомендована сотрудниками, как отличный специалист. **8** Предприятием (было) опубликовано объявление в газете. **9** Резюме (было) прислано ею по факсу. **10** Фильм (был) оценён критиками как слабый. **11** Правительством (был) введён новый закон об иммиграции. **12** Самые престижные призы (были) завоёваны китайскими спортсменами.

Exercise 11

1 за год **2** за городом **3** за книгой **4** за работой **5** за границу **6** за последнее время **7** год за годом **8** за помощь.

Exercise 12

1 Устройство «по блату» – всё ещё самый верный способ устроиться на работу в России. **2** К сожалению, условия в Вашей фирме не подходят мне (не устраивают меня). **3** Ей всегда нравилось работать с людьми. **4** Вы можете приступить к работе через неделю? **5** С большим трудом она нашла работу переводчика в маленькой фирме. **6** Вы должны быть общительным и настойчивым, если Вы хотите быть менеджером по продажам. **7** Её лучшее качество – умение работать в команде. **8** Моя основная обязанность на новой работе – перевод с английского на русский язык.

Unit 9

Exercise 3

1 пятьдесят три процента, а мужчины сорок семь процентов **2** в тысяча девятьсот девяносто втором году отмечалось на сорока четырёх территориях России а в девяносто третьем году уже в шестидесяти восьми из семидесяти девяти российских регионов **3** в период с тысяча восемьсот девяносто седьмого года по тысяча девятьсот двадцать четвёртый год **4** более двадцати двух миллионов человек **5** семья с тремя-пятью детьми сократилас **6** бы до ста сорока миллионов человек уже к двухтысячному году **7** снизится к две тысячи десятому году до ста тридцати трёх миллионов человек **8** скорость до двухсот километров в час **9** от ста девяноста девяти долларов **10** от двух до пяти.

Exercise 4

1 четверо детей **2** двое суток **3** трое девушек **4** пятеро солдат **5** семеро спортсменов **6** шестеро студентов.

Exercise 5

1 поехали в Россию вдвоём **2** приехало вдвое больше беженцев **3** двое спортсменов **4** трое друзей **5** всё делают втроём **6** зарплата втрое больше, чем его.

Exercise 6

1 по мнению нескольких демографов **2** во многих развитых странах **3** в течение нескольких дней **4** нескольким сéмьям **5** у многих беженцев **6** с несколькими новыми русскими **7** со сколькими студентами **8** известно многим **9** у немногих студентов.

Exercise 7

1 140 миллионов человек **2** много людей **3** сколько человек учится **4** 12 человек **5** у некоторых людей **6** у нескольких человек **7** несколько человек.

Exercise 8

Семьдесят восемь и восемь десятых, семьдесят шесть и девять десятых, семьдесят шесть и пять десятых, семьдесят шесть и четыре десятых, семьдесят шесть и четыре десятых, семьдесят пять и две десятых, семьдесят пять и одна десятая, шестьдесят девять, шестьдесят пять и одна десятая, шестьдесят пять.

Exercise 11

1 нужно (было, будет) время **2** нужен (был, будет) словарь **3** нужна (была, будет) виза **4** нужны (были, будут) журналы **5** нужно (было, будет) новое оборудование **6** нужен (был, будет) учебник русского языка **7** нужны (были, будут) актёры **8** не нужна (была, будет) газета **9** нужна (была, будет) демографическая политика.

Exercise 13

1 он женился **2** она вышла замуж **3** они решили пожениться **4** женатые мужчины **5** у замужних женщин **6** браки с иностранцами.

Exercise 14

1 Демографическя ситуация в России очень серьёзная: рождаемость уменьшается и продолжительность жизни падает. **2** Во многих европейских странах число женщин выше, чем мужчин. Это можно объяснить тем, что продолжительность жизни среди женщин на несколько лет выше, чем среди мужчин. **3** Согласно переписи, проведённой в 2001 году, население Великобритании составляло 70 млн. человек. **4** По мнению демографов, высокая рождаемость характерна для развивающихся стран. В развитых странах – противоположная ситуация. **5** Чтобы остановить сокращение населения, России нужна демографическая политика (Россия нуждается в демографической политике). **6** Курение и злоупотребление алкоголем – главные причины низкой продолжительности жизни среди мужчин в России (главные причины того, почему в России такая низкая продолжительность жизни среди мужчин). **7** Мы все должны вести здоровый образ жизни. Прежде всего, мы должны бросить курить и пить. **8** Я не верю, что женатые мужчины живут дольше, чем разведённые.

Unit 10

Exercise 2

1 БГАВ, В **2** облегчить.

Exercise 3

Получаемый, привлекаемый, создаваемый, любимый, уважаемый, вносимый, осуществляемый, оплачиваемый, ввозимый, предлагаемый, проводимый, изучаемый, финансируемый, используемый.

Exercise 4

1 называемый перестройкой **2** возглавляемую известным лингвистом **3** любимый людьми **4** используемая в этом университете **5** ввозимые в Россию **6** финансируемых государством **7** вносимые родителями **8** получаемой студентами **9** сдаваемых студентами.

Exercise 5

1 передавались интересные новости **2** русский язык преподаётся **3** выдаётся стипендия **4** готовится новая реформа **5** высшее образование оплачивается родителями **6** лучшие студенты принимаются в институт **7** мэром приглашаются иностранные специалисты.

Exercise 6

1 изменилась **2** окончил **3** увеличилась **4** будет улучшаться **5** продолжает **6** начинаются **7** сокращает **8** уменьшается **9** кончились **10** будет проводиться.

Exercise 10

1 учатся бесплатно **2** отучился от бутылки **3** плата за обучение **4** зарплаты учителей **5** учиться в престижном вузе **6** научила меня **7** лучших высших учебных заведений **8** современного учебного плана **9** учить английский язык **10** учил детей русскому языку.

Exercise 11

1 по моим часам **2** вниз по реке **3** по пояс в воде **4** по подарку **5** по получении паспорта **6** по третье февраля.

Exercise 13

1 Введение единого государственного экзамена беспокоит многих россиян. По их мнению, уровень образования, неизбежно, снизится (упадёт). **2** Только те студенты, которые набрали (только студенты, набравшие) наивысшие баллы получают стипендию и таким образом, бесплатное образование. **3** У родителей в России теперь есть выбор, в какие школы отправлять своих детей, какими учебниками пользоваться, какой учебной программе следовать. **4** Не все частные школы лучше, чем государственные (лучше государственных). Но у них есть одно преимущество: число детей в каждом классе намного (гораздо) меньше. **5** Самое большое изменение в системе образования России в девяностых годах (в девяностые годы) было появление и рост платных частных учебных заведений. **6** Инженерное образование становится снова популярным. Конкурс в некоторых технических университетах очень высокий: до двадцати студентов на место. **7** По-моему, образование должно быть бесплатным и доступным всем. Я против частных университетов и частных школ.

Unit 11

Exercise 5

1 Если лето будет жаркое, (то) мы будем жить на даче. **2** Если я сдам математику, я поступлю в технический университет. **3** Если российские дороги улучшатся, (то) в Россию будет ездить много туристов. **4** Если у него будет хорошая зарплата, (то) он купит квартиру в центре. **5** Если у меня будет счёт в банке, (то) я вложу капитал в ценные бумаги. **6** Если она бросит курить, (то) её здоровье станет (будет) лучше. **7** Если российские газеты будут независимыми, (то) они опубликуют всю информацию. **8** Если на фестивале будут показаны российские фильмы, (то) зрители узнают, как развивается кино в России. **9** Если у меня будет время, (то) я поеду в круиз по Волге.

Exercise 6

1 Если бы экономика заработала, (то) средний класс обязательно бы увеличился. **2** Если бы он окончил университет, (то) у него была бы хорошая работа. **3** Если бы не было дефолта в этом году, (то) российский рубль стал бы сильным. **4** Если бы не была проведена реформа образования, (то) уровень образования упал бы. **5** Если бы была введена плата за образование, (то) пострадали бы многие люди. **6** Если бы государство хотело повысить уровень образования, (то) оно сохранило бы частные школы. **7** Если бы этот вуз был престижным, то в нём был бы большой конкурс. **8** Если бы у студента было стремление учиться, (то) он закончил бы университет с отличием.

Exercise 8

1 чтобы мой муж купил машину **2** чтобы его дочь поступила в университет **3** чтобы её родители приобрели путёвку **4** чтобы все учителя принадлежали к среднему классу **5** чтобы наш сосед купил дачу **6** чтобы рабочие вкладывали деньги в ценные бумаги **7** чтобы все дети получили хорошее образование.

Exercise 9

1 Я сомневаюсь, чтобы это была правда. **2** Я не верю, чтобы он пришёл. **3** Я не думаю, чтобы она сдала экзамен. **4** Я советую, чтобы Вы подумали об этом. **5** Он просил, чтобы я поговорил(а) с ней. **6** Он приказал, чтобы я поехал(а) в Лондон.

Exercise 10

1 чтобы учитель был образованный человек **2** чтобы у детей были равные возможности **3** чтобы студентам нравилось учиться **4** чтобы благосостояние людей повысилось **5** чтобы все люди имели работу **6** чтобы у людей были сбережения **7** чтобы все богатые платили налоги **8** чтобы в России не было хороших дорог **9** чтобы он опоздал на поезд **10** чтобы она написала роман **11** чтобы она бросила курить **12** чтобы у него была жена **13** чтобы у неё не было мужа.

Exercise 11

1 что бы ты ни говорил **2** где бы они ни работали **3** когда бы она ни думала о нём **4** куда бы мой муж ни ездил **5** как бы трудно это ни было **6** когда бы я ни видел её.

Exercise 13

1 Социологи всё ещё спорят о том, существует ли средний класс в России. **2** Существует большая разница между российским и британским средним классом. **3** Если экономическая ситуация в России ухудшится (станет хуже), (то) многие люди потеряют работу. **4** Если бы только люди знали, как опасно ходить ночью. **5** Если бы только у меня были деньги,(то) я бы путешествовала по всему миру (вокруг света). **6** Большинство так называемых новых русских разбогатели благодаря своим связям с советским правительством. **7** Я хочу, чтобы мой сын учился в Московском университете; я хочу, чтобы он изучал английский язык. **8** Он попросил меня купить русскую газету для него (попросил, чтобы я купила русскую газету для него). **9** Российская семья считает себя бедной, если она не может позволить себе покупать фрукты и сладости для детей.

Unit 12

Exercise 5

1 нельзя говорить **2** можно создавать **3** можно вводить **4** можно пользоваться **5** нельзя курить **6** можно заказать **7** нельзя ездить без билета.

Exercise 6

1 Мне приходится ехать в Россию. **2** Ему пришлось купить билет на самолёт. **3** Матери придётся идти пешком. **4** Тебе не следует возвращаться поздно. **5** Вы обязаны сдать экзамен. **6** Профессору приходится открыть частную клинику. **7** Ему не следовало соглашаться со мной. **8** Врач обязан оказать первую помощь. **9** Вам не следует приходить сюда. **10** Тебе не следовало встречать его.

Exercise 7

1 мне удалось купить **2** профессору Бронштейну удастся выжить **3** нам удаётся добежать **4** ему удаётся сходить в магазин **5** вам удалось позавтракать **6** ей никогда не удавалось писать без ошибок.

Exercise 8

1 Из-за жары мне было лень работать. **2** Уже шесть часов: пора идти. **3** Нам осталось только отказаться от этого плана. **4** Туристам было жаль бедных крестьян. **5** Ему не хватает опыта для такой работы. **6** Во вторник мне исполнится 21 год. **7** Мне очень хочется увидеть этот фильм. **8** Ему надоело работать там и де́лать ску́чную рабо́ту.

Exercise 10

1 Мне некуда ходить. **2** Ему негде жить. **3** Ей нечего делать. **4** Матери некогда смотреть телевизор. **5** Мне не о чем говорить с тобой. **6** Ему даже не с кем пойти в пивную. **7** Мне некого пригласить в кино. **8** Ребёнку нечем есть суп. **9** Мне не на кого надеяться. **10** Ей не к кому зайти по дороге домóй.

Exercise 11

1 во вторник **2** в среду **3** с того времени **4** во многом **5** ко мне **6** к стадиону.

Exercise 12

1 В настоящее время система здравоохранения в России переживает (испытывает) большие трудности: не хватает врачей и медсестёр, и условия в больницах ужасные. **2** Стоимость лечения в частных клиниках очень высокая, но я не думаю, что мы можем обойтись без частной медицины в нынешней ситуации. **3** Помощь государства нужна (необходима) всем больницам, как государственным, так и частным. **4** Я считаю, что медицинское обслуживание должно оставаться доступным для всех людей. Но я согласен (согласна), что у людей должен быть выбор. **5** Мне так жаль старых пенсионеров в России: они много работали всю свою жизнь, а теперь не в состоянии приобрести даже лекарства. **6** Я думаю, что профессору Бронштейну удалось создать свою знаменитую клинику благодаря огромной энергии и практическому опыту. **7** Мне всё надоело: мне нечего делать, некуда идти, не с кем говорить. **8** Я надеюсь, что российскому правительству удастся выйти из настоящего кризиса.

Unit 13

Exercise 5

Вспоминая, рассчитывая, создавая, чувствуя, благодаря, идя, приходя, неся, возвращаясь, путешествуя, оказываясь, любуясь, становясь, голосуя, набирая, будучи, находясь.

Exercise 6

1 находясь в России **2** живя всю жизнь в Америке **3** создавая новую партию **4** разговаривая со студентами **5** возвращаясь из Москвы **6** слушая музыку **7** учась и работая за границей **8** ненавидя войну **9** любя сладкое.

Exercise 7

Создав, набрав, проголосовав, став, сказав, пойдя, принеся, уехав, оказавшись, вернувшись, ввезя, съев, найдя, женившись, назвав.

Exercise 8

1 приехав в Москву **2** вернувшись из поездки **3** родившись в России **4** познакомившись с ней **5** выйдя замуж **6** прочитав текст **7** сдав экзамен **8** отказавшись участвовать **9** почувствовав себя плохо.

Exercise 9

1 подвергаясь разным оценкам **2** оказавшись на втором месте **3** подойдя за месяц до голосования **4** придя на выборы **5** не имея определённой программы **6** ничего не делая **7** прочитав письмо **8** объединившись **9** фракции победили **10** одержав победу **11** надеясь создать сильную партию **12** плывя на теплоходе **13** будучи русским по рождению **14** читая книги о любви.

Exercise 11

1 Я нигде не был(а) вчера. **2** Я никуда не ходил(а) вечером. **3** Я ни за кого не голосовал(а) на выборах. **4** Я ничего не делал(а) утром. **5** У «Единства» нет никакой программы. **6** У меня нет ни брата, ни сестры. **7** Я никогда, ничем и никем не увлекался (увлекалась). **8** Я ни о чём не думаю. **9** Я не принадлежу ни к какой партии. **10** Я ни с кем не ходил(а) в кино. **11** Она ничему не удивляется. **12** Он ни на ком не женился.

Exercise 12

1 Нельзя иметь демократическое общество при однопартийной системе. К счастью эта система принадлежит прошлому. **2** Новое движение «Единство» хотело бы быть правящей партией в России, но навряд ли ему удастся достигнуть (достичь) этой цели без союзников. **3** Завоевав четверть голосов на выборах в Думу, Коммунистическая партия начала разрабатывать новую программу действий. **4** Несмотря на то, что «Единство». пользовалось огромным успехом во время выборов, Коммунистическая партия всё-таки заняла первое место. **5** К сожалению, у «Единства» нет никакой экономической программы. **6** Успех «Единства» объясняется поддержкой президента Путина (тем, что президент Путин поддержал движение / оказал поддержку движению). Он в (на) самом деле советовал электорату голосовать за них. **7** Будучи единственной партией со своим электоратом, Коммунистическая партия надеется расширить своё влияние. **8** Средства массовой информации играли решающую роль на (в) последних выборах. Телевидению удалось создать миф популярности движения «Единство», и многие поверили в это (этому). **9** Судя по методам, использованным во время избирательной (предвыборной) компании, России ещё далеко от демократии.

Unit 14

Exercise 5

Покупатель телевизоров, продавец компьютеров, переводчик с иностранного языка, руководитель завода, пользователь компьютера, житель Москвы (москвич), редактор газеты, издатель журнала, рабочий завода, преподаватель английского языка.

Exercise 6

1 Количество преступлений, покончить с преступностью. **2** Общая заболеваемость, новое заболевание Интернет-зависимость. **3** Типичное переутомление, переутомляемость среди детей. **4** Посещаемость Интернет СМИ, посещение театров. **5** Твоё раздражение, его раздражительность.

Exercise 9

1 Употребляет эту фразу **2** применять к преступникам более строгие меры **3** пользоваться его компьютером **4** воспользовались возможностью **5** пользуется Интернетом **6** употреблять наркотики **7** пользовалась огромным успехом.

Exercise 10

1 перестанешь вмешиваться в мои дела **2** прекрати, пожалуйста **3** трамвай остановился **4** снег перестал **5** работа остановилась **6** останавливаюсь в этой гостинице **7** мешает мне смотреть телевизор **8** он бросил пить.

Exercise 11

1 составляют 53% **2** проблема состоит в том **3** составил 7 лет назад **4** состоит из 3 комнат **5** состоял секретарём **6** состоится театральная Олимпиада.

Exercise 12

1 Число пользователей Интернета всё время увеличивается (растёт). Интернет-торговля – самый развивающийся (прогрессирующий) сектор российской экономики. **2** Большинство людей в недавнем опросе думают, что следует контролировать социально-опасные сайты. **3** В России, даже в Москве пользование Интернетом отстаёт от западных стран. Тем не менее проблема

Интернет-зависимости уже существует. **4** Интернет всё ещё слишком дорогой для многих россиян: надо платить 50 долларов в месяц за безлимитный (безграничный) доступ в Сеть. **5** Мой друг- бизнесмен пользуется Интернетом ежедневно (каждый день) в своей работе. Он говорит, что он не выживет без него. **6** Работая за компьютером, я часто так увлекаюсь, что забываю обо всём, даже о еде. **7** В Сети много разной информации, но меня больше всего интересуют средства массовой информации. **8** В следующие выборы, вероятно, будет возможно голосовать через Интернет. **9** Я никогда не думал(а), что я стану Интернет-аддиктом. Но я автоматически включаю компьютер, как только я прихожу домой. **10** Самые популярные web-сайты среди студентов — развлечения и игры.

English–Russian vocabulary

The English–Russian vocabulary includes the words required for the English–Russian translations.

ability	уме́ние, спосо́бность (f)
access	до́ступ
accessible to	досту́пный (+ dat)
according to	согла́сно (+ dat)
action	де́йствие
actually	на са́мом де́ле
accurate	то́чный
achieve a goal	достига́ть / дости́гнуть це́ли
addict	адди́кт, покло́нник
addiction	адди́кция
advantage	преиму́щество
advise	сове́товать (по-)
afford	позволя́ть / позво́лить себе́
after	по́сле (+ gen)
again	сно́ва
against	про́тив (+ gen)
age, at the ~	во́зраст, в во́зрасте (+ gen)
agree with	согла́сный с (+ inst)
air ticket	биле́т на самолёт
all	все
ally	сою́зник
almost	почти́
always	всегда́
among	среди́ (+ gen)
appearance	появле́ние
appalling	ужа́сный
appreciate	цени́ть
argue	спо́рить
arrive	прибыва́ть / прибы́ть, приходи́ть / прийти́
around	вокру́г (+ gen)
art	иску́сство
artistic	худо́жественный

ask	проси́ть / по- (+ *inf*) or (+ *gen*)
~ a question	спра́шивать / спроси́ть
as soon as	как то́лько
authorities	вла́сти (*pl*)
automatically	автомати́чески
begin	начина́ть / нача́ть
basic	просто́й
become	станови́ться / стать (+ *inst*)
being	бу́дучи (+ *inst*)
believe	ве́рить
belong (to)	принадлежа́ть (+ *dat*), к (+ *dat*)
better	лу́чше
best way	лу́чший спо́соб
biker	ба́йкер
birth rate	рожда́емость (*f*)
boat	теплохо́д
border	грани́ца
buy	покупа́ть / купи́ть
cabin	каю́та
carried away (get)	увлека́ться / увле́чься (+ *inst*)
cash	нали́чные
cease	перестава́ть / переста́ть
census	пе́репись (*f*)
change	измене́ние
channel	кана́л
characteristic	хара́кте́рный
cheap, ~er	дешёвый, дешёвле
children	де́ти
choice	вы́бор
city	го́род, городско́й
class	класс
clean, ~er	чи́стый, чи́ще
clearly	я́вно
clinic	кли́ника
close	закрыва́ть / закры́ть
collapse	распа́д
come first	заня́ть пе́рвое ме́сто
comfortable	удо́бный
commercial	комме́рческий
Common State Examination	еди́ный госуда́рственный экза́мен

common way	ве́рный спо́соб
competition	ко́нкурс, соревнова́ние (sport)
completely	по́лностью
condition	усло́вие
conduct	проводи́ть / провести́
connections	свя́зи
consider	счита́ть
consist of	состоя́ть из (+ gen)
constitute	составля́ть / соста́вить
continue	продолжа́ть, продолжа́ться
control	контро́ль (m); контроли́ровать
create	создава́ть / созда́ть
credit card	креди́тная ка́рта
crisis	кри́зис
cross	переходи́ть / перейти́ (че́рез + acc)
cruise	круи́з
cost	сто́имость (f)
country	страна́
curriculum	програ́мма
daily	ежедне́вно
damage	по́ртить (ис-)
danger	опа́сность (f)
dangerous	опа́сный
deck	па́луба
decisive	реша́ющий
decline	уменьша́ться / уме́ньшиться, уменьше́ние сокраща́ть / сократи́ть, сокраще́ние
democracy	демокра́тия
demographer	демо́граф
depart	отправля́ться / отпра́виться отплыва́ть / отплы́ть (boat)
departure	отправле́ние, отплы́тие
depend on	зави́сеть от (+ gen)
despite the fact	несмотря́ на то, что
developed, ~ing country	ра́звитая, развива́ющаяся страна́
differ	отлича́ться от (+ gen)
difference	ра́зница
difficult, ~y; with ~	тру́дн/ый, -ость (f), с трудо́м
director	режиссёр (theatre)
divorced	разведённый
do without	обходи́ться / обойти́сь без (+ gen)

doubt	сомнева́ться в (+ *prep*)
duty	обя́занность (*f*)
each	ка́ждый
ecologically	экологи́чески
economy	эконо́мика
education	образова́ние
educational institution	уче́бное заведе́ние
energy	эне́ргия
engineering	инжене́рное де́ло
~ education	инжене́рное образова́ние
enjoy success	по́льзоваться успе́хом
enough	доста́точно
(not) ~	не хвата́ть (+ *gen*)
entertainment	развлече́ние
election	вы́боры (*pl*)
election campaign	предвы́борная кампа́ния
electorate	электора́т
enormous	огро́мный
especially	осо́бенно
essential	необходи́мый
ethnic conflict	этни́ческий (национа́льный) конфли́кт
European	европе́йский
everything	всё
exist	существова́ть
experience; to ~	о́пыт, пережива́ть / пережи́ть
explain	объясня́ть / объясни́ть
express train	скоростно́й по́езд
fall	па́дать / упа́сть
family	семья́
famous	знамени́тый
fast	бы́стрый
fed up	надое́ло (+ *dat*)
feel	чу́вствовать
fee-paying	пла́тный
female	же́нщина, же́нский
film festival	кинофестива́ль (*m*)
find	находи́ть / найти́
~ a job	устра́иваться / устро́иться на рабо́ту
find out	узнава́ть / узна́ть
first of all	пре́жде всего́

flee	убега́ть / убежа́ть от (+ *gen*)
follow	сле́довать (+ *dat*)
food	еда́
for	для (+ *gen*), за (+ *acc*)
foreign	иностра́нный
forget	забыва́ть / забы́ть
former	бы́вший
fortunately	к сча́стью
free	свобо́дный
~ education	беспла́тное образова́ние
full house	по́лный зал
gain marks	набира́ть / набра́ть ба́ллы
game	игра́
get	получа́ть / получи́ть
get out	выходи́ть / вы́йти из (+ *gen*)
give up	броса́ть / бро́сить
go	ходи́ть, идти́; е́здить, е́хать
Golden Ring	Золото́е кольцо́
goal	цель (*f*)
government	прави́тельство
grant	стипе́ндия
growth	рост
guarantee	гаранти́ровать
harm, do ~	вред, наноси́ть / нанести́ вред (+ *dat*)
health system	здравоохране́ние
healthy	здоро́вый
help	помога́ть / помо́чь, по́мощь
higher education	вы́сшее образова́ние
highest	вы́сший
highly trained	высококвалифици́рованный
hope	наде́яться на (+ *acc*)
hospital	больни́ца
illegal	нелега́льный
important	ва́жный, гла́вный
the most ~	са́мое гла́вное
increase	увели́чиваться / увели́читься
independent	незави́симый
inevitably	неизбе́жно
influence	влия́ть на (+ *acc*); влия́ние

information	информа́ция
interest, be ~ed	интересова́ть, интересова́ться (+ *inst*)
international	междунаро́дный
Internet-user	по́льзователь Интерне́та
interpreter	перево́дчик
introduction	введе́ние
join a club	стать чле́ном клу́ба, вступи́ть в клу́б
judge (a film)	оце́нивать / оцени́ть (фильм)
judging by	су́дя по (+ *dat*)
jury	жюри́ (*n*)
kind	вид, род
lag behind	отстава́ть / отста́ть от (+ *gen*)
last	после́дний
last year	в про́шлом году́
lead a way of life	вести́ о́браз жи́зни
leave	покида́ть / поки́нуть, уезжа́ть / уе́хать из (+ *gen*)
life	жизнь (*f*)
life expectancy	продолжи́тельность жи́зни
like	нра́виться (+ *dat*)
long, ~er	до́лго, до́льше
long way	далеко́
lose job	теря́ть (по-) рабо́ту
low	ни́зкий
lucky	везёт, повезло́ (+ *dat*)
luggage	бага́ж
magnificent	замеча́тельный, потряса́ющий
main part	гла́вная роль
majority	большинство́
man	мужчи́на
married	жена́тый
mass media	сре́дства ма́ссовой информа́ции
medical treatment	медици́нское обслу́живание
medicine	медици́на, лека́рство
member	член
middle class	сре́дний класс
migrant	мигра́нт
money	де́ньги (*pl*)

monthly	ежеме́сячно
mood	настрое́ние
mostly	бо́льше всего́
mountain	гора́
movement	движе́ние
much	мно́го
(+ comparative)	намно́го, гора́здо
myth	миф
need	ну́жен, нужна́, (etc. + dat)
	нужда́ться в (+ prep)
Net	Сеть (f)
news	но́вости (pl)
night, at ~	ночь (f), но́чью
nonetheless	тем не ме́нее
number	число́
nurse	медсестра́
old	ста́рый, дре́вний
one-party	однопарти́йный
only (the)	еди́нственный
opinion, in the ~	мне́ние, по -ю
opposite	противополо́жный
order (in)	что́бы
own	свой, со́бственный
owner	владе́лец
parachute jump	пры́гать/пры́гнуть с парашю́том
parents	роди́тели
parliamentary election	вы́боры в Ду́му
past	про́шлое
pay for	плати́ть (за-) за (+ acc)
pensioner	пенсионе́р
people	лю́ди
perform stunts	выполня́ть трю́ки
persistent	насто́йчивый
personal connections	«блат»
place	ме́сто
pleasure	удово́льствие
policy	поли́тика
politician	поли́тик
poll	опро́с

poor	бе́дный
possible	возмо́жно
practical	практи́ческий
prefer	предпочита́ть / предпоче́сть
present, at ~	настоя́щий, в настоя́щее вре́мя
presenter	веду́щий
present the news	представля́ть но́вости
private	ча́стный
probably	вероя́тно
professional	профессиона́льный
puppet	ку́кла
put on (play)	ста́вить (по-) пье́су
quality	ка́чество
quarter	че́тверть (f)
rail	железнодоро́жный
ready	гото́вый
reality	реа́льность (f)
reason	причи́на
receive	получа́ть / получи́ть
recent	неда́вний
recommend	рекомендова́ть (по-)
refugee	бе́женец
relieve stress	снима́ть / снять стресс
remain	остава́ться / оста́ться (+ inst)
rich, become ~	бога́тый, разбогате́ть
risk	рискова́ть (+ inst)
river station	речно́й вокза́л
round the world	вокру́г све́та
ruling party	пра́вящая па́ртия
Russian man, woman	россия́н / ин, -ка
sales manager	ме́неджер по прода́жам
satire on	сати́ра (+ acc)
send	отправля́ть / отпра́вить, посыла́ть / посла́ть
serious	серьёзный
set sail	нача́ть отплыва́ть
several	не́сколько
short, ~er	коро́ткий, коро́че
site	сайт
situation	ситуа́ция, положе́ние

skill	мастерство́
smok / e, ~ing	кури́ть, куре́ние
soap opera	мы́льная о́пера
sociable	общи́тельный
socially dangerous	социа́льно-опа́сный
society	о́бщество
so-called	так называ́емый
sociologist	социо́лог
soil	грунт, по́чва
sorry	жаль (+ dat)
speed	ско́рость (f)
standard	у́ровень (m)
start	начина́ть / нача́ть
~ work	приступи́ть к рабо́те
state	госуда́рство, госуда́рственный
still	(всё) ещё
stop	остана́вливать / останови́ть (+ acc)
study (at)	учи́ться в (+ prep)
~ a subject	изуча́ть (+ acc)
stunt	трюк
stuntman	каскадёр
succeed	удава́ться / уда́ться (+ dat)
success	успе́х
suit	подходи́ть / подойти́ (+ dat), для (+ gen)
support	подде́рживать / поддержа́ть, подде́ржка
give ~	ока́зывать / оказа́ть подде́ржку
sure way	ве́рный спо́соб
survive	вы́жить
sweets	сла́дости (pl)
switch on	включа́ть / включи́ть
take part	уча́ствовать
take up sport	заня́ться спо́ртом
taxi rank	стоя́нка такси́
team	кома́нда
television	телеви́дение
textbook	уче́бник
than	чем
thanks to	благодаря́ (+ dat)
thousand	ты́сяча
thus	таки́м о́бразом
time	вре́мя (neut)

three ~s	три ра́за
top prize	вы́сший приз
train ticket	биле́т на по́езд
translate from / into	переводи́ть / перевести́ с (+ *gen*), на (+ *acc*)
translation	перево́д
travel around	путеше́ствовать вокру́г (+ *gen*), по (+ *dat*)
travel time	вре́мя в пути́
traveller	путеше́ственник
treatment	лече́ние
turn out	ока́зываться / оказа́ться (+ *inst*)
twofold	в два ра́за

under	при (+ *prep*)
unfortunately	к сожале́нию
unlikely	навря́д ли
unlimited	безлими́тный
upper	ве́рхний
up to	вплоть до (+ *gen*)
use	испо́льзовать (+ *acc*), по́льзоваться (+ *inst*)
use of the Internet	по́льзование Интерне́том

varied	ра́зный
view	вид
visit	посеща́ть / посети́ть
vote	го́лос, голосова́ть за (+ *acc*)

way of life	о́браз жи́зни
web-site	web-**сайт**
widen	расширя́ть / расши́рить
win votes	завоева́ть (набра́ть) голоса́
winner	победи́тель
without	без (+ *gen*)
woman	же́нщина
work at	рабо́тать за (+ *inst*)
work out	разраба́тывать / разрабо́тать
world, all over the ~, round the ~	мир, свет; по всему́ ми́ру / вокру́г све́та
worry	беспоко́ить (о-)
worsen, get worse	ухудша́ться / уху́дшиться

yesterday	вчера́
yet, not ~	ещё, ещё не
young	молодо́й

Russian–English vocabulary

The Russian–English vocabulary includes all the key words found in the book, including those from the texts, dialogues and exercises, but not every word from the examples of realia.

абитурие́нт	applicant (to university)
ава́рия	accident
актуа́льный	topical
анке́та	questionnaire, form
аре́нда	rent
аттеста́т об оконча́нии шко́лы	school-leaving certificate
аудито́рия	audience
балл	mark
ба́ловаться	to fool around
бе́дность (f), бе́дный	poverty; poor
бе́дствие	disaster
бе́жен/ец, ~ство	refugee; refugee problem
безвозвра́тный	permanent
безграни́чный	limitless
безрабо́т/ица, ~ный	unemployment; unemployed
беспла́тный	free
беспоко́ить/о-	to worry
бла́го	good, benefit
благосостоя́ние	wellbeing, prosperity
благотвори́тельный	charity, charitable
блат	personal connections
блестя́щий	brilliant
бли́жнее зарубе́жье	near abroad
бли́зкий	near
богате́ть/раз-	to get rich
бога́т/ство, ~ый	wealth; rich
боле́знь (f)	illness
боле́ть/за- (+ inst)	to be ill (with)
бомбёжка	bombing
боя́ться (+ gen)	to be afraid

брак	marriage
брать / взять на себя	to take on
брони́ровать / за-	to book
броса́ть / бро́сить	to throw; stop
бу́дучи (+ *inst*)	being
бу́дущее	the future
буква́льно	literally
быва́ть	to happen
бы́вший	former
введе́ние	introduction
вдруг	suddenly
веду́щий	leading; presenter
ведь	you see, after all
век	century
вели́кий	great
ве́рить / по- (+ *dat*); в (+ *acc*)	to believe
ве́рно	true
ве́рный спо́соб	sure way
весьма́	quite
веща́ние	broadcasting
взаме́н (+ *gen*)	instead
вид	view, appearance; type
винова́тый в (+ *prep*)	guilty of
вкла́дывать / вложи́ть; вложе́ние	to invest; investment
включа́ть / включи́ть	to include
владе́лец	owner
владе́ть (+ *inst*)	to own
вла́сти (*pl*); власть (*f*)	authorities; power
влече́ние	attraction
влия́ние	influence
влия́ть / по- на (+ *acc*)	to influence
вмеша́тельство	interference
вне́шние да́нные, вне́шность (*f*)	appearance
вновь	again
вноси́ть / внести́	to put in; bring in
вну́тренний рейс	domestic flight
во́-время	in time
води́тельские права́	driving licence
вое́нный	wartime; serviceman
возвраща́ться / верну́ться	to come back, return
возглавля́ть / возгла́вить	to head

воздух	air
возможность (f)	possibility; opportunity
возникать / возникнуть	to arise
возрастать / возрасти	to grow
война	war
волна	wave
волновать	to worry
вообще	on the whole, in general
во-первых	firstly
вор	thief
воскресный	Sunday
воспринимать / воспринять всерьёз	to take seriously
восторг	delight
восточный	Eastern
впервые	for the first time
вполне	fully, quite
впрочем	however, though
вред	harm
временный	temporary
время (neut)	time
всего	in all
всемирный	world wide
всё равно	all the same
вспоминать / вспомнить	to remember
вступительный экзамен	entrance examination
вуз (высшее учебное заведение)	institution of higher education
выбирать / выбрать	to choose, select, elect
выбор; выборы (pl)	choice; election
выбрасывать / выбросить	to emit
выделяться / выделиться	to stand out
выезд	departure
выживать / выжить	to survive
вызывать / вызвать	to provoke, cause
выигрывать / выиграть	to win
вылечивать / вылечить	to cure
вынужденный	forced
вылет	departure by air
вылетать / вылететь	to fly out
вымирание	dying out, extinction
выполнять / выполнить	to carry out, fulfil
выпускать / выпустить	to release; produce
выпускник	graduate

выпускно́й экза́мен	final examination
выража́ть / вы́разить	to express
выруба́ть / вы́рубить	to cut down
вы́ступление	speech, performance
вы́сший; вы́сшее образова́ние	highest; higher education
вы́ход	way out, exit
вы́ходец из (+ *gen*)	of . . . origin
выходи́ть / вы́йти за́муж за (+ *acc*)	to marry (for a woman)
выходны́е дни	weekend
выявля́ть / вы́явить	to reveal
въезд	entry
гастро́ли (*pl*)	tour
ге́ний	genius
ги́бкий	flexible
гла́вное	the main thing
гла́вн / ый, -ым о́бразом	main; chiefly
го́лос; голосова́ние	voice; vote; voting
голосова́ть / про-	to vote
го́нки (*pl*)	race
гора́	mountain
гора́здо	much
горд / и́ться (+ *inst*); го́рдость (*f*)	to be proud of; pride
горнолы́жный склон	ski slope
гостеприи́мный	hospitable
госуда́рств / енный; ~o	state
граждан / и́н, -ка	citizen
гражда́нство	citizenship
гражда́нский	civil
грани́ца	border
грома́дный	huge
грози́ть (+ *dat*)	to threaten
гря́зный	dirty
давно́	long time ago
да́льше	further
да́нные (*pl*)	data
дви́гаться / дви́нуться	to move
движе́ние	movement, traffic
двухме́стный	double; two-seater
де́йствовать	to operate
де́йствующее лицо́	character (in film, play)

детса́д	kindergarten
дешёвый, деше́вле	cheap; cheaper
добира́ться / добра́ться до (+ *gen*)	to get to
доверя́ть / дове́рить (+ *dat*)	to trust
догоня́ть / догна́ть	to catch up
до́лжность (*f*)	post
до́ля	share
дома́шнее зада́ние	homework
домохозя́йка	housewife
домохозя́йство	household
дополни́тельный	additional
достига́ть / дости́гнуть (+ *gen*)	to achieve
достиже́ние	achievement
досто́йный	worthy, respectable
до́ступ	access
досту́пн / ость; ~ый	accessibility; accessible
дотя́гивать / дотяну́ть до (+ *gen*)	to extend as far as
дохо́д	income
дре́вний	ancient
дру́жный	friendly
евре́йский	Jewish
еди́ный	single, unified
еди́нство	unity
еди́нственный	(the) only
ежедне́вн / о, ~ый	daily
ежеме́сячн / о, ~ый	monthly
есте́ственный	natural
жа́ловаться / по- на (+ *acc*)	to complain of
жаль	sorry
ждать / подо-	to wait
же	(emphatic particle) exactly
жела́ть / по-	to wish
желе́зная доро́га; железнодоро́жный	railway
жена́тый	married
жени́ться на (+ *prep*)	to marry (of man)
же́ртвовать / по- (+ *inst*)	to sacrifice
жёсткий	vigorous
живо́й	alive
живопи́сный	picturesque
живо́тное	animal

жизнеобеспечéние	vital necessity
жильё	accommodation, housing
жи́тельство	residence
заболевáемость (f)	incidence of disease
заболевáние	disease
забывáть / забы́ть	to forget
зави́довать / по- (+ dat)	to envy
зави́сеть от (+ gen)	to depend on
зави́сим / ость (f), ~ый	dependence, dependent
завоёвывать / завоевáть прéмию	to win a prize
загáдка	puzzle
загорáть / загорéть	to sunbathe
зáгородный дом	country house
задавáть / задáть вопрóс	to ask a question
задáча	task
зáдний план	background
закáзывать / заказáть	to order
закóн	law
закуси́ть	to have a bite
заменя́ть / замени́ть	to replace
замéтный	noticeable
зáмужем, замýжняя	married (for a woman)
занимáться / заня́ться (+ inst)	to be engaged in, study
заня́тие	occupation; lesson
зáнят / ый; зáнятость (f)	occupied, employed; employment
заполня́ть / запóлнить	to fill
зáработок	salary, earnings
зарáнее	in advance
зарплáта	wage
зарубéжный	foreign
заседáть	to sit, confer
заслýга	merit, service
заслýженный успéх	deserved success
заставля́ть / застáвить	to make somebody do something
затрáты (pl)	expenses
затя́гивать / затянýть в (+ acc)	to draw, trap into
захвати́ть	to captivate
защи́та	protection
заявлéние; ~ на рабóту	statement; job application
заявля́ть / заяви́ть	to declare
здравоохранéние	health system

земе́льный уча́сток	plot of land
земля́	land
зе́ркало	mirror
злоде́й, ~ка	villain
злоупотребле́ние	abuse
знако́миться / по- с (+ *inst*)	to acquaint oneself with
знако́мый	familiar; acquaintance
знамени́тый	famous
значи́тельный	significant
зна́чить	to mean
зри́тель	(member of) the audience
избега́ть / избежа́ть (+ *gen*)	to avoid
избира́тель; ~ная кампа́ния	voter; election campaign
издава́ть / изда́ть; изда́тель	to publish; publisher
из-за (+ *gen*)	because of
и́менно	namely, actually
име́ть в виду́	to mean
име́ться	to be available
иностра́н / ец, ~ный	foreigner; foreign
искажа́ть / искази́ть	to distort
иска́ть	to look for
исключе́ние	exception
и́скренность (*f*)	sincerity
иску́сственный	artificial
иску́сство	art
испо́льзова / ние; ~ть	use; to use
испыта́тельный срок	probation
испы́тывать / испыта́ть	to experience; test
истоскова́ться по (+ *dat*)	to pine away, miss
исходя́ из (+ *gen*)	on the basis of
исчеза́ть / исче́знуть	to disappear
ито́ги (*pl*)	summing up, total; results
кадр	shot (film)
ка́дры (*pl*)	personnel
каза́х	Kazakh
кайф	kicks, high
кардина́льный	cardinal
карма́н	pocket
каса́ться (+ *gen*)	to concern
каскадёр	stuntman

ка́чественный	high-quality
ка́чество	quality
каю́та	cabin
кита́ец; Кита́й	Chinese man; China
кла́ссный	great
ключ	key
ковёр	carpet
колесо́	wheel
коли́чество	quantity
коне́ц	end
конто́ра	office
коро́че	shorter
кома́нда	team
коне́чный	final
конкури́ровать с (+ *inst*)	to compete
ко́нкурс	competition
корзи́на	basket
кре́пкий	strong
кре́сло	armchair
кро́ме (+ *gen*)	except, besides
круг	circle
кру́глый, ~ год	round; all the year round
круто́й	steep; cool
ку́кла	doll, puppet
купа́ться / ис-	to bathe
куре́ние; кури́ть	smoking; to smoke
куро́рт	spa
курси́ровать	to run
лека́рство	medicine
лета́ть; лете́ть	to fly
лече́ние	treatment
лечи́ть / вы́-	to treat
ли́чный	personal
лицо́	face; person
льго́та	benefit
лы́жник	skier
любо́й	any
малоподви́жный	sedentary
мастерска́я	workshop
мастерство́	skill
масшта́б	scale

медве́дь (m)	bear
междунаро́дный	international
меня́ться / по-	to change
ме́ра; по ме́ре (+ gen)	measure; with
ме́ры защи́ты	protection measures
ме́рка (по за́падным ме́ркам)	by Western standards
ме́стный	local
мечта́	dream
ми́лый	nice
мир	world; peace
мирово́й	world
мне́ние	opinion
многоде́тная семья́	large family
многочи́сленный	numerous
мо́дный	fashionable
мультфи́льм	cartoon
му́сор	rubbish
мы́льная о́пера	soap opera
мя́гкий	soft
на́бережная	embankment
набира́ть / набра́ть ба́ллы, голоса́	to collect, gain marks; win votes
наблюда́ть	to observe
наводи́ть / навести́ поря́док	to bring order
навря́д ли	unlikely
наде́жда	hope
надёжный	reliable
наде́яться на (+ acc)	to hope
нали́чие	presence
нали́чные (pl)	cash
нало́г	tax
наноси́ть / нанести́ уще́рб (+ dat)	to cause damage
наоборо́т	on the contrary
напомина́ть / напо́мнить	to remind
направле́ние	direction
населе́ние	population
наси́лие	violence
насто́йчивость (f)	persistence
настоя́щее; настоя́щий	the present; real, present
настрое́ние	mood
нау́ка; нау́чный	science; scientific
нау́чно-познава́тельный	popular science

неда́вний, неда́вно	recent; recently
недоста́ток	shortage
незави́симый	independent
неизбе́жный	inevitable
ненави́деть	to hate
не́нависть (f)	hatred
необходи́м / ость (f); ~ый	necessity; essential, necessary
неожи́данный	unexpected
непоко́рный	unruly
непреме́нно	obviously, definitely
нере́дко	often
несовмести́мый	incompatible
нескла́дный (язы́к)	disjointed (language)
несомне́нно	without a doubt
неуже́ли	really? is it possible?
ни́зкий	low
нож	knife
нос (теплохо́да)	bow (of a ship)
носи́льщик	porter
ны́нешний	present

обеща́ние; обеща́ть / по-	promise; to promise
о́бласть (f)	region, area; field
облегча́ть / облегчи́ть	to make easier
обору́дование	equipment
о́браз жи́зни	way of life
образова́тельная услу́га	education service
обраща́ться / обрати́ться в (+ acc)	to turn to
обслу́живание	service
обслу́живать / обслужи́ть	to serve
обстоя́тельство	circumstance
обуче́ние	training
обходи́ться / обойти́сь без (+ gen)	to do without
о́бщее число́	total number
общенациона́льный	national
обще́ние	communication
обще́ственный	public, social
обще́ственное устро́йство	social structure
о́бщество	society
о́бщий	general, common
общи́тельность (f)	sociability
объедине́ние	association, union

объединя́ться / объедини́ться	to unite
объекти́вный	objective
объявле́ние	announcement, advertisement
объясня́ть / объясни́ть	to explain
обы́чно, обы́чный	usually; usual, normal
обя́занность (f)	duty
(не)обяза́тельно	(not) necessarily
обяза́тельный	compulsory
ограни́чивать / ограни́чить	to restrict
оде́рживать / одержа́ть побе́ду	to score a victory
одна́ко	however
ожида́ние	expectation
о́зеро	lake
ока́зываться / оказа́ться (+ inst)	to turn out to be
опа́здывать / опозда́ть на (+ acc)	to be late for
опа́сн / ость (f); ~ый	danger; dangerous
опла́чивать / оплати́ть	to pay (for)
опра́вдываться / оправда́ться	to be justified
определённый	definite, certain
определя́ть / определи́ть	to define
опро́с	survey, poll
опублико́вывать / опубликова́ть	to publish
о́пыт, ~ный	experience; experienced
ориенти́роваться на (+ acc)	to be oriented towards
ору́жие	weapon
осва́ивать / осво́ить	to learn, master
основа́ние	foundation; reason
(в) основно́м	mainly
осо́бенность (f)	peculiarity
осо́бый	special, particular
осознава́ть / осозна́ть	to realise
остава́ться / оста́ться (+ inst)	to remain, stay
остально́й	the rest
осуществля́ть / осуществи́ть	to implement
осуществля́ться / осуществи́ться	to come true
отбира́ть / отобра́ть	to take away; select
отбо́р	selection .
отве́тственн / ость (f); ~ый	responsibility; responsible
отдава́ть / отда́ть	to give
отделе́ние	department
оте́чественный; Вели́кая ~ая война́	domestic; national, Great patriotic war (Second World War)

Оте́чество	fatherland
отка́зываться / отказа́ться от (+ *gen*)	to refuse
отлича́ться от (+ *gen*)	to differ
отлича́ться / отличи́ться (+ *inst*)	to be distinguished by
отли́чие, с ~м	difference; with distinction
отличи́тельный	distinguishing
относи́тельный	relative
относи́ть / отнести́ к (+ *dat*)	to relate
относи́ться / отнести́сь к (+ *dat*)	to treat, regard
отплы́тие	departure (by boat)
отправля́ться / отпра́виться	to set off, depart
отража́ть / отрази́ть	to reflect
о́трасль (*f*)	branch
отрица́тельный	negative
отста́ивать / отстоя́ть	to defend
отсу́тств / ие; -овать	absence; to be absent
отча́ливать / отча́лить	to set sail
отъе́зд	departure
официа́нт	waiter
оце́нивать / оцени́ть	to assess; judge (in competition)
оце́нка	assessment; mark, grade
оце́нщик	judge
о́чередь (*f*) в пе́рвую ~	turn; in the first instance
охо́та	hunt
охра́на	guard, bodyguard
охраня́ться	to be guarded
ошиба́ться / ошиби́ться	to be mistaken
оши́бка	mistake
па́дать / упа́сть	to fall
паде́ние	fall
па́луба	deck
па́мятник	monument
парикма́херская	hairdresser's
паути́на	web
пейза́ж	landscape
перево́д	translation
переводи́ть / перевести́ на (+ *acc*)	to translate, interpret into
перево́дчик	translator, interpreter
переговóры (*f*)	talks
передово́й	progressive
пережива́ть / пережи́ть	to experience

пережива́ть за (+ *acc*)	to worry about
переключа́ться / переключи́ться на (+ *acc*)	to switch over to
перемени́ть	to change
перемеще́ние	moving
пе́репись (*f*)	census
переса́дка	change (train)
переутомле́ние	exhaustion, overwork
перехо́д к ры́нку	transition to the market
переходи́ть / перейти́	to move, cross
пе́сня	song
петь / с-	to sing
печа́льный	sad
пешехо́дная экску́рсия	excursion on foot
плани́ровать	to plan
пла́тный	fee-paying, private
побе́да	victory
победи́тель	winner
побежда́ть / победи́ть	to win
побли́зости	nearby
повора́чивать / поверну́ть	to turn
повыша́ть(ся) / повы́сить(ся)	to increase
повыше́ние	increase, rise
погиба́ть / поги́бнуть	to perish
подбира́ть / подобра́ть	to select
подверга́ться / подве́ргнуться (+ *dat*)	to be subjected to
подве́рженный стре́ссу	subjected to stress
подготови́тельный	preparatory
подде́рживать / поддержа́ть	to support
подде́ржка	support
подо́бный (+ *dat*)	similar to
подпи́сывать / подписа́ть	to sign
подро́сток	teenager
подходи́ть / подойти́ (+ *dat*); к (+ *dat*)	to suit; approach
подходя́щий	suitable
пое́здка	trip
пожа́луй	perhaps
пожило́й	elderly
позволя́ть / позво́лить (+ *dat*)	to allow
поздне́е, по́зже	later
по́иск	search
пои́стине	indeed

пока́	for a while
пока́з	showing
покида́ть / поки́нуть	to leave
поколе́ние	generation
покрови́тель	patron
по́лностью	fully
полови́на	half
положе́ние	situation
положи́тельный	positive
по́льза	use, benefit
по́льзователь	user
по́льзоваться, вос- (+ *inst*)	to use
помеще́ние	premises
поми́мо (+ *gen*)	besides
поня́тие	idea, concept
поощря́ть / поощри́ть	to encourage
по-пре́жнему	as before
поража́ть / порази́ть	to astonish
по́ртить / ис-	to ruin
поро́й	at times
посёлок	village
посеще́ние	visit
поско́льку	as
постано́вка	production
постепе́нно	gradually
потому́	therefore
посо́бие	benefit
постоя́нный	permanent
поступа́ть / поступи́ть в (+ *acc*)	to enter
поступле́ние	entrance
поте́ря	loss
потреби́тель	consumer
потре́бность (*f*)	demand; need
потряса́ющий	amazing, stunning
потрясе́ние	sensation
походи́ть на (+ *acc*)	to look like
похо́жий на (+ *acc*)	similar to, like
появля́ться / появи́ться	to appear
пра́вило	rule
прави́тельство	government
пра́во	right
пра́вильно	correct

пра́вящая па́ртия	ruling party
пра́здновать / от-	to celebrate
пребыва́ние	stay
предприя́тие	enterprise
пре́жний	former
превосходи́ть / превзойти́	to exceed
превраща́ться / преврати́ться в (+ acc)	turn into
превраще́ние	transformation
превыша́ть / превы́сить	to exceed
предвы́борная кампа́ния	election campaign
предлага́ть / предложи́ть	to offer, suggest
предложе́ние	offer, suggestion; sentence
предме́т	subject
преоблада́ть	to predominate, prevail
преодолева́ть / преодоле́ть	to overcome
предоставля́ть / предоста́вить	to offer
предполага́ть / предположи́ть	to suppose
предпочита́ть / предпоче́сть	to prefer
предпочте́ние	preference
предпринима́тель	entrepreneur
представи́тель	representative
представля́ть / предста́вить	to represent; present
преиму́щественно	chiefly
преиму́щество	advantage
прекраща́ть / прекрати́ть	to stop
преступле́ние	crime
престу́пн / ость, ~ый	rate of crime; criminal
прете́нзия	complaint
приближа́ться / прибли́зиться к (+ dat)	to approach
прибыва́ть / прибы́ть	to arrive
приве́тливый	friendly
привлека́тельный	attractive
привлека́ть / привле́чь	to attract
привлече́ние	attraction
приводи́ть / привести́ к (+ dat)	lead to
признава́ть / призна́ть	to acknowledge
при́знак	indication
призна́ние	recognition
приключе́ние	adventure
прилёт	arrival (by plane)
прили́чный	decent
приме́р	example

приме́рно	approximately
принадле́жность (*f*)	belonging, membership
принадлежа́ть (+ *dat*); к (+ *dat*)	to belong
принима́ть / приня́ть зако́н	to pass a law
приобрета́ть / приобрести́	to acquire
приорите́т	priority
приро́да	nature, countryside
приро́ст	growth
присва́ивать / присво́ить	to confer
приспосо́биться к (+ *dat*)	to adjust to
приступа́ть / приступи́ть к рабо́те	to start work
прито́к	surge
приходи́ться / прийти́сь	to have to
прича́ливать / прича́лить	to moor
причём	moreover
причи́на	reason
причиня́ть / причини́ть	to cause
проводни́к	train attendant
прода́жа	sale
продви́нутый	advanced
продолжа́ть(ся) / продо́лжить(ся)	to continue
продолжи́тельность (*f*) жи́зни	life span
прое́зд	journey
прожи́точный ми́нимум	living wage
производи́ть / произвести́	to produce
происходи́ть / произойти́	to happen, take place
промы́шленность (*f*)	industry
пропаганди́ровать	to popularise
пропи́ска	registration
про́тив (+ *gen*)	against
противополо́жный	opposite
проходи́ть / пройти́	to go through
про́чий	other
про́шлое	the past
про́ще	simpler
пры́гать / пры́гнуть	to jump
пуга́ть / ис-	to frighten
пуска́ть / пусти́ть	to let in
пусто́й	empty
пусть	let; so be it
путёвка	holiday voucher
путеше́ствие	trip

путеше́ственник	traveller
путеше́ствовать	to travel
путь (*m*)	way
пыта́ться / по-	to try
работода́тель	employer
рабо́чий	worker
ра́диус	radius
разведённый	divorced
развива́ть / разви́ть	to develop
ра́звитый	developed
развлека́тельный, развлече́ние	entertainment
разде́л	section
размеща́ться / размести́ться	to be accommodated
ра́зница	difference
ра́зный	different
разраба́тывать / разрабо́тать	to work out
разре́з	cut
разры́в	gap
распа́д	collapse
распада́ться / распа́сться	to collapse
расправля́ться / распра́виться с (+ *inst*)	to deal with
распространённый	spread
рассма́тривать / рассмотре́ть	to examine; consider, regard as
расстоя́ние	distance
рассчи́тывать / рассчита́ть на (+ *acc*)	to count on; aim at
расте́рянный	confused
расти́ / вы-	to grow
расхо́ды (*pl*)	expenditure
расшире́ние	widening
расширя́ться / расши́риться	to widen
реали́зовать себя́	to realise, fulfil oneself
ребя́та	guys
регистри́ровать / за-	to register
реда́ктор	editor
реда́кция	editorial office
ре́дко	rarely
режиссёр	producer
ре́зко	sharply
рейс	flight; voyage
рекла́ма	advertising; advertisement
рекла́мный се́ктор	advertising sector

рекомендова́ть / по-	to recommend
репети́ровать	to rehearse
репети́тор	coach
репре́ссия	repression
речно́й вокза́л	river station
реша́ть / реши́ть	to decide
реша́ться / реши́ться	to make up one's mind
реша́ющий	decisive
ро́дственник	relative
рожа́ть / роди́ть	to give birth
рожда́емость (f)	birth rate
рожда́ться / роди́ться	to be born
рожде́ние	birth
россия́н / ин, -ка	citizen of Russia
рост	growth
рубе́ж	border
рука́	arm
руководи́ / тель, ~ть (+ inst)	leader; to lead
рыво́к	spurt
ры́нок, ры́ночный	market
самостоя́тельный	independent
сбереже́ния (pl)	savings
све́жий	fresh
свет, вокру́г све́та	light; world, round the world
свобо́д / а, -ный	freedom; free
свя́зи (pl)	connections
свя́зывать / связа́ть	to connect, link
сде́лка	deal
сего́дняшний	today's; present-day
селя́н / ин, -ка	villager
се́льское хозя́йство	agriculture
се́рдце	heart
середи́на	middle
сеть, Сеть (f)	network
си́ла	force
ска́зываться / сказа́ться на (+ acc)	to tell on, affect
скло́нность (f)	disposition
скорост / но́й, ~ь (f)	speed
ску́чный	boring
сла́виться / про-	to become famous
слага́емое	component

сле́довательно	consequently
сле́довать, по- (+ *dat*)	to follow
сле́дствие	consequence
сле́дующий	following
слеза́ть / слезть с (+ *gen*)	to get (climb) down
слог	syllable
сложи́ться	to be formed
слой	layer
слу́чай	case
сме́на	change
сме́ртн / ость (*f*); ~ый	mortality rate; mortal
смерть (*f*)	death
смысл	sense
снижа́ться / сни́зиться	to fall
сниже́ние	fall, reduction
снима́ть / снять стресс	to remove stress
собесе́дование	interview
собира́ть / собра́ть	to gather
со́бственник	owner, proprietor
со́бственность (*f*)	property
со́бственный	own
собы́тие	event
соверша́ть / соверши́ть рейс	to fly (of plane), sail (boat)
соверше́нно	absolutely
совреме́нный	modern
согла́сно (+ *dat*)	according to
согла́сный с (+ *inst*)	agree with
содержа́ть себя́	to keep oneself
сожале́ние, к ~ю	regret; unfortunately
созву́чный (+ *dat*)	in keeping with
создава́ть / созда́ть	to create
созда́ние	creation
сокраща́ть(ся) / сократи́ть(ся)	to reduce; be reduced
сокраще́ние	reduction
сомнева́ться в (+ *prep*)	to doubt in
сообща́ть / сообщи́ть	to inform
соотноше́ние сил	correlation of forces
сопостави́мый с (+ *inst*)	comparable
сопровожда́ть / сопроводи́ть	to accompany
соревнова́ние	competition (sport)
сортирова́ть	to sort
составля́ть / соста́вить	to constitute

состоя́ние	state
состоя́ть из (+ *gen*)	to consist of
состоя́ть в (+ *prep*) ~ в бра́ке	to be; to be married
состоя́ться	to take place
сотру́дник	employee
сотру́дничать	to cooperate
сохраня́ть / сохрани́ть	to preserve
сочу́вствовать (+ *dat*)	to sympathise
сою́зник	ally
спасе́ние	salvation
спаса́ться / спасти́сь	to escape
СПИД	AIDS
спи́сок	list
спор	argument
спо́соб	way
спосо́бность (*f*)	ability
справля́ться / спра́виться с (+ *inst*)	to cope with
спрос на (+ *acc*)	demand for
сравне́ние	comparison
среди́ (+ *gen*)	among
сре́дний, (в) сре́днем	average, (on) ~
сре́дства массо́вой информа́ции	mass media
сре́дство	means
сро́дни (+ *dat*)	akin to
срок	period, time
сро́чный	urgent
станови́ться / стать (+ *inst*)	to become
стара́ться / по-	to try
статья́	article
сте́пень (*f*)	degree
стира́льная маши́на	washing machine
стиль (*f*) жи́зни	life style
сто́имость (*f*)	cost
столе́тие	century
столи́чный, столи́ца	capital
страда́ть / по-	to suffer
стра́шный	frightening
строи́тельство	building
стремле́ние к (+ *dat*)	striving for
столь	so
сто́лько	so much, so many
стоя́нка	rank (taxi), stand

сýмка	bag
сýша	land
существовáть / про-	to exist
схóдство	affinity
счёт	account
за счёт (+ *gen*)	at the expense of, by means of
съезд	congress
телеведýщий	television presenter
теневáя эконóмика	shadow economy
теплохóд	boat
терять / по-	to loose
тестúрование	testing
тирáж	circulation
(в) течéние (+ *gen*)	during
-то	emphatic particle
то есть	that is
тóлько что	just
торгóвая мáрка	trade mark
тóчка; ~ зрéния	point; point of view
требовáние	demand
тревóжный	alarming
треть (*f*)	third
тренажёр	training equipment
тренирóвка	training
труд, с ~ом	labour; with difficulty
трудúться	to work
трудогóлик	workaholic
трудоустрóйство	placement in work
трýппа	company (theatre)
трюк	stunt
туберкулёз	tubercolosis
тур	tour
тусóвка	get-together
тысячелéтие	millennium
тяжёлый	hard
убеждáться / убедúться в (+ *prep*)	to be convinced of
уважúтельная причúна	good reason
увеличéние	increase
увелúчивать(ся) / увелúчить(ся)	to increase
уверять / увéрить	to assure
увлекáться / увлéчься (+ *inst*)	to be carried away with

увольне́ние	dismissed, resignation
увы́	alas
угро́за	threat
удава́ться / уда́ться (+ *dat*)	to succeed
удва́ивать / удво́ить	to double
ударе́ние	stress
уделя́ть / удели́ть внима́ние (+ *dat*)	to give attention to
удивля́ть / удиви́ть	to surprise
удовлетворя́ть / удовлетвори́ть	to satisfy
удово́льствие	pleasure
у́жас, ужа́сный	horror; horrible
укрепля́ть(ся) / укрепи́ть(ся)	to strengthen
улучша́ть(ся) / улу́чшить(ся)	to improve
уме́ние	ability, skill
уменьша́ть / уме́ньшить	to decrease
умира́ть / умере́ть	to die
у́мственный	mental
уничтожа́ть / уничто́жить	to destroy
управле́ние	management
управля́ть (+ *inst*)	to govern, manage
урбанизи́рованный	urbanised
урбаниза́ция	urbanisation
у́ровень (*m*); ~ жизни	level; standard of living
уси́ливаться / усили́ться	to get stronger
ускоря́ть / уско́рить	to speed up
усло́вие	condition
услу́га	service
успева́ть / успе́ть на (+ *acc*)	to manage, be in time
успе́х, успе́шный	success; successful
устана́вливать / установи́ть	to establish
устра́ивать / устро́ить	to arrange, hold
устра́иваться / устро́иться на рабо́ту	to get a job
устро́йство на рабо́ту	finding work
утвержда́ть	to maintain
уте́чка мозго́в	brain drain
уча́стие	participation
уча́сток	plot
учёба	studies
уче́бный план	curriculum
учи́тывать / уче́сть	to take into consideration
учрежде́ние	institution
уще́рб	damage

хиру́рг	surgeon
худо́жник	artist
худо́жественный	artistic
цель (f)	aim, goal
це́лый; в ~ом	whole; as a whole
цена́	price
цени́ть	to value
це́нные бума́ги (pl)	securities
це́нный	valuable
ценова́я поли́тика	pricing policy
ци́фра	number
цифрова́я техноло́гия	digital technology
ча́стное лицо́	private individual
ча́стный	private
часть (f)	part
чемода́н	suitcase
черта́ бе́дности	poverty line
честь (f)	honour
че́тверть (f)	quarter
чёткий	clear
чи́сленность (f)	numbers
число́	number, date
чи́стый	clean
чи́ще	cleaner
член	member
чу́вствовать / по-	to feel
чума́	plague
шанс	chance
шашлы́к	kebab
шика́рный вид	smart appearance
экземпля́р	copy
экра́н	screen
экскурсово́д	guide
электора́т	electorate
электри́чка	electric train
этю́д	sketch
юг	south
ю́жный	southern
ю́ноша	youth

явле́ние	phenomenon
явля́ться / яви́ться (+ *inst*)	to be; appear
я́вный	obvious
ядро́	nuclear
я́сли (*pl*)	crèche
я́сный	clear
я́щик	box, drawer

Grammar index

accusative case 7–10, 270–9; prepositions with 8, 53–4, 87–90, 160–1, 193

adjectives: long 4, 9, 15, 20, 24, 26; short 28–9; stress 232; comparative 47–52; superlative 100–2

adjectival clauses 99

adverbs 29; comparative 53; superlative 100–2

aspects 33–7

cases 2

clauses: adjectival 99; adverbial 141–3; conditional 205–6; noun 136–8

comparative: adjectives 47–52; adverbs 53

conjugation: first 29–31; second 31–2

conjunctions 141–2

conditional 205–6

dates 85

dative case 17–20, 270–9; impersonal expressions with 223–5; prepositions with 18, 192–3; verbs with 19, 107–8

decimals 171

fractions 171

future tense: imperfective 33; perfective 34

gender: of nouns 3; of pronouns 5

genitive case: partitive 10–15, 270–9; prepositions with 10–11, 107–110; verbs with 13

gerunds 241; imperfective 241–3, 281–5; perfective 244–6, 281–6

imperative 37, 41–2, 280–7; with давайте 37

imperfective aspect 33–7; imperfective future 33, 280–7; imperfective gerund 242–3, 281–5; imperfective past 34–5, 280–7; impersonal expressions 223–8

indeclinable nouns 4

indirect speech 32

instrumental case 22–4, 270–9; prepositions with 22, 104–5, 160–1; verbs with 22, 119; with the passive 164, 194

interrogative sentences 79–80

irregular verbs 31–2

names 24

negatives 229–31, 248

nominative case 2–5

nouns 3–4, 8–14, 19, 23, 270–2; gender 3; indeclinable 4; stress 108–9, 126, 143, 145; suffixes on 258–9

numerals: cardinal 98, 167, 278–9; collective 168; fractions and decimals 171; indefinite 170; ordinal 84

partitive genitive 12

participles: past active 120–2, 123, 281–7; past passive 156–9, 281–2, 285–6; present active 120–2, 123, 281–7; present passive 184–5, 281, 285 past tense: imperfective 34–5, 280–7

perfective aspect 33–7; perfective future 34, 280–7; perfective gerund 244–6, 281–6; perfective past 34–5, 280–7

plural: adjectives 4, 9, 15, 20, 24, 26, 271–2; nouns 3–4, 8, 14, 19, 23, 272–4; pronouns 5, 9, 15, 20, 24, 26–7

prefixed verbs 260–2; of motion 67–8

prepositions 7–8, 10–11, 18, 22, 25, 53–6, 87–90, 102, 104–7, 160–1, 192–4; buffer vowel in 231–2

prepositional case 25–7, 54–6, 270–9; prepositions with 25, 54–6, 87–90, 194

present tense 29–32

pronouns: demonstrative 5, 9, 15, 20, 24, 26–7, 276; interrogative 5, 9, 15, 20, 24, 27, 277; personal 5, 9, 15, 20, 24, 26–7, 277; possessive 5, 9, 15, 20, 24, 26–7; reflexive 28; relative 99, 137–8

questions with ли 77–8

reflexive verbs 81–3

short adjectives 28–9; stress 232

spelling rules 2

stress 112–13, 130, 148, 150, 204–5, 223–4, 241–2

subjunctive mood 37, 205–6, 280–7

superlative: of adjectives 100–2; of adverbs 100–2

verbs: future tense 33–4, 280–7; irregular 31–4, 285–7; of motion 67–72; passive voice 157–9, 186; past tense 34–5, 280–7; present tense 29–2, 280–7; prefixes on 67–8, 260–2; reflexive 81–3, 284; stress 195–6, 214; transitive and intransitive 187; *to be* 118; *to stop* 265–6; *to use* 264–5

word building 67, 155–6, 183, 185–6, 200, 266, 268–9

Russian index

брак 178
бросать 266
бывать 118
быть 22, 118
в/во 87–90, 231–2
везёт/повезло 226
весь 5, 9, 15, 20, 24, 26, 276
должен 225
жаль 227
друг друга 136
жен- 178
за 160–1
из 106–7
использовать 264
к/ко 231–2
который 99
кто бы ни/что бы ни 209–12
лень 227
кто as a relative pronoun 137–8
ли 77–8
мерт- 178
можно/возможно 223
муж 178
мешать (по) 266
надо 224
надоесть 227
не хватать 227
недоставать 228
нельзя 223
некого/нечего 229–30
нужен 175
нужно 224
-нибудь and -то 130–1
о/об/обо 125

останавливать(ся)/остановить(ся) 266
от 105–6
переставать/перестать 266
по 192–4
пользоваться/воспользоваться 264
пора 227
представлять (собой) 118
прекращать/прекратить 266
применять/применить 265
приходиться 224
про 125
род 176
с/со 102–5, 231–2
сам 28, 277
свой 28, 275
себя 28, 277
следует 227
составлять/составить 267
состоять(ся) 267–8
также 72–3
-то and -нибудь 130–1
тоже 72–3
тот 5, 9, 15, 20, 24, 26, 276
труд 150–1
удаваться 226
употреблять/употребить 264–5
-уч-/ук- 191
ход 66
чей 5, 9, 15, 20, 24, 26, 275
что as a relative pronoun 137–8
чтобы 209–12
этот 5, 9, 15, 20, 24, 26, 276
являться/явиться 118